Jürgen Rüttgers (Hg.) – Zur Zukunft der Volksparteien

KLARTEXT

Jürgen Rüttgers (Hg.)

Berlin ist nicht Weimar

Zur Zukunft der Volksparteien

1. Auflage November 2009
Satz und Gestaltung: Klartext Medienwerkstatt GmbH, Essen
Umschlaggestaltung: Volker Pecher, Essen
Druck: Aalexx Buchproduktion GmbH, Großburgwedel

ISBN 978-3-8375-0290-9

www.klartext-verlag.de

Inhalt

Wissenschaft

Politik

Jürgen Rüttgers

Vorwort

Was macht eigentlich eine Volkspartei zur Volkspartei? Dass sie über 40 Prozent der Stimmen bei einer Wahl bekommt, wie das früher war? Oder reichen 33 Prozent auch? 23 Prozent jedenfalls nicht! Oder dass sie viele Koalitionsmöglichkeiten hat, wie Franz Müntefering in seiner Not vor der Wahl behauptet hat? Oder ist eine Volkspartei eine Partei für alle Schichten des Volkes? Hat es mit Inhalten und Programmatik einer Partei zu tun – mit einer »catch-all party« also? Vor der Bundestagswahl 2009 sind die Parteien diesen Fragen ausgewichen. Vor der Wahl gab es dem eigenen Anspruch nach vier Volksparteien und eine Partei für das ganze Volk. Zwei Volksparteien waren bundesweite Volksparteien – CDU und SPD, die letzte von Wahl zu Wahl immer weniger. Zwei Parteien waren regionale Volksparteien – CSU und Linke, die letztere aber nur im Osten, im Westen trotz teils guter Wahlergebnisse eine Protestpartei und Sammlungsbewegung von Radikalen und Populisten. Nach der Bundestagswahl ist die SPD jedenfalls keine Volkspartei mehr.

Aber was folgt aus diesen Feststellungen? Die CDU sollte den relativen Sieg vom 27. September 2009 nicht zu sehr bejubeln. Es steht nirgendwo geschrieben, dass sie Volkspartei bleibt, wenn es im linken Spektrum keine Volkspartei mehr gibt. Jedenfalls wächst ihr eine große Verantwortung für die Stabilität und Funktionsfähigkeit unseres politischen Systems zu. Sie wird eine Antwort finden müssen, wie sie als einzige Volkspartei stark bleiben kann, damit stabile Regierungen möglich sind. Sie wird die Brücke zwischen Christlich-sozialen, Liberalen und Konservativen in der Union neu festigen müssen, ohne in Flügel zu zerfallen. Sie wird die Stammwähler halten und sich trotzdem für neue Bevölkerungsgruppen öffnen müssen. Sie wird vor allem in den großen Städten eine neue Basis finden müssen. Und sie wird Wege finden müssen, über den Parteikern hinaus Netzwerke in die Gesellschaft zu knüpfen.

Die SPD wird ein Jahrzehnt brauchen, um zu klären, warum es mit ihr soweit kommen konnte. Wer solche Prozesse studieren will, muss sich nur die Geschichte der nordrhein-westfälischen CDU 39 Jahre seit den 1970er Jahren bis 2005 ansehen. Für die SPD wird das ein langer Weg.

Manchmal sind Abschiedsworte aufschlussreicher als Antrittsreden. Franz Müntefering, verantwortlicher SPD-Vorsitzender für das schlechteste Wahlergebnis seit dem Zweiten Weltkrieg, fasst seine Analyse des Untergangs der Volkspartei SPD zusammen in den Sätzen: »Wir sind kleiner geworden, aber wir sind nicht hilflos. Wir wissen, was richtig ist.« Und auf die Frage: »Wehner hat 1982 gesagt: ›Jetzt kommen 15 Jahre Opposition.‹ Wie viele kommen nun?«, antwortete er: »Ich sage, im Laufe des neuen Jahrzehnts entscheidet sich die Parteienlandschaft in Deutschland.« So unfassbar die Selbstgewissheit von Franz Müntefering in der »Katastrophe« der Wahlniederlage ist, so klar ist seine Erkenntnis, was jetzt kommt.

Demokratien funktionieren auch ohne Volksparteien. Aber die Zeiten werden härter, wenn es niemanden mehr gibt, der sich dem Allgemeinwohl verpflichtet fühlt. Wir müssen wieder mehr darauf achten, dass ein Land nur eine gute Zukunft hat, wenn Allgemeinwohl vor Eigennutz, Einheit vor Spaltung, Offenheit nach innen und außen vor Abschottung, Zusammenhalt vor Flügelkämpfen geht.

Dieses Buch versucht erste Antworten zu geben in einer gesellschaftlichen und politischen Debatte, der wir nicht mehr ausweichen dürfen, wenn uns etwas an unserem Land liegt.

Ich danke den Autoren für kluge Analysen und gute Ideen.

Jürgen Rüttgers

Manfred Güllner

Volksparteien ohne Volk? Oder: Sind die Volksparteien noch zu retten?

Bevor darüber nachgedacht werden kann, ob es noch eine Renaissance der Volksparteien geben kann, muss nüchtern ohne jede Beschönigung analysiert werden, wie es zu dem heute zu registrierenden großen Vertrauens- und Bedeutungsverlust gekommen ist.

Aufstieg und Fall der Volksparteien

Als sich das politische System nach dem Zusammenbruch des nationalsozialistischen Gewaltsystems im westlichen Teil Deutschlands auch auf der zentralen Bundesebene zu etablieren begann, wurden die traditionsreiche sozialdemokratische Partei und die nach 1945 neu gebildete Union aus Christdemokraten und Christsozialen bei der ersten Bundestagswahl 1949 zusammen von 46 von 100 Wahlberechtigten gewählt. 9 von 100 Wahlberechtigten wählten die liberale FDP, 21 Prozent eine der 1949 noch zahlreich kandidierenden sonstigen Parteien. 24 Prozent nahmen an der Wahl nicht teil.

Der Anteil der sonstigen, meist im eher rechten politischen Spektrum angesiedelten kleineren Parteien ging dann aber schnell zurück: Bei den Bundestagswahlen 1972 und 1976 wählte noch nicht einmal einer von 100 Wahlberechtigten eine Splitterpartei. Union und SPD hingegen konnten immer mehr Wähler an sich binden: Zusammen stieg ihr Anteil von 46 Prozent 1949 bis zu den Bundestagswahlen 1972 und 1976 auf 82 Prozent (bezogen auf alle Wahlberechtigten).

Die alte Bundesrepublik war in den 1970er Jahren auf dem Weg zu einem Zwei-Parteien-System. Nur die FDP überlebte diesen Konzentrationsprozess. Sie wurde lange gebraucht, um einen Regierungswechsel herbeizuführen, denn bis 1998 wurde keine Regierung auf Bundesebene abgewählt; Machtwechsel kamen nur durch einen Koalitionswechsel der FDP zustande.

Doch seit 1983 ging der Anteil der auf die beiden großen Parteien entfallenden Stimmen kontinuierlich zurück und neben der FDP etablierten sich zunächst die Grünen, dann nach der Wiedervereinigung auch die PDS/Die Linke als neue politische Gruppierungen im politischen System. Bei der Bundestagswahl 2005 wählte nur etwas mehr als die Hälfte aller Wahlberechtigten die Union oder die SPD.

2009 gaben dann noch nicht einmal 40 Prozent aller Wahlberechtigten CDU, CSU oder SPD ihre Stimme. 10 Prozent aller Wahlberechtigten wählten die FDP (so viele wie zuletzt 1961 bei einer durch Vorbehalte gegen den zu starrsinnig gewordenen Adenauer geprägten Wahl). 20 Prozent wählten die Grünen, die Linke oder eine der wieder zahlreich kandidierenden Splitterparteien. 30 von 100 Wahlberechtigten (so viele wie noch nie bei einer Bundestagswahl) beteiligten sich nicht an der Wahl.

Wähler und Nichtwähler bei den Bundestagswahlen 1949 bis 2009
(in Prozent aller Wahlberechtigten)

Bundestags-wahl	Wähler			Nicht-wähler*
	SPD und CDU/CSU	FDP	sonstiger Parteien	
1949	45,8	9,1	21,2	23,9
1953	61,6	7,9	13,7	16,8
1957	69,2	6,5	8,7	15,6
1961	68,7	10,8	4,8	15,7
1965	73,6	8,0	3,1	15,3
1969	75,7	4,9	4,7	14,7
1972	81,9	7,6	0,8	9,7
1976	82,0	7,1	0,8	10,1
1980	76,7	9,3	1,7	12,3
1983	76,8	6,1	5,4	11,7
1987	67,9	7,6	8,0	16,5
1990	59,4	8,5	9,0	23,1
1994	60,7	5,4	11,9	22,0
1998	61,7	5,1	14,3	18,9
2002	60,2	5,8	12,2	21,8
2005	53,1	7,5	15,9	23,5
2009	39,7	10,2	20,0	30,1

*) einschließlich ungültige Stimmen

Der Vertrauensverlust vollzog sich allerdings bei den beiden Volksparteien auf unterschiedliche Weise.

Der dramatische Bedeutungs- und Vertrauensverlust der SPD

Zwischen 1949 und 1972 konnte die SPD zunächst von Wahl zu Wahl immer mehr Stimmen gewinnen, 1969 kam es zusammen mit der FDP zum ersten Machtwechsel nach 20-jähriger Dominanz der Union und 1972 wurde die SPD zum ersten (und bis 1998 einzigen) Mal stärkste politische Partei.

Doch nach dem abermaligen Koalitionswechsel der FDP und dem Sturz von Helmut Schmidt begann der Vertrauensrückgang, der sich auf lokaler Ebene (vor allem in den Dienstleistungsmetropolen) schon in den 1970er Jahren abzeichnete, auch auf Bundesebene. Der SPD-Anteil (bezogen auf alle Wahlberechtigten) ging zwischen 1972 und 1987 von 41,4 auf 30,9 Prozent zurück (in noch nicht einmal einem Jahrzehnt verlor die SPD somit ein Viertel ihrer Wähler). Bei der ersten gesamtdeutschen Wahl 1990 fiel sie dann auf den Anteil zurück, den sie Mitte der 1950er Jahre erreicht hatte.

Erst 1998 erhielt die SPD mit ihrem Kanzlerkandidaten Gerhard Schröder wieder mehr Stimmen als die Union und konnte zusammen mit den Grünen eine Regierung bilden. Der SPD-Anteil (bezogen auf alle Wahlberechtigten) erreichte mit 33,2 Prozent aber 1998 nicht mehr das Niveau von 1972, 1976 oder 1980, sondern nur noch das von 1983.

Doch der auf lokaler und Landesebene fortgeschrittene Vertrauensverlust der SPD setzte sich nach dem kurzen »Zwischenhoch« mit Schröder auch auf Bundesebene fort, nachdem die SPD auch diesem Kanzler – wie schon in der Endphase von Helmut Schmidt – den notwendigen Rückhalt verweigerte.

2009 wählten dann nur noch 16 von 100 Wahlberechtigten die SPD. Damit fiel sie noch deutlich unter ihren Anteil bei der Wahl 1949.

Der Bedeutungsverlust der SPD zeigt sich auch darin, dass zwei andere Parteien, die sich selbst dem »linken« Spektrum der Gesellschaft zuordnen, die Grünen und die Linkspartei, 2009 zusammen genauso viele Stimmen erhalten wie die SPD. Die SPD hat somit nicht nur massenhaft Wähler verloren, sondern spielt auch im »linken« Wählerlager eine immer geringere Rolle.

Entwicklung der SPD und des »linken Wählerlagers« 1949 bis 2009
(in Prozent aller Wahlberechtigten)

Bundestagswahl	SPD	Grüne	Linke	Summe linkes Lager	Anteil der SPD am »linken Lager«
1949	22,2	–	–	22,2	100
1953	24,0	–	–	24,0	100
1957	26,8	–	–	26,8	100
1961	30,5	–	–	30,5	100
1965	33,3	–	–	33,3	100
1969	36,4	–	–	36,4	100
1972	41,4	–	–	41,4	100
1976	38,3	–	–	38,3	100
1980	37,6	1,3	–	38,9	97
1983	33,7	4,9	–	38,6	87
1987	30,9	6,9	–	37,8	82
1990	25,7	3,9	1,9	31,5	82
1994	28,4	5,7	3,4	37,5	76
1998	33,2	5,4	4,1	42,7	78
2002	30,1	6,7	3,1	39,9	75
2005	26,2	6,2	6,7	39,1	67
2009	16,1	7,5	8,3	31,9	50

Der schleichende Bedeutungsverlust der Union

Der Vertrauensverlust der Union wurde lange nicht wahrgenommen, da sich in den 16 Jahren der Kanzlerschaft von Helmut Kohl der Eindruck festsetzte, die Union habe die Staatsmacht quasi für ewige Zeiten gepachtet.

Verborgen blieb deshalb, dass sich der Erosionsprozess beider Großparteien, die lange Zeit die Stabilität des Systems garantierten, zunehmend beschleunigte. In den 16 Jahren nach dem Sturz von Helmut Schmidt hat nicht nur die SPD massiv an Vertrauen verloren, sondern auch die Wählersubstanz der Union wurde deutlich dezimiert. Hatten noch bei der ersten »Kohl«-Wahl im März 1983 43 von

100 Wahlberechtigten der Union ihre Stimme gegeben, ging der Anteil von Wahl zu Wahl kontinuierlich zurück. 1994 wählten nur noch 32 von 100 Wahlberechtigten die Union. Und 1998 kam die Union nur noch auf 28,5 Prozent (bezogen auf alle Wahlberechtigten). In den 16 Jahren der Kanzlerschaft von Helmut Kohl hatte sich also die Wählersubstanz von CDU und CSU um mehr als ein Drittel reduziert.

Weil der Wählerschwund der SPD in diesen 16 Jahren aber noch größer war, wurde der Vertrauens- und Bedeutungsverlust der Union kaum bemerkt. Und weil die Politiker und auch die meisten Vertreter der Medien die Wahlergebnisse nur oberflächlich auf der Basis der abgegebenen gültigen Stimmen wahrnehmen, nicht aber auf der Basis aller Wahlberechtigten analysieren, entwickelte sich der Mythos von Kohl als dem »größten Wahlkämpfer aller Zeiten«.

Gerechtfertigt war diese Glorifizierung Kohls aber nie; er war – mit wenigen Ausnahmen – jener »Drittel-Kanzler« (wie er schon 1986 treffend charakterisiert wurde), der zwar von den eigenen Anhängern geschätzt wurde, nicht aber – wie die Kanzler vor ihm – über einen in die anderen Wählerlager ausstrahlenden Kanzlerbonus verfügte. Kohl war bei der Mehrheit der Bundesbürger fast während seiner ganzen Regierungszeit eher wenig beliebt. Abgewählt aber wurde er 16 Jahre lang nicht, weil sich die SPD in der langen Oppositionszeit nicht regenerierte und keinen attraktiven Gegenkandidaten aufbieten konnte: Vogel hatte 1983 viel Kompetenz, aber zu wenig Sympathien; Rau hatte 1987 viele Sympathien, aber außerhalb seines Landes Nordrhein-Westfalen zu wenig Kompetenz (überdies fiel ihm die Bundes-SPD – allen voran der damalige Bundesgeschäftsführer Peter Glotz – im Wahlkampf in den Rücken); Lafontaine 1990 und Scharping 1994 besaßen weder Kompetenz noch Sympathien. Erst als Schröder gegen das eigene Partei-Establishment die Kanzlerkandidatur erkämpfte, wurde der unbeliebte Kohl 1998 abgewählt.

Die Union aber hat sich von der Auszehrung ihrer Wählersubstanz unter Kohl bis heute nicht erholt. 2009 lag ihr Anteil (23,6 Prozent aller Wahlberechtigten) wieder auf dem Niveau von 1949.

Allerdings ist das bürgerliche Lager (CDU, CSU und FDP) insgesamt nicht so dezimiert wie das »linke« Lager (aus SPD, Grünen und Linkspartei), weil irritierte frühere Wähler der Union in der FDP eine Alternative im bürgerlichen Lager fanden.

Entwicklung der Union und des »bürgerlichen Wählerlagers« 1949 bis 2009 (in Prozent aller Wahlberechtigten)

Bundes-tags-wahl	CDU/CSU	FDP	Summe »bürgerliches Lager«	Anteil der CDU/CSU am »bürgerlichen Lager«
1949	23,6	9,1	32,7	72
1953	37,6	7,9	45,5	83
1957	42,4	6,5	48,9	87
1961	38,2	10,8	49,0	78
1965	40,3	8,0	48,3	83
1969*	39,3	4,9	44,2	89
1972*	40,5	7,6	48,1	84
1976*	43,7	7,1	50,8	86
1980*	39,1	9,3	48,4	81
1983	43,1	6,1	49,2	88
1987	37,0	7,6	44,6	83
1990	33,7	8,5	42,2	80
1994	32,3	5,4	37,7	86
1998	28,5	5,1	33,6	85
2002	30,1	5,8	35,9	84
2005	26,9	7,5	34,4	78
2009	23,6	10,2	33,8	70

* 1969 bis 1982 gab es auf Bundesebene eine Koalition aus SPD und FDP

Ursachen des Vertrauensschwundes der Volksparteien

Ob nach der Bundestagswahl 2009 das Ende der Volksparteien naht oder aber ob es eine Renaissance der Volksparteien gibt, hängt zunächst einmal davon ab, ob die Parteien den dramatischen (SPD) oder schleichenden (CDU/CSU) Vertrauensverlust auch entsprechend wahrnehmen und nicht wie bislang verdrängen und ob sie die Entwicklung, die zu diesem Bedeutungsverlust geführt hat, auch adäquat analysieren.

Die Ursachen für den Vertrauensverlust beider Volksparteien sind dabei wie immer vielschichtig und bei SPD und Union auch unterschiedlich.

So hängt die existentielle Krise der SPD mit der Interdependenz der verschiedenen Politik-Ebenen – Kommune, Land, Bund – zusammen. Anders als die CDU, für deren Anhänger in den Jahren der Etablierung der »Kanzlerdemokratie« die Erlangung und Erhaltung der zentralen Macht auf Bundesebene höchste Priorität hatte und hat, gewann die SPD Vertrauen von unten. Gerade in Nordrhein-Westfalen (aber auch in den anderen Regionen) erhielt die SPD in den 1950er und 1960er Jahren bei Kommunalwahlen immer mehr Stimmen als bei den vorangegangenen Landtags- oder Bundestagswahlen. Diesen lokalen Vertrauensschub übertrug die SPD dann sukzessive auch auf die Ebene der Landes- und Bundespolitik.

Doch die in den 1970er Jahren zunächst auf kommunaler Ebene einsetzende Re-Ideologisierung der Partei – ausgelöst durch einen Schub neuer, »überbildeter« Mitglieder – führte schnell zu einer Entfremdung zwischen den Parteiaktivisten in den politischen Gremien und der Mehrheit der Bürger. Dem Verlust des kommunalen Vertrauens folgten dann mit einer gewissen Zeitverzögerung entsprechende Vertrauenseinbrüche auch auf Landesebene. Auf der Bundesebene wurde dieser Vertrauensrückgang nur kurz durch das »Schröder-Zwischenhoch« 1998 und 2002 unterbrochen.

Insgesamt haben sich die Funktionärs- und Führungskader der SPD durch eine eher an ideologischen Dogmen (die aber nur die Wertewelt einer gesellschaftlichen Minorität repräsentieren) und weniger an den Interessen und Bedürfnissen der Mehrheit der Bürger orientierte Politik immer mehr den Menschen und somit den potenziellen Wählern entfremdet. Der Verlust der lokalen und regionalen Verankerung ist eine der Hauptursachen für die extrem nachlassende Bindekraft der Sozialdemokraten.

Für die Union sind andere Gründe für den Vertrauens- und Bedeutungsverlust maßgeblich. Insbesondere der von vielen Pannen, Peinlichkeiten, Ungeschicklichkeiten und Merkwürdigkeiten begleitete bräsige Politikstil Kohls hat der Union geschadet. Die dadurch verlorene Bindekraft konnte auch nach der Abwahl Kohls nicht wieder erlangt werden.

Generell wird der Vertrauensverlust der Politik und der politischen Akteure aber auch noch dadurch beschleunigt, dass die Politik häufig zu vorschnell einem vermuteten Zeitgeist hinterherläuft, Modetorheiten verfällt und das vermissen lässt, was sie selbst oft fordert, nämlich »Nachhaltigkeit«.

Wenn zum Beispiel die SPD, aber auch Teile der Union versuchen, die Grünen in ihrer ökologischen Orientierung nachzuahmen oder gar zu überbieten, wird das von den Bürgern wenig honoriert. Je mehr Raum »grüner« Politik (etwa in der Verkehrsplanung und -politik) gegeben wurde, umso größer wurde der Unmut der Mehrheit der Bürger, die sich – wie bei Kommunalwahlen – gegen diese Zeitgeist-Politik im Interesse einer Minorität der Klientel der Grünen mit zunehmender Wahlenthaltung wehren.

Irritationen lösen bei den Bürgern auch zu schnelle Kursänderungen in der Politik aus, wie zum Beispiel in der Schul- und Bildungspolitik, wo alle Jahre wieder mit ähnlichen Modellen experimentiert wird, ohne zu wirklichen Lösungen zu kommen. Und wenn in einer Stadt wie Hamburg vor wenigen Jahren das bei den Bürgern hoch angesehene Versorgungsunternehmen HEW an einen bis dahin unbekannten ausländischen Konzern verkauft, heute aber wieder über eine »Kommunalisierung« der Energieversorgung nachgedacht wird, sind viele Bürger ob der mangelnden Nachhaltigkeit eher fassungslos. Überhaupt irritiert auch die ideologische Überlagerung der gesamten Energiepolitik viele Menschen, die sich um die Sicherheit der Energieversorgung Sorgen machen und heute einen Energie-Mix erwarten, in dem auch die Kernenergie wieder einen angemessenen Platz einnimmt.

Wege aus der Krise

Die politischen Akteure und insbesondere die beiden am Vertrauensschwund leidenden großen Parteien können nur dann darauf hoffen, das Vertrauen der Menschen zurückzugewinnen, wenn sie schonungslos ihre Situation analysieren und nicht nur nach neuen Machtoptionen Ausschau halten.

Sie müssen ihrer eigenen Forderung nach Nachhaltigkeit nachkommen und Konzepte für die zukünftige Entwicklung der Gesellschaft (auch und gerade in Zeiten der ökonomischen Krise) nicht nur entwickeln, sondern auch langfristig durchhalten und umsetzen, bis sich die gewollten Erfolge einstellen.

Die Politik muss sich außerdem vor Modetorheiten hüten und darf nicht dem Zeitgeist hinterherlaufen, sondern muss die gesellschaftliche Willensbildung selbst prägen. Dazu gehört auch, dass nicht vordergründig bürgerfreundliche plebiszitäre Elemente ausgebaut werden, die nur bestimmten privilegierten Schichten zugute kommen und somit die Entfremdung zwischen Politik und der großen Masse der Bürger verstärken. In Hessen zum Beispiel war die Beteiligung an Kommunalwahlen so lange fast so hoch wie bei Landtagswahlen, wie auch die kommunalen Vertretungen nach einem reinen Verhältniswahlrecht gewählt wurden. Je mehr »personalisierte« Elemente eingeführt wurden, umso stärker stieg der Nichtwähleranteil. Bei der letzten Kommunalwahl in Hessen im März 2006 lag die Wahlbeteiligung landesweit dann nur noch bei ca. 50 Prozent.

Vertrauen gewinnt die Politik auch nicht durch ein zu enges Bündnis mit den Medien. Die Medien ihrerseits – vor allem das Fernsehen (und nicht nur die privaten Anbieter, sondern auch die öffentlich-rechtlichen Sender) – verlieren zunehmend an Vertrauen, weil sie die Bürger mehr indoktrinieren denn schlicht und einfach informieren.

Das Bild der Gesellschaft, das die Medien vermitteln, entspricht deshalb oft nicht mehr der Realität. Politiker, die sich an dieser Berichterstattung orientieren oder sie zur Richtschnur ihres Handelns machen, laufen so Gefahr, sich auf Irrwege zu begeben.

Um solche Fehlschlüsse zu vermeiden, könnte sich die Politik mehr als bisher auf die Ergebnisse der Politik- und Sozialforschung stützen, die allerdings nicht auf die bloße »demoskopische« Bespiegelung von vordergründigen Stimmungen reduziert werden darf. Bei allen immer möglichen Abweichungen zwischen den Vorhersagen des Ergebnisses einer Wahl und dem tatsächlichen Wahlergebnis sollten die eigentlichen Möglichkeiten einer richtig eingesetzten Politik- und Sozialforschung stärker genutzt werden. So können zum Beispiel auch die Interessen und Bedürfnisse der Mehrheit der Bürger ermittelt werden, um nicht selbsternannten Advokaten zu viel Einfluss auf politische Entscheidungen zu gewähren, die nur einer Minderheit nützen.

Eine an den tatsächlichen Interessen der Bürger orientierte Politik mit langem Atem ohne Zugeständnisse an den Zeitgeist wird von den Menschen heute und auch in Zukunft gewollt. So gesehen hätten auch die traditionellen Volksparteien durchaus noch eine Zukunft, wenn sie dies beherzigen würden.

Klaus-Peter Schöppner

Regieren im Sechs-Parteien-Land

Fast 60 Jahre lang ging Politik in Deutschland so: Erst kam der Lagerwahlkampf, dann eine klare politische Richtung an die Macht: zumeist Schwarz/Gelb, wurde die FDP zu klein, auch schon mal die Große Koalition. Selbst als die Grünen 1983 mit Sonnenblumen und Strickzeug in den Bundestag einzogen, waren Wahlen eine klare Sache: Entweder wurde Wirtschaft oder das Soziale gewählt. Zwischentöne gab es nicht!

Der Wähler wählte Klarheit. 70 Prozent der Deutschen wussten, dass es für sie selbst einen Unterschied machte, je nachdem, ob die Union oder die SPD stärkste Partei wurde und den Kanzler stellte.

2009 ist das anders! Heute können nur noch 29 Prozent bundesweit einen Unterschied für sich feststellen! Noch ist das in Nordrhein-Westfalen anders.

Die Nivellierung der Parteienmarken hat zu einer völligen Veränderung der Parteienlandschaft geführt: Nie zuvor in der Geschichte der Bundesrepublik waren die großen Parteien kleiner – und die kleinen größer. Nicht mal mehr 57 Prozent der Wähler entscheiden sich heute für CDU/CSU oder SPD. Vier von zehn votieren dagegen für Grün, FDP oder Linke. Die Zahl möglicher Optionen reduziert die Stärke der einzelnen Parteien. Zwei-Parteien-Koalitionen werden dadurch zur Ausnahme. Das alte Freund-Feind-Denken zu Zeiten der schwarzgelben oder rot-grünen Lagerbildung gehört der Vergangenheit an. Wer SPD wählt, muss mit ansehen, ob seine Partei mit der CDU oder der Linken versucht, an die Macht zu kommen – und damit riskieren, dass er sich in den alltäglichen politischen Entscheidungen kaum mehr wiederfindet. Regieren im Toyota-Land: Der Wähler will Sicherheit – und erhält maximale Unsicherheit!

Wahlen werden ziemlich unwichtig. Viel richtungweisender ist das Ergebnis der anschließenden Koalitionsverhandlungen: Alles ist möglich, oft mit unvorhersehbarem Ausgang.

Mit den bekannten Konsequenzen: Der Wähler ist enttäuscht, interessiert sich immer weniger für Politik, vernachlässigt, sich zu informieren – und versteht Politik schließlich nicht mehr. Die Folge sind nicht nur argumentationsarme Wahlkämpfe, sondern ein immer weiterer Rückgang der Wahlbeteiligung.

Und dass es beim Sechs-Parteien-Land bleibt, selbst das ist längst nicht sicher: Warum sollte es in Bälde keine Jugend-, keine Mittelschicht- oder Rentnerpartei in Fünf-Prozent-Stärke geben? Spätestens seit Schwarz/Grün in Hamburg möglich wurde und zudem von 60 Prozent der Wähler gutgeheißen wird, herrscht in Deutschland »Koalitionspolygamie«: Nach der SPD kann nun auch die CDU fast mit jedem!

Die Auswirkungen für unser Wahlverhalten werden fatal. Lassen es sich die Wähler gefallen, dass plötzlich die 5,9 Prozent Grünen an der Saar zum Königsmacher mutieren? Dass eine 18,5 Prozent SPD in Thüringen den Epochenwandel von Schwarz zu Knallrot einleitet – und die Größeren wie Bittsteller behandelt? Wenn plötzlich »Stell dir vor, es ist Große Koalition – und die Größte gehört nicht dazu!« zur Regel werden kann?

In diesem »Anything goes« ist der Koalitionsstreit gleich mit einprogrammiert. Je stärker Machtinteressen dominieren, desto weniger wird auf das »Passt schon« bei der Bildung von Bündnissen Wert gelegt. Obwohl Politiker genau wissen, dass für erfolgreiche Koalitionen ähnliche Wertemuster ihrer Wähler unverzichtbar sind, spielen diese bei der Partnerwahl eine deutlich geringere Rolle als Machtoptionen. Ärger, Streit, oft sogar das Aufkündigen der Koalition sind die Folgen.

Noch gilt das nicht für Nordrhein-Westfalen und andere schwarz-gelbe Bundesländer. Zum Glück der Wähler; denn auffallend ist schon, dass sich mit Mehrheiten »ähnlicher« Parteien aufregungslos und damit erfolgreicher regieren lässt.

Sollte das mal anders werden, wird sich schnell zeigen, wie schwer Koalitionen mehrerer divergenter Parteien zu bewerkstelligen sind. Das wird vor allem deutlich, wenn man sich das Werteprofil der Parteien näher anschaut:

- Die CDU/CSU-Wähler sind konservativ-homogen! Sie eint ihr Werte- und Pflichtbewusstsein, ihre Traditionsverbundenheit, andererseits verfügen sie über nur geringen Hedonismus und Abenteuerlust. Keine Partei kann ihre Wähler gezielter und einheitlicher ansprechen.
- Ganz anders der SPD-Wähler, den es im Grunde nicht gibt; denn es gibt ihn doppelt: Einerseits ist der pflichtbewusste, redliche, gewerkschaftlich orientierte Arbeiter typisch für sie. Genau so häufig aber auch der intellektuelle, kulturell interessierte Akademiker, der sich gern als »Gutmensch« profiliert. Beide passen nicht zusammen. Für die SPD gilt wie für keine andere: »Ich bin zwei Parteien!«
- Der FDP-Anhänger charakterisiert sich durch Streben nach Einfluss und Hierarchiebewusstsein. Solidarität und Familienorientierung sind ihm eher Fremdbegriffe.
- Der typische Grüne ist idealistisch, intellektuell und emotional. Dagegen kaum traditionsverbunden, pflichtbewusst, materiell und konfliktfreudig.

– Sehr viel schwammiger dagegen das Profil der Linken. Hauptcharakteristikum ist deren Pragmatismus: Sie handeln nicht nach Idealen, schon gar nicht im Wunsch, die Gesellschaft sozialistisch zu verändern. Sie einen persönliche Vorteile, die sie durch Politagitation erreichen können. Linkswähler sind stramme Egozentriker.

Ist also mit Ampel oder »Schwampel«, mit Koalitionsbündnissen, bei denen sich Parteien mit völlig unterschiedlich werteorientierten Wählern zusammenschließen, wirklich erfolgreiche Politik möglich? Sind die Parteien unter dem Druck teilweise diametral entgegengesetzter Wählereinstellungen wirklich in der Lage, Richtung weisende Entscheidungen zu treffen, oder siegt letztlich doch der immer kleiner werdende gemeinsame Nenner? Und damit der immer größere Frust?

Diese Gefahr ist groß, da sich die deutschen Wähler immer stärker atomisieren, also immer häufiger nach völlig unterschiedlichen Wertemustern entscheiden. Ein gemeinsamer »Richtig-« oder »Falsch-Kodex«, ein akzeptiertes »Das tut man« respektive »Das tut man nicht« gibt es immer seltener. Die diametral unterschiedlichen Einstellungs- und Wertemuster beweisen, dass sachlich bedingte Koalitionen faktisch unmöglich geworden sind.

Nie zuvor gab es mehr aktuelle Themen (Tempo 130 auf Autobahnen – Berufstätigkeit von Müttern kleiner Kinder – Verschärfung des Jugendstrafrechts – Steuersenkungsvorschlag der FDP), denen die eine Hälfte der Deutschen zustimmt, die die andere dagegen ablehnt. Und fragt man die CDU-Wähler nach der bevorzugten Ausrichtung ihrer Partei, dann sagen 47 Prozent »eher marktwirtschaftlich«, 48 Prozent hingegen »eher sozial«!

Die deutsche Politik leidet an dieser Unverbindlichkeit, und damit unter dem Diktat, Entscheidungen zunehmend unter dem Gesichtspunkt des kurzfristigen Machterwerbs anstelle langfristiger Zukunftsrelevanz zu treffen. Sollte Deutschland in Zukunft immer häufiger von Drei-Parteien-Koalitionen nach gängigem Wundertüten-Muster regiert werden, könnte das sogar unsere Demokratie gefährden: Die dann notwendigerweise noch stärkere Verwässerung politischer Markenkerne hätte verheerende Folgen: Wahlen werden noch unwichtiger, Entscheidungen noch zufälliger, die Kritik an dem programmatischen Gemischtwarenlager der Parteien noch größer, die Wahlbeteiligungen noch geringer, der Frust über unsere Volksvertreter noch intensiver. Ein immer größer werdender Bevölkerungsanteil will dann mit der politischen Kaste nur noch wenig zu tun haben.

Es sei denn, Parteien und Politiker ziehen ihre Konsequenzen aus dem Dilemma, und lernen, im nun Viel-Parteien-Deutschland anders – moderner, vor allem sachorientierter – zu koalieren: nicht mehr als Generalisten, die über alle politischen Entscheidungen mitbestimmen wollen, sondern als Spezialisten. Nicht mehr ständig auf der Suche nach dem kleinsten gemeinsamen Nenner, der dann doch keinen zufrieden stellt und Stillstand bedeutet. Sondern ganz im Gegenteil durch die Renaissance direkt zuordbarer Verantwortungs- und Entscheidungsübernahme. Dann allerdings nur noch auf den den jeweiligen Parteien direkt zugestandenen Gebieten.

Jeder Bürger würde an Wahltagen einen völlig neuen Wahlzettel erhalten: Nicht mehr nur ein Kreuz für Erst- und Zweitstimme. Sondern ein Kreuz für jedes Ressort! Koalitionen nach bisherigem Muster hätten ausgedient. Die Parteien haben nun innerhalb dieser Vielparteien- und vom Wähler bestimmten Koalition das uneingeschränkte Sagen über die ihnen zugestandenen Ressorts, aus den anderen hätten sie sich dann weitestgehend herauszuhalten. Bei Schnittstellenressorts wie »Finanzen« ist die Koordination von Kanzleramt oder Staatskanzlei gefordert. Je öfter eine Partei also die absolute Mehrheit für das entsprechende Ressort erhält, desto größer die Anzahl der ihr zugestandenen Politikbereiche. Kanzler und Ministerpräsidenten erhalten mehr Zeit für das inhaltliche Vorwärtsbringen der wichtigen Themen.

Denn die Politik wird plötzlich sach- und nicht mehrheitsorientiert: Keine Entscheidung unterliegt mehr den Verwässerungskompromissen langer Verhandlungsrunden, sondern allein der Kompetenz der zuständigen Partei. Der Sieger bestimmt die Experten, die rein nach Fachwissen entscheiden können, dann aber auch zu ihren Beschlüssen stehen müssen.

Verantwortung bekommt plötzlich zwei Gesichter: das des Ressortchefs und das des Politikers ganz oben – und erstickt nicht mehr in unklaren Kungelrunden und endloser Verantwortungsabschiebung. Die Chancen sind groß, dass Sachaufgaben nun immer häufiger nach Kompetenz und immer seltener nach strategischen Parteienabsprachen im Sinnes des »Gibst du mir – geb' ich dir« entschieden werden.

Wenn Parteien nicht mehr für die Politik global in ihrer Ressort-Gesamtheit gewählt werden, sondern sich der Wähler gezielt für das für ihn beste Konzept in jedem einzelnen Sachgebiet entscheidet, spielt parteipolitisches Kalkül nur noch eine untergeordnete Rolle. Ein Ressortchef kann dann eine Legislaturperiode lang ohne Rücksichtnahme auf andere Wahlen, strategisches Kalkül, Koalitionsklima und Kanzlerrichtlinien bestmögliche Entscheidungen in vollständig eigener Verantwortung treffen. Jeder Minister wird vom Wähler direkt legitimiert – und nicht nur die Partei für das große Ganze.

Das in der Tat wäre dann eine wirkliche Reform: Wo Zögern und Zaudern, Kungeln und Kompromiss ganz einfach durch Klarheit und Kompetenz ersetzt werden. Wo der Wähler plötzlich wieder die Parteienrichtlinie bestimmt – und nicht durch unvorhersehbare Koalitionen überrascht wird. Wo Verwässerung durch klare politische Verantwortung ersetzt wird.

Warnfried Dettling

Die Volkspartei ist tot – es lebe die Volkspartei!

Das Denken überlassen sie dort den Meinungsforschern, die haben das Ohr an den Massen.
Armin Thurnher, Der Übergänger (Roman 2009)

Die Ergebnisse der Bundestagswahl vom 27. September 2009 bestätigen eine Entwicklung, die schon seit langem zu beobachten ist: den scheinbar unaufhaltsamen Niedergang der Volksparteien CDU und SPD, dramatisch bei den Sozialdemokraten, bei der CDU eher langsam und fast unmerklich. Das Wahlergebnis hat die SPD aufgerüttelt, aber wahrscheinlich hat sie den richtigen Zeitpunkt verpasst, an dem sie sich ihrem Ende als Volkspartei noch mit Aussicht auf Erfolg hätte entgegenstemmen können. Die CDU hingegen hat das Wahlergebnis eher beruhigt, regiert sie doch weiter, in einer Wunschkoalition mit der FDP, und das sogar in einem Fünf-Parteien-System. Was will man mehr? Doch man kann in dieser Reaktion auch eine neue Bescheidenheit erkennen: Man gibt sich mit dem zufrieden, was man hat und macht das Beste daraus. SPD und CDU wären sich dann so unähnlich nicht, wenngleich auf einem etwas anderen Niveau. Beide verdrängen sie seit nunmehr einem guten Jahrzehnt die langen Linien, die kontinuierlich nach unten zeigen, beide scheinen sie auch konstitutionell unfähig zu einer Reaktion, die diesen Trend wenden könnte. Immer schlechtere Wahlergebnisse werden von den Wahlforschern immer präziser analysiert, aber man findet keinen Ort, an dem sich politische und analytische Kraft sammeln würde, um wieder Wachstumsperspektiven für die Volksparteien, hier vor allem der CDU, erst zu denken und dann Wirklichkeit werden zu lassen. Stattdessen nimmt man das leise Verschwinden der Volksparteien als einen gleichsam natürlichen Trend hin, übt sich in einem politischen Relativismus der besonderen Art (»Wir sind ja immer noch stärker als die Anderen«) und tröstet sich schließlich damit, dass 29 plus 21 sich auch auf 50 Prozent aufaddieren.

Der sanfte Niedergang: Ende oder Wende der Volksparteien

Es gibt keinen plausiblen Grund, warum der Niedergang einer Volkspartei bei 33 Prozent (CDU) oder bei 23 Prozent (SPD) an sein Ende gekommen sein sollte. Die neue Bescheidenheit, die ja in Wirklichkeit nichts anderes ist als eine voraus eilende Resignation, beschleunigt den Niedergang, sie wirkt wie eine sich selbst erfüllende Prophezeiung. Volksparteien haben nur dann eine Zukunft, wenn sie an diese glauben *und* wenn sie in der Lage sind, die Bedingungen der Möglichkeit einer Volkspartei im 21. Jahrhundert *politisch* wieder herzustellen. Das wäre die andere Möglichkeit, auf das schlechteste Wahlergebnis in der Geschichte der Bundesrepublik Deutschland zu reagieren: Statt *nach der Wahl* immer schlechtere Wahlergebnisse mit immer raffinierteren Methoden zu analysieren (man wird dann sehr genau sagen können, warum der männliche Alleinerzieher mit Migrationshintergrund aus der Lüneburger Heide, katholisch, gerade arbeitslos und zwischen 30 und 40, nicht CDU gewählt hat, aber über solchen Rechenexempeln gar nicht mehr fragen, warum es immer weiter abwärts geht …), käme es darauf an, *vor der nächsten Bundestagswahl* den politischen Begriff einer Volkspartei wieder zu entdecken und ihn einzulösen. Umfragen mögen wichtig sein. Aber sie sind kein Ersatz für Politik.

Die Chancen für die Erneuerung der CDU als Volkspartei stehen nicht schlecht. Es ist gut möglich, dass sie als einzige Volkspartei übrig bleibt. In einigen Bundesländern wie zum Beispiel in Bayern und in Nordrhein-Westfalen stehen die Aussichten für die beiden Unionsparteien deutlich besser, ist ihr Charakter als Volkspartei gemessen auch an den traditionellen Maßstäben nicht wirklich strittig: Volkspartei ist, wer bei Wahlen plus/minus 40 Prozent auf die Waage bringt. Wenn hingegen eine Partei wie die CDU/CSU im Bund nur noch jeden dritten Wähler oder jeden vierten Wahlberechtigten erreicht, dann beginnt der Charakter einer Volkspartei langsam zu zerbröseln.

Jenseits der Zahlen: Volkspartei als politischer Begriff

Diese quantitative Betrachtungsweise als Maßeinheit für eine Volkspartei ist natürlich wichtig und legitim, danach werden schließlich in einer Demokratie Macht und Mandate verteilt. Aus den bloßen Zahlen können jedoch keine politischen Antworten auf den Niedergang der Volksparteien abgeleitet werden. Die Zahlen am Wahlabend werden erst dann wieder besser, wenn man vor den Wahlen nicht nur auf die Zahlen starrt wie das Kaninchen auf die Schlange, sondern politische Anstrengungen unternimmt, um eine Partei lange vor allen Kampagnen, Wahlkämpfen und sonstigen Aktionen wieder interessant, glaubwürdig und überzeugend zu machen. Schlechte Wahlergebnisse kommen nicht aus heiterem Himmel. Vor allen negativen Zahlen steht erst ein konzeptionelles und politisches Versagen, und umgekehrt gilt: Voraussetzung für bessere Wahlergebnisse ist eine Erneuerung der Politik im Lichte normativer Überzeugungen und gesellschaftlicher Entwicklungen.

Was also macht eine Volkspartei aus? Am Ende sind es die Zahlen, die der Wahlleiter präsentiert. Am Anfang aber »war das Wort«, sind es die Idee und der Anspruch, den eine Partei von sich selber hat – und immer wieder einzulösen in der Lage ist. Volkspartei ist eine Partei nur dann, wenn sie sich auf Ziele und Werte einigen kann; wenn sie die Ressourcen mobilisieren kann, um ihre Ziele auch einigermaßen zu erreichen; und wenn ihr dies alles nicht auf autoritäre Weise gelingt und von oben herab, sondern unter Beteiligung und durch Überzeugung der Bürger. *Volkspartei ist eine Partei, die etwas will, die etwas kann und die ihre Stärke als gemeinsame Stärke aller ausspielt.* Der politische Begriff einer Volkspartei, wie er hier vorgeschlagen wird, definiert sich nach qualitativen Maßstäben und er entfaltet sich in mehreren Dimensionen:

Politisch überwindet der Begriff der Volkspartei partikulare Beschränkungen und Bornierungen und hält emphatisch an alten Ideen wie Gemeinwohl, Salus publica, öffentliche Güter und dergleichen fest. *Gesellschaftlich* verlangt die Idee der Volkspartei, keine Gruppe der Gesellschaft auszuschließen, zu ignorieren oder auch nur gleichmütig zuzusehen, wenn sich ganze Schichten gleichsam aus der Gesellschaft zurückziehen. *Konzeptionell* lässt sich eine Volkspartei nicht festlegen auf eindimensionale Lehren und Irrlehren, sie bewegt sich vielmehr in offenen Ideenhorizonten, bei denen je nach Zeit und Problemlagen liberale, christlichsoziale und konservative Ideen in den Vordergrund treten oder auf neue, überraschende Weise kombiniert werden. Wichtig für eine Volkspartei und viel zu wenig beachtet ist eine angewandte *politische Anthropologie*, die darüber entscheidet, wie sie den Menschen wahrnimmt und wie sie ihn als Objekt ihrer Begierde (bei Wahlen) und als Subjekt eigenständigen Wollens und Verantwortlich-Seins, anerkennt und anredet. *Kulturell* kann man nur dann von einer Volkspartei sprechen, wenn sie verschiedene Milieus umfasst, aber nicht bei ihnen stehen bleibt, sondern den kulturellen Pluralismus unserer Zeit (und nicht jenen der 1950er Jahre) auch in ihrem Parteileben widerspiegelt.

Volksparteien im Wandel: Nur wer sich ändert, bleibt sich treu

Es lassen sich einige Kriterien formulieren, an denen man eine Volkspartei erkennen kann. Es gilt die biblische Weisheit in abgewandelter Form: An ihren Früchten, sprich: an ihrer Politik sollt ihr sie erkennen. Parteien unterscheiden sich vor allem nach ihrem politischen Zugriff und nach ihrem Selbstverständnis.

1. *Parteien unterscheiden sich nach dem politischen Anspruch,* an dem sie sich messen (lassen), auch wenn sie ihm nie ganz gerecht werden (können). Dieser Anspruch zielt bei einer Volkspartei immer auf das Ganze der Gesellschaft, auf alle Handlungsfelder der Politik, auf die Vielfalt der Gruppen und Milieus, der Lebensstile und Lebensformen. In ihren Anfängen und noch lange danach hat die CDU das sehr genau gewusst und für die damalige Zeit auch erfolgreich praktiziert: ein politisches Bündnis der Katholiken und Protestanten, von Unternehmern und Arbeitern, der Beamten und des Mittelstandes. Heute ist dieser Anspruch schwerer zu realisieren, weil die Gesellschaft komplexer geworden ist. Und trotzdem führt kein Weg daran vorbei, die Idee der Volkspartei für die heutige Zeit zu erneuern und auszuweiten, um ganz unterschiedliche Milieus zu erreichen und die Widersprüche, die oft mitten durch die einzelne Person gehen, in sich aufzunehmen: jene, die ihre Religiosität in den kirchlichen oder in anderen Formen und »Konfessionen« praktizieren; die industriellen oder neuen Berufen nachgehen; erwerbstätig sind oder nicht (mehr) erwerbstätig sind; die alleine leben oder Familien lieben, aber sie so oder anders leben; die im Beruf aufgehen *und* in ihrer Familie und die Balancen oft mehr schlecht als recht schaffen. Das Typische an der CDU war, dass sie für alle da war, dass es *die CDU pur* so verstanden nie gegeben hat. Wer die Volkspartei früherer Zeiten mit ihren klaren und überschaubaren Verhältnissen konservieren wollte, würde sie eben dadurch nur umso zuverlässiger verfehlen. Volkspartei kann man nicht bleiben, man muss es immer wieder werden.

2. *Parteien unterscheiden sich nach ihrer gesellschaftlichen Reichweite,* die sie haben oder wenigstens anstreben. In einer Zeit, in der die Gesellschaft Gefahr läuft, in verschiedene Teile zu zerfallen, stellt sich die Frage nach der gesellschaftlichen Reichweite einer Volkspartei in einer neuen Radikalität: Was soll aus einer Volkspartei werden, wenn es »das« Volk gar nicht mehr gibt? Die Versuchung liegt nahe, es sich einfach zu machen und Mehrheiten zu suchen in

der Addition von Minderheiten und diese Minderheiten dann nacheinander mit Wahlgeschenken zu ködern. Beispiele dafür gibt es, aber diese Beispiele zeigen auch: Diese Rechnung wird nicht aufgehen, denn je ausdifferenzierter eine Gesellschaft ist, umso aussichtsloser ist der Versuch, all den Minderheiten nachzujagen. Eine Partei verliert dadurch ihre Wucht und ihre Glaubwürdigkeit. Das Paradoxon der Volksparteien im 21. Jahrhundert kann man so formulieren: Je vereinzelter und vielfältiger die Gesellschaft, umso notwendiger ist eine Idee vom Ganzen, umso größer deshalb aber auch, richtig genutzt, die Chance einer Volkspartei. Eine Gesellschaft, die zu zerfallen droht, entwickelt aus sich heraus, jedenfalls so lange nicht alles zu spät ist, die Nachfrage nach politischem Zusammenhalt, nach Akteuren und Institutionen, die erkennbar für das Ganze stehen. Manche fragen, ob es dafür nicht schon zu spät sei.

So gibt es bereits, schaut man nur genauer hin, zwei »Gruppen« oder besser gesagt »Schichten«, die ihren Auszug aus der Gesellschaft schon hinter sich haben. Es sind jene ganz oben und jene ganz unten in der sozialen Hierarchie, die Oberschicht und die Unterschicht. Die einen haben sich in ihren globalen Milieus eingerichtet, den Rest der Gesellschaft brauchen sie eigentlich nicht (meinen sie jedenfalls), und sie sind deshalb auch nicht bereit, dem Staat zu geben, was des Staates ist. Die anderen haben es sich in ihren Hartz-IV-Milieus bequem gemacht. Den Rest der Gesellschaft brauchen sie eigentlich nicht, solange nur die sozialen Transfers fließen. Die einen kennen keine sozialen Rücksichten, den anderen ist es völlig egal, ob die Wirtschaft wächst oder nicht. Der gesellschaftliche Zusammenhang zwischen diesen beiden Gruppen ist gerissen, sie begreifen sich eigentlich nicht länger als zugehörig zum großen Ganzen.

Die Antworten der Linkspartei und der Neoliberalen auf diese Lage sind bekannt. In ihren Köpfen vollziehen sie eine politische Amputation der Gesellschaft, blenden die einen oder die anderen mehr oder weniger aus. Unterscheiden sich aber auch die beiden einstmals großen Volksparteien dadurch, dass die einen »die da oben« abschreiben und die anderen »die da unten«? Man kann sie ja doch nicht erreichen, sie sind für die Wahlen letztlich unerheblich, man braucht sie allenfalls, um die eigenen ideologischen Ressentiments abzuladen, so könnte man den schlechten Teil der Debatte resümieren.

Eine Volkspartei kommt nicht umhin, die Frage zu beantworten: Wer gehört dazu und wer nicht? Wer fällt in den Lichtkegel unserer Politik und wer bleibt im Dunkeln? Was sind heute und morgen die entscheidenden Konfliktlinien in der Gesellschaft? Es sind nach wie vor die soziale Frage, die religiöse Frage, die kulturelle Frage, aber auf eine andere Weise als früher. Und es kommen neue Konfliktlinien hinzu: Kann es sein, dass der Sozialstaat seine eigene Unterschicht produziert, indem er sie nur alimentiert und ansonsten abschreibt? Kann es sein, dass die Regeln des Marktes in der Finanzwirtschaft zu anderen Ergebnissen führen als in der Realwirtschaft, dass der Kapitalismus, allein in der Welt, im Augenblick seines Triumphes sich selbst seiner eigenen Grundlagen beraubt? Diese und andere Fragen (nach der Generationengerechtigkeit zum Beispiel oder nach dem ökologischen Gleichgewicht) legen den Schluss nahe: Volksparteien haben eine Zukunft nicht dann, wenn sie möglichst alle Partikularinteressen bedienen, sondern wenn sie eine Vorstellung vom Ganzen haben und eine glaubwürdige Antwort auf die Widersprüche unserer Zeit.

3. *Parteien unterscheiden sich nach ihrem Ideenhorizont und nach der Art und Weise, wie sie ihre Ideen in eine dynamische Beziehung setzen.* Wieder kann man am traditionellen Selbstverständnis der CDU anknüpfen, um zu verdeutlichen, was gemeint ist. Das vertraute Glockengeläut der CDU erschallt seit den Anfängen bis in unsere Tage in einem dreifachen Klang: konservativ, sozial, liberal. Das sind die drei Strömungen, die die CDU ausmachen, so hören wir immer wieder. Es war ganz gewiss einmal eine Zeit, in der sich wie von selbst verstand, was damit gemeint war. Diese Zeiten sind vorbei. Man kann dies auch an den hilflosen Versuchen erkennen, eine »konservative« Kritik an der Bundeskanzlerin oder überhaupt ein konservatives Programm zu formulieren. Die katholische Soziallehre kommt über Zitate aus den klassischen Sozialenzykliken der Päpste nicht so richtig hinaus. Und wo der (neo)liberale Aufbruch der CDU in Leipzig angekommen ist, braucht man nicht eigens zu erwähnen.

Es ist immer und überall dasselbe: Sämtliche Versuche, alten Wein in neue Schläuche abzufüllen, müssen scheitern. Den ursprünglichen Ideenkern der drei Strömungen jedoch freizulegen und daraus in veränderter Zeit neue Antworten zu formulieren ist eine anstrengende Aufgabe. Die Soziallehre, das Konservative und das Liberale in und an der CDU müssen neu begründet und in eine politische Sprache übersetzt werden, die anschlussfähig ist an veränderte Problemlagen und Mentalitäten. Das ist seit einem Vierteljahrhundert kaum versucht worden, und wo es versucht wurde, war es nicht von Erfolg gekrönt. Wer will, kann die Folgen der geistigen Ermüdung der CDU an ihrem jüngsten Wahlergebnis ablesen: Die Liberalen wandern ab (zur FDP), die Konservativen bleiben zu Hause, die soziale Stimme ist seit 2005 stärker geworden, entfaltet aber erst im Zusammenspiel mit den anderen Glocken ihren vollen und guten Klang: Liberale Ideen sind wichtig für die Gestaltung des Sozialstaates, soziale Ideen für das Verständnis der Marktwirtschaft und konservative Ideen für die Ökologie des Sozialen und der natürlichen Umwelt.

Jedenfalls stehen die Chancen gut für eine Volkspartei, der die zeitgemäße Kombination verschiedener Ideen gelingt: von Verantwortung und persönlicher Freiheit, wirtschaftlicher Dynamik und sozialem Ausgleich, ökologischen Rücksichten und technologischen Entwicklungen. Ansonsten wird es dahin kommen, dass die CDU zum sozialen Gewissen, zum sozialen Korrektiv der FDP schrumpft – und dann ist die Zeit nicht mehr fern, da die Wahlergebnisse der Union bei der Bundestagswahl mit einer Zwei vorne beginnen. Die Alternative dazu wäre eine Wertesynthese und »Werte«-Politik neuer Art, die dann ganz konkret in verschiedene Handlungsfelder wie Staat und Markt, Kapitalismus und sozialer Sicherheit, Arbeit und Familie, Freiheit und Verantwortung ausbuchstabiert werden könnte.

4. *Parteien unterscheiden sich nach ihrer politischen Anthropologie.* Gemeint ist damit das Verständnis vom Menschen, wie es im politischen Handeln und in der politischen »Ansprache« der Menschen implizit zum Ausdruck kommt – und das nicht nur zur Wahlkampfzeit. Wer oder was ist der Adressat der politischen Kommunikation: der politische Schnäppchenjäger, auf den eigenen Vorteil bedacht und nichts weiter als ein Bündel partikularer Interessen, oder der Bürger in seinen sozialen Zusammenhängen, mit Vernunft begabt und ansprechbar auch auf allgemeine Interessen? Täuscht der Eindruck, dass es inzwischen zur Selbstverständlichkeit geworden ist, die keiner Begründung mehr bedarf, dass man den Bürgern die Wahrheit nicht zumuten kann; dass man die Menschen nicht auf ihre besseren Instinkte ansprechen sollte: die Älteren etwa auf ihre Verantwortung für die jüngere Generation oder Familien nicht nur auf Kindergeld, sondern auch auf eine kinderfreundliche Umwelt; oder Banken, Manager und Unternehmer auf ihre Verantwortung für die Gesellschaft? Im politischen Alltag beherrscht allzu oft ein kruder Materialismus die politische Rhetorik nach dem Motto: Wir versprechen. Wählt uns. Danach liefern wir – oder auch nicht. Eine Volkspartei wird auf Dauer nicht erfolgreich sein, wenn sie sich einreiht in diesen populistischen Wettbewerb. Volksparteien hatten und haben ihre besondere Qualität auch durch ihren

sozialmoralischen Mehrwert, die sie ihren Wählern dadurch anbieten, dass diese Teil eines größeren Ganzen sind, Teil einer Aufgabe und einer kollektiven Anstrengung, die über den eigenen Vorgarten hinausweist. Menschen sind immer auch »moralische« Wesen: Sie wollen in einer gerechten Gesellschaft leben. Es soll nicht das Recht des Stärkeren triumphieren. Politik soll nicht nur auf den Lärm der Lauten hören. Es ist die Frage, ob Politik in ihrer öffentlichen Rhetorik hinreichend die in unserer Gesellschaft vagabundierenden religiösen und moralischen Gefühle wahrnimmt. Wie es Menschen und einer Gesellschaft geht, die vor einem politisch, moralisch und metaphysisch leeren Horizont leben, kann man jetzt in dem fulminanten Gesellschafts- und Familienroman »Die Ängstlichen« von Peter Henning (Aufbau Verlag 2009) eindrucksvoll nachlesen. Die Parallelen zur Politik liegen auf der Hand: Eine Partei, die aus lauter Angst vor den Wählern auf Nummer sicher gehen will und deshalb nur noch von materiellen Dingen redet und über ihre Ideen oder gar Ideale schweigt, mag zu vielem taugen – nur nicht zu einer Volkspartei mit Zukunft.

5. *Parteien unterscheiden sich schließlich nach der kulturellen Vielfalt und Offenheit, die sie ertragen und ermutigen.* Auch das hat die CDU in ihren guten Zeiten instinktiv immer gewusst. Peter von Zahrnt hat dies schon in den 1950er Jahren in einer glücklichen Metapher auf den Punkt gebracht: Die CDU gleiche eher einem Englischen Garten als einem Französischen Park. Es ist nicht das geringste Verdienst der Kanzlerin, diese kulturelle Offenheit allein schon durch ihre Person und Biographie sinnfällig zu demonstrieren. Vielfalt und Offenheit meinen weit mehr als ein sympathisches Erscheinungsbild. Sie sind eine wesentliche Bedingung des Erfolgs. Wer stattdessen auf abweichende Meinungen mit Parteiausschluss reagiert, selbst bei ehemaligen Senatoren und Ministerpräsidenten aus den eigenen Reihen, katapultiert sich kulturell aus der Epoche. Die SPD wird es schmerzlich spüren. Eine kulturelle Einsamkeit dieser Art war der CDU in den meisten Phasen ihrer Existenz bisher eher fremd. Ihre Fähigkeit zu Integration und Offenheit, Vielfalt und Toleranz muss sich freilich in der heutigen Zeit neu bewähren. Es kann erfolgreich geschehen, wenn sie die Kraft aufbringt, ähnlich viel Energie in den Aufbau einer Volkspartei zu investieren, wie sie dies in ihren Anfängen getan hat. Dann müssen auch die Wahlergebnisse der jüngsten Vergangenheit nicht das letzte Wort sein.

Sven Gösmann

Digital, nicht real

Wachsende Bedeutung von Bürgerjournalismus und sozialen Netzwerken in der politischen Kommunikation

Es ist Wahlkampf, die dritte Veranstaltung binnen sieben Stunden, der Redner hat nicht seinen besten Tag. Er erhält viel Beifall für die eine oder andere Forderung nach Wohltaten fürs Volk und die Beschimpfung des politischen Gegners. Dann sagt er ein paar flotte Sätze über die Arbeitsmoral ausländischer Arbeiter, um zu verdeutlichen, dass die Arbeitsmoral deutscher Arbeiter seiner Ansicht nach besser ist. Ein flapsiger Spruch, ein bisschen Wahlkampfgetöse. Nicht der Rede wert. Wäre da nicht eine kleine Kamera in der Hand eines Beobachters des politischen Gegners. Der schneidet die Aussage mit und auch geschickt zusammen und stellt sie ins Internet. Über Tage passiert wenig, bis die Pressestelle des politischen Gegners des Redners Journalisten auf den Fundort im Internet hinweist. Es ist die Videoplattform Youtube.com – eine von mittlerweile zahllosen vergleichbaren Internet-Seiten, auf der wichtige und unwichtige, lustige und weniger lustige Filmschnipsel gesammelt werden.

145.000 Menschen schauen sich nach den ersten, eher schütteren Hinweisen in Online-Nachrichtendiensten, beim Internet-Kurzmitteilungsdienst Twitter und in ein paar weniger gelesenen Zeitungsrandspalten diesen Wahlkampf-Film an. Binnen weniger Tage sind es 700.000. Blogger beschäftigen sich über Tausende von Zeichen mit der Deutung des Gesagten und Weggelassenen. Die klassischen Medien kommen erst jetzt wieder ins Spiel: Wohlfeile Empörung beim öffentlich-rechtlichen Rundfunk, der dem Politiker nicht allzu wohl gesonnen ist, trifft auf relative Zurückhaltung in der Landespresse. Linksliberale überregionale Medien steigen ein – am Ende steht die klassische Politiker-Katharsis, wenn auch in ihrer kürzeren, Karriere erhaltenden Form: Relativierung, Entschuldigung, Annahme der Entschuldigung durch die zumindest mittelbar Betroffenen, Schwur der Opposition, dieses nicht zu vergessen. Noch heute ist das erste, was man findet, wenn man im Internet-Suchdienst Google.com den Namen des Politikers und das Wörtchen Video eingibt, jener Filmschnipsel aus dem Wahlkampf. Das Netz vergisst nichts. Vor allem bewertet es selten etwas neu, es aggregiert.

Noch ein Beispiel: Der künftige Außenminister ist übermüdet, er bürstet einen britischen Korrespondenten, der eine Frage auf Englisch beantwortet haben möchte, unwirsch ab: Die Sprache in Pressekonferenzen in Deutschland sei Deutsch. Eine Selbstverständlichkeit, eine Randerscheinung des Berliner Politikbetriebs. Doch dann gibt ein findiger Internet-Nutzer den Namen des künftigen Außenministers bei Google.com ein und entdeckt einen für diesen wenig schmeichelhaften Auftritt des Politikers bei einer auf Englisch geführten Diskussionsrunde. Häme und Spott, 700.000 Mal wird der Clip binnen weniger Tage aufgerufen. Auch hier bricht eine Diskussion in zahllosen Internetforen und Blogs los. Es wird ebenso über die Sprachkenntnisse des Politikers wie über den Umgang der Deutschen mit ihrer Muttersprache und ihre Fähigkeiten bei der Beherrschung des Englischen diskutiert.

Ein letztes Beispiel: Ein Internet-Blog versteht sich als Gegenöffentlichkeit zum etablierten Zeitungskonzern des Ruhrgebiets. Ein Journalist betreibt es mit einigen Gleichgesinnten. Sie verstehen sich manchmal als Gegen-, immer als Nebenöffentlichkeit, eine Art digital-kostengünstigere Variante der einstigen Stadt- und Bürgerzeitungsversuche. Der Blogger recherchiert, dass die Oppositionsführerin in Nordrhein-Westfalen ihren Lebenslauf auf einer offiziellen Seite etwas gestrafft hat, und interpretiert dieses so, dass sie damit Verbindungen zu einer nicht unumstrittenen Wirtschaftsberatung vertuschen wollte. Etwas Aufregung, als die Regierungspartei daraus eine Kampagne strickt. Die klassischen Medien steigen nach Tagen ein, die Angegriffene reagiert klassisch und damit etwas unbeholfen. Statt im Netz etwas entgegenzusetzen, bemüht sie die Gerichte und gibt somit der gierigen Nachrichtenkrake Netz neues Futter.

Drei Fälle, ein Muster, auch ein Befund. Die politische Kommunikation der Volkspartei CDU und der neuen, wie ich sie nennen möchte, Vollparteien SPD, FDP, Grüne und Linke orientiert sich noch sehr stark an den Traditionsmustern der Medien. Es schmerzt mich als Zeitungsmann, zugeben zu müssen, dass die gedruckte Wirklichkeit nur noch eine, wenn auch wesentliche, Wirklichkeit ist, neben die sozusagen andere Wirklichkeiten getreten sind. Das Fernsehen, von der Altersstruktur seiner Nutzer deutlich älter als das der Tages- und Wochenzeitungen, ist hier noch stärker gefährdet.

Warum? Die digitale Wirklichkeit sorgt für eine ungeheure Beschleunigung der Prozesse, auf die die politischen Apparate selbst in gut ausgestatteten Staatskanzlei- und Kanzleramtspressestellen nur zeitverzögert reagieren können. Zudem entzieht sich das Netz den klassischen Methoden der Medienbeobachtung und

-wahrnehmung. Überspitzt formuliert: Die Öffentlichkeitsarbeiter von Parteien und staatlichen Stellen stammen entweder aus der Verwaltung oder aus den klassischen Medien, häufig aus Zeitungsredaktionen oder Abteilungen des öffentlich-rechtlichen Rundfunks. Sie sind dergestalt mediensozialisiert, dass sie vor allem auf die für die politisch-publizistisch codierte Berichterstattung der klassischen Medien Zeitung, Magazin, Fernsehen und mit Abstand Rundfunk und deren in der Regel auch noch relativ betuliche Ableitungen ins Internet achten. Der Pressespiegel von Regierungsbehörden in Deutschland kennt immer noch vor allem die Zweiteilung überregionale/regionale Zeitungen.

Das verringert in entscheidendem Maße die Möglichkeit, auf diffuse Angriffe im Netz zu reagieren. Zumal auch die klassischen Abwehrmechanismen von telefonischem Protest bis zur Einschaltung von juristischer Gegenwehr in den Foren und Blogs des Netzes oftmals leer laufen. Wer ist der Verantwortliche für ein Internet-Gerücht, eine Twitter-Nachricht? Diese wahrzunehmen, herauszufinden, im Apparat die richtige Antwort zu diskutieren und dann an den Absender zuzustellen erfordert Zeit. Die digitale Vervielfältigungsmöglichkeit sorgt zudem für die stete Auffindbarkeit auch von längst Widerlegtem oder Erklärungsbedürftigem. Dass ein Satz etwa in einem Kontext geäußert wurde, ist kaum noch nachhaltig korrigierbar.

Die Politik reagiert darauf bislang so, dass die Netzgemeinde ihre schlimmsten Befürchtungen bestätigt sieht: Mit einer klassischen Verbotskultur, die angesichts sehr beschränkter technischer wie Strafverfolgungsmöglichkeiten vor allem Symbolcharakter hat, versucht sie das Internet einzudämmen. Wo dieses bei den finsteren Abgründen wie etwa der Kinderpornografie jede moralische Berechtigung hat, wird es bei politischen Meinungsäußerungen schnell strittig. Schon die Frage, ob nicht auch das Mitschneiden, selbst das Verkürzen und damit Verfälschen von Aussagen des politischen Gegners, die man dann auf Internet-Plattformen stellt, nicht eine letztlich nur mit anderen Mitteln weitergeführte legitime Variante harter politischer Auseinandersetzungen vergangener Jahre ist, führt zu langen Diskussionen und wird am Ende einer rechtlichen Bewertung der verfassungspolitischen Letztinstanz in Karlsruhe bedürfen.

Fataler und für den Gegenstand dieses Bandes entscheidender ist jedoch die Tatsache, dass die politische Kommunikation und damit die Erreichbarkeit möglichst breiter Teile einer interessierten, in der Regel aber nur teil- und anlassbezogen interessierten Bevölkerung immer schwerer wird. Die Massenmedien begleiten in leicht zeitverzögerter Parallelität den Zerfall der sonstigen Milieu-Gewissheiten der Parteien. Volksparteien, Volkskirchen, Volksgewerkschaften,

Volksorganisationen begrüßen Volkszeitungen und Volksfernsehen in ihrem traurigen Club. Die Wirklichkeitsversion, auf die sich früher viele, ja die deutlich überwiegende Mehrheit der Gesellschaft als Grundlage für ihre politische Planung, Diskussion derselben und Berichterstattung einigen konnten, wird brüchig. Sie wird ergänzt durch eine schnellere, oftmals effekthascherische, sehr an Partikularinteressen interessierte Wirklichkeitsversion Weniger. Diese kann sich kaum noch auf Mindestformen einer zivilen Diskussion einigen – eine negative Begleiterscheinung der Digitalisierung unserer Kommunikation. Schon ein Blick in die Diskussionsforen seriöser Zeitungsinternetangebote lässt einen oftmals in Abgründe schauen: Demagogie, Aggression und oftmals auch schlichtes Nichtwissen oder das Verlinken von Nicht- oder Falschverstandenem sind an der Tagesordnung. Durch die Senkung der Schwelle zur Teilnahme an einem vermeintlich öffentlichen Diskurs wird nicht nur Manipulation Tür und Tor geöffnet, sondern auch viel schlichtem Denken.

Trotzdem ist diese Erkenntnis in den Zentralen der Volkspartei CDU und der Vollparteien nur langsam auf dem Vormarsch. Ein Vulgär-Obamaismus, was die Möglichkeiten politischer Direktansprache der Klientel angeht, beherrscht zumindest auf vielen Etagen noch das Denken. Das Beispiel von Obamas erfolgreicher Spenden- und Stimmensammel-Kampagne in allen Varianten der digitalen Kommunikation wird immer noch sehr einfach auf deutsche Verhältnisse übertragen. Wobei es festzuhalten gilt, dass amerikanische Parteiorganisationen als lockere, zeitlich beschränkte Wahlvereine, die sie letztlich vor allem sind, anderen Traditionen folgen als unsere Parteistrukturen. Dort die Gleichgesinnten, von einer Sache oder im Falle Obamas einer Person begeistert, die für den Moment gesteuert, motiviert und gefördert werden wollen, hier die statischen Parteiapparate – das sind zwei nicht gleiche Welten. Ein „Yes, we can!“ wirkt nicht nur aus dem Munde eines SPD-Generalsekretärs albern, sondern auch in der Form des braven Digitalwahlkampfs deutscher Parteien, die zudem vor Datenschutzhürden stehen, die keinem amerikanischen „Digital Spin Doctor“ auch nur erklärbar sind.

Will man das Zukunftsprojekt Kommunikation aufgeklärter Parteien oder politischer Bündnisse beschreiben, so gelten wohl einige Annahmen:

Die Medienbeobachtung von Parteien muss deutlich breiter werden. Gängige Internetplattformen, soziale Netzwerke und vor allem die wichtigsten Blogs müssen gleichberechtigt neben klassischen Medien geführt werden. Dies um so mehr, als klassische Medien, vor allem – seufzt der Zeitungsmann – Print, immer noch die wichtigsten Impulsgeber für zahlreiche weiterführende Diskussionen sind.

Die Parteien müssen in ihren internen Abläufen wie in ihrer personellen Aufstellung in der Lage sein, diese zusätzliche mediale Realität zu deuten und gegebenenfalls schnell zu reagieren. Nicht jeder digitale Beitrag ist es wert, dass man dieses tut, wenn aber, muss es schnell und in der angemessenen Form geschehen. Zugespitzt gesagt: Man muss auf einen Tweet oder einen Blog unmittelbar eingehen, eine Diskussion aushalten und gestalten und keine abgestimmte Pressemitteilung an die Nachrichtenagenturen ausspielen.

Der eigene Auftritt muss ebenfalls alle Formen der Medienwirklichkeit bedienen. Dass Parteien die Herrschaft über das bewegte Bild – anders als jeder Rockstar oder Hollywoodstar – immer noch weitgehend dem Zufall überlassen, ist eine Unprofessionalität, die verwundert.

Die Erkenntnis jedoch, dass seriöse und argumentativ ausgereifte Kommunikation immer noch über Gatekeeper-Medien erfolgen muss, will man glaubwürdig die wirklich politikinteressierten Zielgruppen erreichen, weil man die gesellschaftlichen Meinungsbildner überzeugen muss, darf dabei nicht zurückstehen. Neben Massenkommunikation ist Zielgruppenkommunikation immer noch unabdingbar.

Ein Wort zu den handelnden Personen: Politiker müssen sich fit machen für diese neuen Herausforderungen des Dialogs. Der ältliche Parteichef, der mit seiner Schreibmaschine kokettiert, ist sympathisch, wirkt aber im Chatforum eines Internet-Anbieters, das sich meist an die jüngere Öffentlichkeit wendet, wie ein Dinosaurier. Und die sind ausgestorben.

Bodo Hombach

Fallwind

Nachdenken über Volksparteien

Eines Morgens, so erzählt man sich, stand Kaiser Wilhelm II. vor dem Spiegel, in voller Wichse, mit aufgezwirbeltem Schnurrbart und Pickelhaube. Er war so überwältigt von seinem Anblick, dass er beschloss, ab heute »Wilhelm der Große« zu heißen. Nun musste es nur noch »sein« Volk erfahren. Also schickte er Agenten unter dasselbe, die überall, wo sie »Volk« antrafen, auf den Märkten, in den Kneipen, bei Volksfesten und Aufmärschen, fleißig von »Wilhelm dem Großen« sprachen. In Bälde, so war das Kalkül, würde sich die Sache herumgesprochen haben, und der einsame Mann vor dem Spiegel dürfte sich in die stolze Reihe der Karls, Ottos und Friedrichs stellen. Es kam anders. Das reale Volk wusste es besser. Es machte weiterhin seine Witze und sang vom »alten Kaiser Wilhelm«, dem mit dem Bart, den es »wiederhaben« wollte.

Mit dem Volk ist das so eine Sache

Die einen »tümeln« und sehen es als eine Art genetisch bedingte Großfamilie, die fröhlich und – ein Herz und eine Seele – ihre Feste feiert. Die anderen halten es für eine Gesellschaftsschicht, die man soziologisch erforschen, industriell ausbeuten oder ideologisch bedampfen kann. Wieder andere entdecken es alle vier Jahre pünktlich zum Wahlkampf und lassen es um ihre Großplakate fluten, wo sie ihm entgegenlächeln und Gemeinsamkeit heucheln. Das Lieblingsvergnügen des französischen Adels am Vorabend der Revolution war es, sich einen Strohhut mit bunten Bändern aufzusetzen und als »bon villageois« beim Schäferspiel zu agieren.

Auch Begriffe haben ein Schicksal

Manche entleeren sich, werden Zug um Zug leichter und verdunsten zuletzt. Andere nehmen im Laufe der Zeit immer mehr an Bedeutungen auf, werden schwer und unhandlich, und wenn die Verjüngungskur nicht anschlägt, wirft man sie irgendwann zum alten Eisen. Dem Begriff der »Volkspartei« droht ein solches Geschick. Schon bedarf es einer wachsenden Anstrengung, ihn so zu verstehen, dass man sich darüber mit anderen verständigen kann. »Wir sind das Volk!«, skandierten die Montagsdemonstranten in Leipzig. »Wir waren das Volk!«, nörgeln die tatsächlichen und die gefühlten Verlierer der deutschen Einheit. Volks-«Partei« ist eigentlich jede, denn sie ist Partei, also Teil des Volkes, und wer sie nicht wählt, ist nicht deshalb schon expatriiert. In einer offenen Bürgergesellschaft wird der Volksbegriff ohnehin diffus oder er wandelt sich so sehr, dass er sich selbst nicht wiedererkennt.

Und nun auch noch die Bundestagswahl 2009. Markiert sie wirklich einen Bruch im Parteiensystem oder ist sie nicht Ausdruck einer längerfristigen Entwicklung, die sich um das Wegdeuten oder Wegsehen durch Union und Sozialdemokratie nicht mehr schert? Die kleinen Parteien gewinnen signifikant hinzu, die großen verlieren Terrain, das sie doch für immer gepachtet glaubten. Der Gründe gibt es viele: Individualisierung und Fragmentierung der Lebensläufe, Auflösung klassischer Milieus und der früheren Bindungsbereitschaft, eine globale Finanz- und Wirtschaftskrise, die den Horizont verdüstert, nicht als Schicksal, sondern als Resultat einer selbsternannten Elite, von der zu viele parasitären Neigungen erlagen oder ihren Job nicht konnten. Dann der bitter nötige Umbau der Sozialsysteme, der in den Erscheinungsformen »Hartz IV« und »Agenda 2010« nicht als »Schluckimpfung ist süß«, sondern als »Medizin muss bitter schmecken« kommuniziert oder durch ein erklärungsarmes und stumm machendes »Basta« durchgesetzt wurde. In welcher Talk-Show hat je ein Sozialdemokrat – außer »es geht leider nicht anders« – ein paar gute Argumente für die in der Sache erfolgreiche Politik gefunden? Da in Zeiten der Globalisierung das Wachstums-Mantra in den alten Wirtschaftsmächten nicht mehr zuverlässig funktioniert, nehmen selbstverständlich die Verteilungskämpfe zu. Die großen Übereinstimmungen in der Politik der vergangenen Jahrzehnte waren auch deshalb möglich, weil bei der Umverteilung für jeden immer noch genug übrig blieb.

Wen kann es wundern, dass unter der Verteilungsenge vor allem die darauf unvorbereitete SPD zu leiden hat.

Die Genossen mussten zuerst mit den Grünen konkurrieren, dann mit einer Kanzlerin, die sie vom Geist des Leipziger CDU-Parteitages weg in die Mitte gezogen haben, um ihr dann die Mitte auch zu überlassen. Folglich konnte die Kanzlerin sich in der großen Koalition »sozialdemokratisch« gebärden. Die Genossen fanden im eigenen Haus nicht zueinander, weil sie nicht ausdiskutiert hatten, was dringend hätte geklärt werden müssen. Ein Teil wanderte zu den Linken ab und wähnt sich deshalb ur-sozialdemokratischer als je zuvor. Auch bemerkenswert: Die CDU konnte von dieser tiefen Krise der SPD nicht profitieren. Auch sie fuhr ein historisch schlechtes Wahlergebnis ein. Was sie an die FDP abgab, hätte sie vielfach beim Koalitionspartner abholen können. Aber für Sozialdemokraten aus der Realo-Tradition Schmidt'scher oder Rau'scher Prägung fand sie keine inhaltlichen Angebote. Erstaunlicherweise war es um das Thema bürgerliche Freiheit herum für viele von denen leichter, neue politische Anknüpfungspunkte bei der FDP zu finden. Vor dieser Realität einer neuen parteipolitischen Wettbewerbsgesellschaft erscheint der Begriff der »Volkspartei« betulich und klingt nach »Weißt du noch?«

Andererseits …

Die Idee der Volkspartei im besten Sinn hatte durchaus ihr Gutes. Sie war Ausdruck eines Lernfortschritts. Die ideologischen Trennschärfen der Nachkriegszeit hatten ausgedient. Parteien, die seit Generationen ihre sozialdemokratischen, liberalen oder christlichen Konzepte wie Feldzeichen vor sich hergetragen hatten, wurden nicht mehr durch-, sondern abgewunken. Der Versorgungsgrad der Bevölkerung, der Zuwachs an Freizeit, die offenen Grenzen nach Norden, Westen und Süden und die milieuübergreifenden Bildungsreformen nahmen den Ideologen ihre Überzeugungskraft, mochten sie noch so eifrig den Talk-Showsessel erobern. Otto Normalverbraucher als »Nachkriegskind« war es nachvollziehbar leid, die ganze Welt aus einer Weltsicht verstehen zu sollen. Im Westen jedenfalls zwang ihm keine Stasi-Willkür als »Arm der Partei« eine Ideologie auf. Also genoss er das Gefühl der Freiheit, packte die Kinder und den Picknickkorb in den Kadett und fuhr ins Grüne. Das war nicht die Flucht ins private Wolkenkuckucksheim, sondern es entsprach der Realität. Die beste Theorie beginnt irgendwann zu schwächeln, wenn ihr die offenkundige Wirklichkeit abhanden kommt.

Schon die 68er waren und blieben eine Generationsrevolte. Sie hat aber eine Vielzahl von Anstößen für gesellschaftlichen Bewusstseinswandel gegeben. Der spätere RAF-Terrorismus (wie wir heute wissen mit Stasi-Unterstützung) fand dagegen keinerlei Basis in der Bevölkerung. Im gesellschaftlichen Bewusstsein hinterließ er eher das Gegenteil von dem, was ausgelöst werden sollte. Der Radikalenerlass war der pure Anachronismus (Überkompensierung der alten Angst vor den angestrengten Welterlösern in den eigenen Reihen). Es kling absurd, sogar die wachsende Arbeitslosigkeit, die paradoxerweise durch jede Hochkonjunktur größer wurde, schien einigen ein Vorbote für die Erfüllung eines uralten Menschheitstraumes: Arbeit ungefährlicher, dann leichter und zuletzt überflüssig zu machen. Die sicher geglaubte wirtschaftliche Steigerung der Wertschöpfung schien so hoch und unbegrenzt, dass die zukünftigen Maschinen das Heer der nicht Berufstätigen locker ernähren könnten. Auskömmliches Bürgergeld, ob aus Maschinensteuer gespeist oder anderen Quellen, galt nicht mehr als Utopie. Ständiges Wachstum und Produktivitätssteigerung schienen so selbstverständlich schicksalhaft, dass man massenhaft begann, über absichtsvolle Wachstumsbremsen und Wachstumsverzicht zu debattieren. Die Technik wurde immer intelligenter, die politischen Konzepte nicht. Der Arbeitsbegriff stammt noch aus der Industrialisierungsphase. Forderungen nach einer neuen Angebotspolitik von links wie auch eine Fülle wichtiger Anregungen zu Arbeitsmarkt und Sozialpolitik versackten in akademischen Kreisen.

Die Parteien, seligen Angedenkens ihrer früheren Glaubenskriege, standen also vor der merkwürdigen – an sich erfreulichen – Aufgabe, die realen Erfolge ihrer eigenen Politik in ihr Denken zu integrieren. Das tapfere »Wann wir schreiten Seit' an Seit' und die alten Lieder singen« – oder dramatischer: »Brüder, das Sterben verlacht« – wurde zur verzogenen Gewohnheit am Ende der Parteitage, die auf dem Niveau des schon gut Formulierten um die noch weitergehende Formulierung gerungen hatten. Die Frage nach dem »Machbaren« wurde als pragmatisch oder – schlimmer noch – als »prinzipienlos« verpönt. Man kann aber nicht dauernd auf einer bestimmten Problemsicht mit den entsprechenden Feindbildern bestehen, wenn man selbst laufend dazu beiträgt, das Problem zu lösen.

Der Begriff der Volkspartei unterliegt beliebiger Ausdeutung und Ausbeutung. Politische Mitte ist den einen ein Stecknadelkopf, den anderen das ganze bürgerliche Lager. Ähnlich war es mit »lechts« und »rinks«, die man fast schon »velwechsern« konnte. Aber auch Begriffe, die am Rande unscharf werden, taugen noch eine Weile, die mit ihnen verbundenen Zuordnungen zu kennzeichnen. Entgegen allem Leugnen gibt es eine Mitte, und sie ist möglicherweise die Mehrheit in unserem Volk. Sie ist die Mitte der Gauß'schen Normalverteilung, auch in Bezug auf den Grad politischer Leidenschaft. Sie misstraut den Ideologien, denn sie weiß, dass die Gleichungen des Lebens nicht restlos aufgehen. Sie teilt die Welt nicht in Schwarz und Weiß, denn nach ihrer alltäglichen Erfahrung ist sie bunt. Sie ist bereit zum Interessenausgleich und zur Abwägung im Sinne des pragmatisch Möglichen. Sie zahlt Steuern, zwar ohne Begeisterung (und durchaus ohne Gewissensbisse mit kleinen Mogeleien gegenüber dem Finanzamt), aber in der Grundüberzeugung, dass nur so der Staat funktioniert, Schulen und Krankenhäuser entstehen, Straßen gebaut werden und auf jedem Platz der städtischen Oper schon einige Euros liegen, bevor sich jemand darauf niedersetzt. Diese Mitte und Mehrheit hat ein feines Sensorium, wenn die Belastung das Zumutbare übersteigt und die Ausgaben verschwenderisch sind. Sie nörgelt, wenn die Riesengewinne ihres Betriebes einhergehen mit Massenentlassung. Sie murrt, wenn die Wasserprediger Wein trinken und die Lasten ungleichmäßig verteilt werden. Sie weiß, dass ein Leben ohne Risiken nicht zu haben ist, aber sie will keine aufgebürdet bekommen, die noch die Zukunft ihrer Kinder ernsthaft gefährdet. Man könnte das fortsetzen und fände mancherlei kulturelle Gemeinsamkeiten, habituelle, inhaltliche und moralische, und gewiss wird diese Mehrheit auch nach einer politischen Vertretung suchen. Fatal wäre es, wenn sie damit ins Leere stieße, weil die Parteien nur noch über oder für Flügel und Klientel gesteuert und funktionieren würden. Dann wäre sogar das von scharfen Zäsuren geprägte USA-System dem gewachsenen deutschen Koalitionssystem überlegen. Bei aller Individualisierung und Fragmentierung der Gesellschaft: Die Mitte darf nicht dauerhaft politisch heimatlos sein. Eine politische Formation, die das Zentrum – die Mitte – tatsächlich und nicht nur verbal bedient, ist von allergrößter Bedeutung. Es wäre das Versagen des Parteiensystems und die Vergeudung tragender Kräfte des öffentlichen Wohls, wenn sich um diese gesellschaftliche Gruppe und ihre Interessen herum keine reale, glaubwürdige politische Vertretung bilden würde. Es wäre paradox, wenn die Spielregeln unserer Demokratie diese Mehrheit politisch unterpflügte. Sie garantiert nun einmal die Stabilität, immer ein wenig langweilig, aber geduldig, glanzlos, aber nachhaltig, mit geringen Vibrationen, aber deshalb auch stur und erfreulich begriffsstutzig, wenn ihnen die Eiferer wieder einmal die Welt erklären. Wer ihre Interessen gering schätzt und sie an partikulare Parteien verrät und verkauft, schaukelt die Vibrationen auf und darf sich nicht wundern, wenn daraus ein Beben wird. Die politische Richterskala ist nach oben, aber auch nach unten offen.

Wenn sich große Parteien zerlegen, ist es nicht nur ihr Problem. Man scheut sich, ihnen Ratschläge zu geben, aber sie zerlegen auch die Gesellschaft, und das geht dann doch alle an. Im politischen Raum ist keine Kraft allein stark genug, die Verhältnisse zu ändern und das Nötige politisch durchzusetzen, schon gar, wenn es nicht nur um neue Gedanken geht, sondern um neues Denken. Aber die meisten sind stark genug, um wirksam Blockade auszuüben. Wer die gesellschaftlichen Kräfte nicht integriert, setzt die – ohnehin schon massive – Blockade in unserer Gesellschaft fort. Dass in unserer blockierten Gesellschaft selbst Notwendiges kaum noch realisierbar ist, wird von zu vielen mit fideler Resignation aufgenommen. Veränderungen warten aber nicht auf Parteitagsbeschlüsse und politische Entscheidungen. Die Verhältnisse ändern sich durch die in der Globalisierung wurzelnden wirtschaftlichen Dynamiken, ohne Politik und erst recht ohne Parteien. Gestaltende Politik geht nur, indem man Interessen ausgleicht und mehrheitlich akzeptierte sinnvolle Kompromisse schmiedet. Wir sehen gerade, wie schwer bis unmöglich es selbst im amerikanischen System ist, trotz zahlreicher Anläufe das Gesundheitssystem ohne breiten Konsens zeitgemäß und vernünftig zu reformieren. Eine kluge und weitsichtige Politik wird immer bestrebt sein, möglichst viele ins Boot zu holen.

Man sollte sich hüten, die Mitte verächtlich zu machen. Die SDS-Parole »In Zeiten von Krise und Not führt der Mittelweg zum Tod« besticht nur durch ihren Reim. Zwar möchte jeder ein spannendes Leben haben, aber in möglichst unaufgeregter Zeit. Wie teuer und lebensgefährlich aufgeregte Zeiten sind, mussten unsere Großeltern erfahren. Auch der wissenschaftlich verbreitete Begriff »Allerweltsparteien« spielt mit dem Feuer, als müsste man sich schämen, wenn man Gemeinsamkeiten sucht. Namen sind Schall und Rauch, aber wie wäre es mit …

»Integrationspartei«

Sie ist eine politische Bewegung, die zusammenführt, was zusammengehört, nicht als fauler rhetorischer Kompromiss, sondern als sinnvolle, sachliche und fachliche Ergänzung. Die Moderne ist voll guter Beispiele für die Koinzidenz der scheinbaren Gegensätze. Ökologie und Ökonomie brauchen einander. Wer eine freie Gesellschaft will, muss auch an sozialer Gerechtigkeit und Chancengerechtigkeit interessiert sein. Duale Systeme haben Konjunktur. Die Soziale Marktwirtschaft ist ein solches. Im gegenseitigen Vernichtungskampf von Gruppen, Betrieben, Bekenntnissen oder Parteien verlieren beide Seiten. Gemeinsamkeiten und mögliche Bündnisse in wechselnden Konstellationen sind kein Sündenfall oder Zeichen der Schwäche, sondern maßstabsgerechtes Agieren in der Wirklichkeit (die Oma will keine Rentenstagnation, aber sie ist sehr wohl an der Zukunft ihrer Enkel interessiert). Innerhalb einer Partei im internen und ausdauernden Dialog – auch zwischen deren Flügeln, Gruppen und Arbeitsgemeinschaften – lassen sich solche Konsensprozesse als Willensbildungsprozess stellvertretend für die Gesellschaft deutlich leichter organisieren als in Koalitionsverhandlungen oder Koalitionsrunden. Die haben ihre eigenen Eitelkeiten und Rituale, weil sie auf offener Bühne ausgetragen werden und immer schon den nächsten Wahlkampf vorbereiten wollen. Warum partout eine Medaille spalten, nur weil sie zwei Seiten hat? Wer sich sein Sozialverhalten über das bekannte »Malefiz-Spiel« antrainiert, wo es wichtiger ist, dem Gegner Barrikaden in den Weg zu legen, als selber anzukommen, der sollte einen Therapeuten aufsuchen, bevor er eine Familie gründet, einen Betrieb leitet oder ein Mandat anstrebt. Tunnelblick und Blockaden lassen sich durch gemeinsame Anstrengung leichter lösen. Und natürlich darf jeder weiterhin eigene Wege gehen. Die Landschaft ist groß genug und bietet noch manche Überraschung.

In ihrer langen und ehrenvollen Geschichte musste die Sozialdemokratie schon immer die stärksten inneren Spannungen aushalten, und manches Mal konnte sie damit einen Wirbelstrom-Motor betreiben, der dem Gemeinwohl Türen in die Zukunft öffnete. Gerade ihr durfte man aufgrund ihrer Programmatik und Tradition zutrauen und zumuten, eine große Integrationspartei zu werden. Dafür lohnte es sich, zu werben und politisch zu arbeiten. Godesberg I war ein solcher zunächst mühevoller, dann aber reichlich durch neue Wählerzustimmung belohnter Schritt. Er warf ideologische Altlasten über Bord und bekannte sich zu den gewachsenen Westverträgen. Ihm verdanken wir auch die Ostverträge und die Durchlüftung der öffentlichen Moral. Godesberg II kam bisher leider nicht zustande. Hier hätte die Partei die fällige Generaldebatte über die Wirtschafts- und Sozialpolitik der Zukunft führen und damit anführen können. Weder das Schröder-Blair-Papier, das – in der Regel ungelesen, aber mit Schaum vor dem Mund – kritisiert wurde, noch andere und vielfältige inhaltliche Beiträge vermochten es, diese Debatte anzustoßen. Vielen in der Parteiführung war es bequemer, auf Parteitagen nicht um politische Inhalte zu ringen. Sprechblasen und faule Kompromisse umkurvten die nötigen Auseinandersetzungen. Beschwörungsformeln (»Partei gut, Fraktion gut, alles gut«) ließen die Partei in kindlicher Albernheit schnurren. Es war verdammt bequem – für Führung und Delegierte –, sich unter Hinweis auf Medienerfordernisse einer Inszenierung zu unterwerfen, die einen überraschungsfreien Ablauf und Vorabsprachen im kleinen Kreis erlaubte. Die SPD begnügte sich mit der kleinen Lösung und hätte die größere haben können. Wir erinnern uns: Der frühere Sozialisten-Chef in Frankreich, François Hollande, brachte es in einem Streit mit einem deutschen Reformer auf die einfache Formel: »Macht doch die Politik, die ihr für richtig haltet, und lasst der Partei ihre alten Lieder und Parolen! Die Kirche ändert ja auch nicht ihre Liturgie, nur weil sich die Zeiten ändern.« Der Einwand »Wer die Partei nicht mitnimmt, macht sie zuerst sprachlos und landet dann im Abseits« wurde verworfen. Hollande hat sich durchgesetzt, aber er hat sich geirrt. Selbst bezogen auf die Kirche, deren Zweites Vatikanisches Konzil er ignorierte.

Ein »geregelter« Konflikt, würden die Sozialpsychologen sagen, denn er ist so alt wie die Sozialdemokratie selbst. Seit Kautzky/Bebel durchzieht er viele Debatten. Dabei war die Partei von Beginn an nur dann stark, wenn sie das Bündnis stiften konnte zwischen denjenigen, die Sozialpolitik brauchten, und denen, die sie wollten. Einer der Gründungsväter, Ferdinand Lassalle, von der Gräfin von Hatzfeldt reich gemacht, wäre allerdings über kurz oder lang politisch massakriert worden, wäre er nicht im Duell gefallen. Es war der Begriff der Modernisierung, der in der späten Nachkriegsphase, durch Willy Brandt interpretiert, neue Bündnisse zusammenführte und soziale und kulturelle Grenzen überwand.

Aus Gründen, die andere analysieren müssen, hat die Sozialdemokratie erkennbar die Freude und den Willen an einer großen Integrationsleistung verloren. Ob das der Wunsch ist, durch immer engeres Ziehen der gemeinsamen Plattform Geschlossenheit zu erleben, oder die Abneigung, Macht auszuüben, mag dahin gestellt sein. Bedenklich ist, dass man mit einer Veränderung kurz- und mittelfristig nicht rechnen kann, denn dieser Unwille zur gesellschaftlichen Integration und auch die Unfähigkeit, mit den eigenen Erfolgen Schritt zu halten, zum Beispiel Aufsteiger und Nutznießer sozialdemokratischer Bildungspolitik langfristig in den eigenen Reihen zu binden, geht nicht etwa von relevanten Teilen der Führung aus, also vom Kopf des Fisches, sondern ist ein breites Meinungsbild an der Basis und in der entstandenen Delegiertenschaft (siehe die neuere Historie der Labour-Party).

Die Welt verändert sich auch ohne Parteien und ihre Beschlüsse. Es gibt wenig Veranlassung, auf die Einsichtsfähigkeit von Parteien zu warten (auch sie lernen meistens leider nur aus Katastrophen), aber es gibt allen Grund für die Forderung, der gesellschaftlichen Mehrheit politisch Gehör zu verschaffen, Strömungen und Kräfte zusammenzuführen und zur Geltung zu bringen. Wenn sich die Sozialdemokratie verweigert, werden es andere tun. Johannes Rau stellte den Bundestagswahlkampf 1986 unter das Motto »Versöhnen statt Spalten«, und darunter verstand er kein haltungsloses Einerlei, sondern – im Gegenteil – die Haltung jeder verantwortungsvollen Politik. Wer es heute wieder aufgreift und umsetzt, wer kurzsichtigem Populismus und der Versuchung widersteht, eine Klientel zulasten einer anderen zu bedienen, hat Unterstützung verdient. Leider hat er sie nämlich nötig.

Übrigens …

Die Debatte über die Parteienstruktur ist ein europaweites Phänomen. Überall ist der Verfall von Großparteien zu beobachten. Vielleicht ist der Begriff »Volkspartei« in Zukunft nicht mehr Pluralwort, denn es gibt ja auch keine zwei Mitten. Vielleicht bildet sich, wenn überhaupt, so etwas wie eine neuartige Partei für das Zentrum der Gesellschaft heraus. Dafür finden sich in Europa schon erste Belege.

Thomas Leif

Das Primat der Politik muss wiederhergestellt werden

Drohende Legitimations-Auszehrung der Parteiendemokratie: Lehren aus einer riskanten Richtungswahl

Renaissance der arbeitsteiligen Richtungswahl

Die Bundestagswahl am 27. September 2009 hat in vielfacher Hinsicht fundamentale Auswirkungen auf den politischen Prozess der kommenden Jahre.

1. In der historischen Rückschau (im nächsten Jahrzehnt) wird der Wahlkampf der CDU unter Angela Merkel in der Perspektive der Machtsicherung als genialer strategischer Wurf erscheinen. Mit ihrer strikt durchgehaltenen Abkehr von den Positionen des Leipziger Parteitages und ihrer Hinwendung zur sozialdemokratisierten, präsidialen »Kanzlerin aller Deutschen« hat sie in einem hoch-konfliktiven politischen Umfeld die Union auf einem niedrigen Niveau fast stabilisieren können. Gleichzeitig hat sie mit ihrer Politik der Deeskalation politischer Positionen und der Konfliktverweigerung gegenüber einem zaghaften Herausforderer gepunktet. Mit dieser Strategie hat sie ihren liberalen Partnern ein maximales Entfaltungs-Potential ermöglicht. Das konservativ-liberale Lager wurde in Form einer intelligenten Arbeitsteilung ausgeschöpft. Angela Merkel errang einen Arbeitssieg, der ihre Position in der CDU weiter stärkte und der gleichzeitig das zersplitterte gegnerische Lager in eine diffuse Opposition drängte. Die häufig vorgetragene Hypothese der Auflösung der Lager ist mit der Bundestagswahl widerlegt.

2. Die CDU wird die vorauseilende und entschlossen durchgesetzte programmatische Neuformation durch die Kanzlerin innerhalb der Partei nachholen müssen. Die umgekehrte Programmbestimmung, die die tiefe Kluft zwischen modernisierter Regierungspolitik und Traditionsverwurzelung wichtiger Gruppen in der CDU zeigen wird, kann zu einem heiklen Wendemanöver werden, da der traditionsverwurzelte und der neoliberale Flügel in der CDU aus der Schockstarre erwachen werden.

3. Die programmatische Hybris der FDP wird voraussichtlich von der Kanzlerin im täglichen Politikvollzug moderativ gezähmt. Die Entzauberung der liberalen Marketingpartei wird schnell erfolgen, denn die FDP hat Erwartungshaltungen produziert, die sie nicht halten kann. Viele der Leihstimmen werden wieder an ihre Quelle zurückkehren. Gleichwohl wird die FDP ihre erfolgreiche Ankündigungspolitik nach dem Motto »Das liberale Leben ist ein Wunschkonzert« fortsetzen. Dieser Stil birgt auch für die Union gewaltiges Konfliktpotential.

4. Schwarz-Grüne Optionen werden im parlamentarischen Alltag sichtbarer werden. Die Grünen werden die schon angelegten Felder der Übereinstimmung zunehmend pflegen, begleitet von Meinungsführern in den Medien.

5. Die Spannungen in der SPD zwischen den sogenannten »Humanisten« (Steinmeier), die die SPD als Partei des sozialen Ausgleichs positionieren wollen, und den »Konfliktpolitikern« (Gabriel/Nahles), die die Spannungsfelder und Konfliktlinien zwischen Arm und Reich, Oben und Unten thematisieren werden, sind beachtlich. Die alten Flügelauseinandersetzungen werden auch auf Grund ihrer programmatischen Schwäche in neuen Konfliktmustern aufgehen.

Drei zentrale grundsätzliche, von der politischen Klasse fahrlässig ignorierte Konfliktfelder werden in Zukunft die politische Agenda belasten.

Nur 70,8 Prozent der 62.132.442 Wahlberechtigten nahmen an der Wahl teil.

Das Beteiligungsniveau hat sich gegenüber 2005 noch einmal um 6,8 Prozentpunkte verringert. Die noch niedrigeren Wahlbeteiligungen an der Europawahl und den letzten Landtags- und Kommunalwahlen runden das Bild ab. Diese Zeichen der Politikdistanz und Abkehr von der Politik sollten wahrgenommen werden. Bisher wird dieser Enthaltungs- und Verweigerungstrend von der politischen Klasse ignoriert.

»Die Politik scheut die Machtfrage.« – Die Politik darf sich nicht von den Banken erpressen lassen.

Mitten in der schwersten Wirtschafts- und Finanzkrise der Bundesrepublik und nach einem monatelangen Deeskalations-Wahlkampf wurden alle möglichen Themen verhandelt. Nur – die Verantwortung der Banken für diese Wirtschaftskrise wurde weitgehend ausgeblendet. Politik und Medien verzichten (noch) auf eine gründliche Analyse der Bankenkrise. Und dies, obwohl die Abwehr der damit verbundenen Risiken den Staatshaushalt auf lange Sicht ruiniert. Schneller als erwartet hat man sich an ungenutzte Rettungsschirme, toxische Bad-Banks und sich »tot stellende« Banker gewöhnt. Nur selten bricht jemand aus diesem Kartell der stillschweigenden Übereinkunft aus und sagt, wer für welche Fehlentwicklungen Verantwortung trägt: zum Beispiel Eggert Voscherau, der Aufsichtsratschef der BASF, der Mitte Juni 2009 seinem Publikum im Ludwigshafener Feierabendhaus zurief: »Die Wall Street hat nur eine Schlacht verloren, nicht den Krieg.« Kein Finanzprodukt, das den »Weltbrand« entfacht habe, sei bislang verboten. Nichts, wirklich nichts sei bisher geschehen, um eine Wiederholung dieser Krise zu verhindern. Nur leiser seien die Banker geworden, mehr nicht. Sein Fazit: »Die Politik scheut noch immer die Machtfrage.« Selbst der frühere Richter am Bundesverfassungsgericht und CDU-Steuerexperte Prof. Dr. Paul Kirchhof bilanzierte bitter: »In der Öffentlichkeit wird die Wahrheit unterdrückt.«[1] Was der »Professor aus Heidelberg« sagt, denken viele, sagen aber nur wenige. Die Distanz vieler Bürger zur Politik geht also nicht allein auf das Konto der politischen Akteure. Auch die Politikvermittler haben ihren Anteil daran. Nicht nur die Art und Intensität der medialen Begleitung der Bankenkrise durch die Medien erfordert in Zukunft eine gründliche Beschäftigung mit den Aufgaben der »Vierten Gewalt.« Der Chefredakteur der Süddeutschen Zeitung, Werner Kilz, hat die Zukunftsaufgabe der Medien auf den Punkt gebracht. »Guter Journalismus lebt von Unabhängigkeit, verlangt Mut, Urteilskraft und moralische Integrität. Wer schreibt, braucht kämpferisches Temperament, eine polemische Bereitschaft, eine Freude an Kontroversen. […] Was die Qualität einer Zeitung ausmacht, wird erst dann wertgeschätzt werden, wenn sie nicht mehr vorhanden ist.«[2]

1 Süddeutsche Magazin, H. 26, 2009.
2 Süddeutsche Magazin, H. 19, 2009.

Die Legitimationsreserven der Parteiendemokratie schwinden.

Die »Expansion einer realitätsblinden Funktionärsherrschaft«, die das Deutschlandradio einmal analysierte, fördert die skizzierte Wagenburgmentalität der Parteien. Ohne wirksame Öffnungs- und Reformprozesse wird sich dieser Trend noch verstärken. Die Parteien stehen vor 16 wichtigen Herausforderungen:

1. *Die Nachwuchsfalle ist die größte Gefahr für die Volksparteien. Ohne eine Frischzellenkur bluten die Parteien langsam aus und verlieren Legitimationsbasis und wichtige Innovationstreiber.*
   Die chronische Überalterung und geringe Mitwirkungsbereitschaft der Parteien produziert automatisch die Abschottung junger Interessenten. Immer öfter treten nur noch Kandidaten für wichtige Ämter und Mandate an, die in der Politik noch einen Karriereausweg sehen. Immer seltener gibt es Kampfabstimmungen um wichtige Ämter und Funktionen. Immer mehr Kommunalwahl-Listen in Großstädten, Kreisen und Gemeinden können nicht mehr aus dem Kreis der Parteimitglieder gefüllt werden. Die jahrelang kritisierte Problemlösungsschwäche, die Politikverflechtung der konkurrierenden Kommunal-, Landes- und Bundespolitik und die freiwillige Aufgabe des »Primats der Politik« zu Gunsten der stillen Dominanz der Wirtschaft führt zu einer Akzeptanz-Auszehrung. Der politische Preis ist hoch: eine wachsende Distanz zum politischen Betrieb, die Entfaltung einer Misstrauenskultur und eine grundlegende Politikskepsis.

2. *Die Sklerose der Volksparteien gefährdet langsam, aber weitgehend unbemerkt die Demokratie und zehrt die Legitimations-Reserven der Parteien im parlamentarischen System auf.*
   Die massive Demokratie-Entfremdung und Distanz zu den Parteien in Deutschland wird von den Verantwortlichen erfolgreich verdrängt. Eine 2008 von der Friedrich-Ebert-Stiftung in Auftrag gegebene Studie förderte dramatische Demokratie-Werte zu Tage:[3] Für 37 Prozent der Bürger funktioniert die Demokratie »weniger gut/schlecht«, 32 Prozent sagen, »die Demokratie kann unsere Probleme nicht lösen« und ein Viertel (25 Prozent) hat »mit der

3 Eine reduzierte Zusammenfassung und Einordnung der nicht vollständig veröffentlichten FES-Studie hat Serge Embacher in seinem Buch »Demokratie! Nein Danke?«, Bonn 2009, geliefert.

Demokratie nichts zu tun«. Die politische Klasse verdrängt diese Befunde und geht davon aus, dass es – auch auf Grund der stabilen verfassungsrechtlichen Absicherung – keine Alternative zum Parteienstaat gibt. Der parlamentarische Betrieb würde auch mit weniger Kandidaten und weniger Parteimitgliedern funktionieren.

3. *Im Zuge dieses Auszehrungsprozesses verbrauchen die Parteien Zug um Zug ihre im Grundgesetz gesicherte Legitimationsbasis.*
   Die Privilegien der Verfassung, die den Parteien eine umfassende Mitwirkung in Staat und Gesellschaft garantieren, erfordern im Gegenzug von den Parteien ein stabiles Beteiligungsfundament für die Bürger und eine feste Verankerung von Mitgliederparteien im Volk. Zudem müssen die Parteien den Meinungsbildungsprozess zu zentralen Fragen organisieren und haben eine Bringschuld bei der Bereitstellung von qualifiziertem Personal. Alle Faktoren, die die privilegierte Position der Parteien garantieren, werden heute nicht mehr in dem notwendigen Umfang garantiert.

4. *Diese Trends sind schon lange bekannt, wurden aber systematisch verdrängt oder kosmetisch »aufgehübscht«.*
   Die Parteispitzen haben sich in einer Wagenburgmentalität eingerichtet. Der Grund: Kleine Gruppen der politisch Mächtigen in den Parteien können ohne spürbare Nachteile weitermachen wie bisher. Politische Konkurrenz durch die jüngere Generation, durch eigenwillige, unabhängige Köpfe ist den Führungsspitzen lästig. Nichtwähler, Protestwähler, fehlender Nachwuchs oder der Rückzug von einst Aktiven sind keine Krisentendenzen, die sie direkt und persönlich betreffen. Das ist der wesentliche Grund, warum alle Öffnungs- und Reformprozesse der Parteien seit vielen Jahren versanden.

5. *Die Parteien in Deutschland leiden unter einem massiven Realitätsverlust. Die Parteirealität vieler Spitzenpolitiker unterscheidet sich fundamental von der Lebensrealität der Bürger und Wähler.*
   Die Folge: Die Parteien verlieren zunehmend ihre Problemsensorik und ihre Orientierungsfunktion für die Bürger. Die Verankerung in der Bevölkerung sinkt, die Parteien verlieren an politischer Deutungsfähigkeit. Eine Konsequenz: »Das leise Verschwinden der Politik« als »Profilierer der Interpretationsordnung«, wie der Politikwissenschaftler Werner Weidenfeld notierte. Die Dramatik der sich wechselseitig verstärkenden Faktoren wird in der Wis-

senschaft wie in der medialen Öffentlichkeit chronisch unterschätzt. Die sich vertiefende Kluft zwischen Parteirealität und Lebensrealität der Bürger verlangt grundlegende Anpassungen an die Wirklichkeit, weil andernfalls demokratisch nicht legitimierte Akteure und Lobbykräfte ihren politischen Einfluss noch weiter ausbauen und so die eigentlich gewählten Volksvertreter – aus der Sicht der Bürger – überflüssig machen.

6. *Die Parteien vergeuden zu viel Zeit mit der Konsensfindung und der Konfliktverarbeitung in den eigenen Reihen.*
   Die Parteien sind zunehmend mit Selbstorganisation und internem Konfliktmanagement beschäftigt und nehmen sich zu wenig Zeit für die notwendige Programmentwicklung und die Klärung grundlegender Positionen. Die Demoskopie und die täglichen Pressemappen werden für Spitzenpolitiker zum »inneren Geländer« und ersetzen den eigenen geklärten Standpunkt. Auf diese Weise verlieren Parteien in der Mediendemokratie ihre Urteilsfähigkeit und ihr persönliches Kraftzentrum und produzieren so ihren eigenen Bedeutungsverlust.

7. *Die Parteien schaffen zu wenige echte Entscheidungssituationen, die Meinungsbildung vorantreiben und alle interessierten Akteure zu einer argumentativen Auseinandersetzung zwingen.*
   Wirksame Teilhabe ist in Parteien der Ausnahmefall. Selbst Parteitage sind zunehmend Teil einer eventorientierten Politikvermittlung, die mit Hilfe professioneller Inszenierung bestimmte vorab bereits abgeklärte Botschaften über die Medien transportieren und eine attraktive Politikshow präsentieren will. Auch in den wichtigen Gremien und Vorständen werden die Mehrheiten eingesammelt, die vorher organisiert wurden.

8. *Der Leidensdruck zur Durchsetzung von Reformen ist zu schwach.*
   Die in allen Parteien laufenden zaghaften Öffnungsversuche sind nur ein Tropfen auf den heißen Stein. Nachwuchsakademien zur Schnellausbildung von aufstrebenden Jungpolitikern ziehen oft die falschen »Karrieristen« an. Im Schlepptau der Funktionäre, die »ihre« Kandidaten aussuchen und »mentorieren«, wächst der Typus des angepassten Außenseiters, der sich nach der von der jeweiligen Parteiführung vorgegebenen Linie verhält. Ohne Ideale, große Ideen und die notwendige Konflikt- und Einsatzbereitschaft für Positionen und Visionen fehlen zentrale Antriebskräfte für eine Gemeinsinn-orientierte

Politik. Es wächst eine graue, sinnentleerte Funktionärskultur heran, angetrieben von hektischer, tagesgetriebener Symbolpolitik und der Orientierung auf die politische Agenda der Medien. Nur in diesem Klima kann ein »System der Selbstnominierung« für zentrale Führungspositionen wachsen.

9. *Parteireformen werden meist technokratisch gedacht und dienen lediglich der Simulation von Aktivität und der Beruhigung in unruhigen Krisenzeiten.* Keine der beschlossenen Reformen, die mehr Partizipation, bessere Information und gesellschaftliche Öffnung versprachen, wurde kontinuierlich und konsequent vorangetrieben. Alle Reformen – und zwar aller Parteien – sind faktisch gescheitert. Der Grund: Kein Parteiführer oder Spitzenpolitiker machte bislang das Thema Parteireform zu seinem persönlichen Anliegen – über den Tag hinaus. Die frühere Justizministerin Hertha Däubler-Gmelin hat zum Ende ihrer Karriere den klugen Satz formuliert: Am Ende funktioniert ein Projekt nur, wenn man sich bis zum Schluss selbst darum kümmert. Es gibt aber auch einen ernsthaften Grund, warum Parteireformen regelmäßig versanden. Parteiführer werden von der Sorge umgetrieben, dass die Veränderung die noch existierenden schwachen »Vereins-Strukturen« nach einem Modernitätsschub ganz wegspülen würden und die Parteien vor dem virtuellen Nichts stünden.

10. *Die Politik leidet unter dem Verlust von Typen mit Willen, Charisma und Konfliktbereitschaft.* Erhard Epplers Diagnose »Willy Brandts wachsen nicht auf Bäumen« stimmt. Die ganze, viel erschreckendere Wahrheit aber ist: Typen wie Brandt und andere kämen in den Parteien heute nicht mehr in Spitzenämter. Sie würden unter dem Druck eines massiven Anpassungszwangs früh ausgemendelt. Die größten Aufstiegschancen haben heute Personen, die sich geräuschlos an die jeweilige kleine Führungsschicht – eines Patronats – anpassen und unauffällig die eingeführten Machtsysteme stützen. So werden sie zu Marionetten, die zur passenden Gelegenheit »platziert« werden und dieses etablierte Politikmodell fortsetzen. Das System im Leerlauf rekrutiert sich aus sich heraus; neue Ideen und Rekrutierungsverfahren haben kaum eine Realisierungs-Chance. Aus dieser erkalteten Glut kann kein intellektuelles Feuer entstehen.

11. *Das reale Anforderungs- und Aufgabenprofil in der Politik kollidiert mit den Wünschen, Erwartungen und Hoffnungen interessanter, persönlich unabhängiger Kandidaten.*
Mit den massiven Anpassungsanforderungen können nur bestimmte Typen leben, denen – mangels anderer Alternativen – ein beruflicher Aufstieg in der Politik in Aussicht gestellt wird. Aus diesem Prozess entsteht auf Dauer ein negativer Ausleseprozess, der nicht die Besten, sondern eher die Angepassten auf die vorderen Listenplätze bei der Mandatsverteilung befördert.

12. *Quereinsteiger haben selten eine Chance in der Politik.*
Quereinsteiger werden in ihrer Wirkung und ihrem vermeintlichen Potential überschätzt. Echte Öffnungsprozesse in den Parteien, wirksame Teilhabe und qualifizierte Informationen für die Mitglieder sind effizienter und nachhaltiger als öffentlichkeitswirksame Kooptationen bestimmter Images, die über Quer- und Seiteneinsteiger »eingekauft« werden sollen. Die oft verpönte »Ochsentour« hat auch den positiven Effekt, dass die alltagsgestählten Absolventen unter Realitätsdruck gesetzt werden und wissen, was ihre Wähler bewegt, und wer welche Interessen in der jeweiligen Partei-Hierarchie verfolgt.

13. *Die meisten Politiker auf allen Ebenen kennen die Tabus und Lebenslügen des politischen Betriebs.*
Die beschriebenen unausgesprochenen Verhaltensweisen gehören zur »hidden agenda« der Parteien. Die Macht der kleinen Machteliten, die Bedeutung der informellen Kreise, der gewachsene Lobbyeinfluss und Mediendruck auf die Parteien ist vielen Aktiven durchaus bewusst. Diese Einflusszonen werden aber nicht angesprochen, weil der Sanktionsdruck derjenigen, die von diesem System zu profitieren glauben, zu groß ist.

14. *Parteien bieten in der politischen Praxis modernes Illusionstheater an.*
Parteien vermitteln noch den Eindruck, dass sie an den Hebeln der Macht sitzen würden. Tatsächlich existiert das »Primat der Politik« aber nicht mehr. Politiker arbeiten unter dem »Primat der Wirtschaft«. Im Dreieck potenter Lobbyinteressen, einflussreicher Regierungsadministration und steuernder Medienakteure versuchen die Parteien mitzuspielen. Das Krisenmanagement der Politik in der Finanzkrise hat diesen Befund eindrucksvoll bestätigt. »Ich sehe das Monster noch nicht auf dem Weg zur Zähmung«, sagte

Bundespräsident Köhler beim Festakt zur DGB-Gründung. Mit geringer öffentlicher Resonanz.

15. *Die undurchschaubare Informalisierung von Entscheidungswegen – von oben nach unten nach oben – befördert eine Closed-shop-Mentalität und löst Loyalitätsbeziehungen und Mitwirkungs-Optionen auf.*
Viele Parteifunktionäre verhalten sich wie »warlords«, die nur ihre eigenen Positionen durchsetzen bzw. gegnerische Konzepte frühzeitig unterbinden sollen. Diese »top down«-Prozesse werden mit einem massiven Autoritätsverlust von führenden Politikern bezahlt, deren Halbwertzeit folglich immer kürzer wird. Auch dieser Prozess der Schnellabnutzung wichtiger Persönlichkeiten birgt ein Gefährdungspotential für die Demokratie.

16. *Die Flucht ins Ungefähre, die gezielte Unverbindlichkeit und die grassierende Multi-Optionspolitik verschärfen die Krise. Die Parteien verzichten freiwillig auf die orientierende Kraft einer gründlichen Programmarbeit.*
Eine möglichst unpräzise politische Sprache im Vakuum des Sowohl-als-auch und eine Kultur der Nicht-Festlegung fördern die Distanz zu Politik. Wo alles möglich und gleichzeitig unmöglich erscheint, alle Bündnis-Formationen denkbar sind, wird Orientierung und Identifikation unmöglich. Unterscheidbarkeit und erkennbares programmatisches Profil sind aber die Voraussetzung für Entscheidungsfähigkeit: für gut und böse, richtig und falsch, bezahlbar und nicht bezahlbar. Parteien müssen wieder zum Ort interessanter politischer Debatten werden, die Politik anleiten und begründen.

Fazit

Das Primat der Politik muss wiederhergestellt, direkte Beteiligung gefördert und eine Jugendquote eingeführt werden.

Die Politik darf sich nicht länger den zentralen Konfliktfeldern entziehen. Das Primat der Politik muss wieder der gültige Maßstab in der Demokratie sein. Parteien müssen sich öffnen und die Beteiligung der Bürger mit einen möglichst großen Set an Mitwirkungsmöglichkeiten als durchgehendes Prinzip ihrer Arbeit verankern. Analog zu der erfolgreich durchgesetzten Frauenquote müssen alle Parteien umgehend eine vergleichbare Jugendquote einführen, um sich selbst auf diese Weise einen Demokratieschub zu verordnen. Denn nur Beteiligung kann Mitwirkung befördern.

Jörg Schönenborn

Wenn Wähler wandern

Mit erstaunlicher Souveränität haben die Wählerinnen und Wähler am 27. September 2009 die politische Landschaft in Deutschland neu geordnet. Sie haben für ein Ergebnis gesorgt, das in seiner Deutlichkeit Politik, Medien und Wissenschaft überrascht. Zwar lässt sich im Nachhinein plausibel erklären, warum die Wähler bei ihrer Wanderung diesmal so weite Wege auf sich genommen haben. Dennoch: Die Verschiebungen zwischen den Parteien sind so extrem wie niemals zuvor. Und sie sind gewollt.

Verständlich, dass vor allem die Wahlverlierer so tun, als gehe es um einen Betriebsunfall, um eine Laune des Wahlvolks, die bei nächster Gelegenheit zu korrigieren sei. Aber daran glaube ich nicht. Vieles spricht dafür, dass die Kräfteverhältnisse im deutschen Parteiensystem für lange Zeit neu justiert worden sind. Kennzeichen dieser Neujustierung ist, dass es keine zwei großen Parteien mehr gibt, sondern allenfalls eine mittelgroße (die SPD) und eine etwas größere (die CDU, genauer die Union). Und die drei ehemals kleinen Parteien zeigen enorme Dehnbarkeit – wobei ihre Stimmen in großer Zahl Leihstimmen sind. Als Lehnsherren treten aber nicht wie früher Union und SPD auf, sondern das Wahlvolk selbst. Zur neuen Beweglichkeit gehören eine immer größere Wechselbereitschaft und der taktische Umgang mit Erst- und Zweitstimme. Vor allem aber gehört dazu ein Charakterzug, dessen Auswirkungen auf die Stärke der Parteien immer noch unterschätzt wird: die Bereitschaft, am Wahltag zu Hause zu bleiben.

Die Bundestagswahl 2009 ist in dieser Hinsicht der vorläufige Endpunkt einer Entwicklung, die im Sommer 2005 mit der Auflösung des Bundestages ihren Ausgang nahm. Bei elf von 14 Landtagswahlen zwischen September 2005 und August 2009 erreichte die Wahlbeteiligung historische Tiefstände. Jeder einzelne Ministerpräsident, egal ob wiedergewählt oder neu ins Amt gekommen, stützt sich auf weniger Wählerstimmen als in der Periode zuvor. Die Legitimationsbasis der Regierungen ist zum Teil beängstigend schmal geworden.

Die neue schwarz-gelbe Bundesregierung stützt sich auf gerade mal ein Drittel der Wahlberechtigten. 21 Millionen Koalitions-Wählern stehen 19 Millionen Nicht- oder Ungültigwähler gegenüber. Wie hilflos Parteien und Gesellschaft auf dieses Phänomen reagieren, zeigen die ungezählten Aufrufe in Fernsehspots, Diskussionsrunden und Veranstaltungen, vom Wahlrecht Gebrauch zu machen.

Selbst Wahlkämpfer lassen sich mittlerweile zu regelrechten Akten der Selbstverleugnung hinreißen, indem sie ihre Zuhörer anflehen, lieber eine andere als gar keine Partei zu wählen. Damit behandeln sie Nichtwähler wie Kinder, die man am Zebrastreifen an die Hand nimmt.

Tatsächlich aber ist ein großer Teil der Nichtwähler sehr mündig, sehr rational und sehr entschieden. In Umfragen geben sie an, dass ihnen früher die Wahlentscheidung oft leicht gefallen sei, dass es aber mittlerweile einfach keine Partei mehr gebe, der sie guten Gewissens ihre Stimme geben können. Auf dem deutschen Parteienmarkt gibt es kein Nachfrage-, sondern ein Angebotsproblem.

Dieses Angebotsproblem ist übrigens vor Wahlen auch mit wenig Mühe sichtbar. Das wichtigste Thema des Bundestagswahlkampfs 2009 war die Macht. Über nichts wurde mehr debattiert als über Koalitionsfragen, über das Wer-mit-wem-und-wer-mit-wem-nicht! Das mag für die Parteien wichtig und für die Medien schlagzeilenträchtig sein. Aber die Wähler stößt es ab.

Ja, es ist eine politische Richtungsfrage, ob sich die SPD auf Koalitionen mit der Linkspartei einlässt. Und ja, es ist eine politische Richtungsfrage, ob die FDP gegebenenfalls als Mehrheitsbeschaffer für Rot-Grün zur Verfügung gestanden hätte. Aber Grundlage für jede Koalitionsentscheidung müssen doch inhaltliche Fragen sein: der Abgleich von Programmen, das Ausloten der Verhandlungsbereitschaft, die Suche nach Überschneidungen. Und die Vernunft gebietet eigentlich, vor der Wahl politische Ziele und Inhalte zu definieren und nach der Wahl zu prüfen, mit wem man sie umsetzen kann. Praktiziert haben fast alle das Gegenteil: Vor der Wahl wurde festgelegt, wer mit wem regieren möchte. Und dafür wurde wenig über Inhalte und Ziele gesprochen.

Kann man sich da ernsthaft wundern, dass Millionen Menschen gar nicht oder nur zähneknirschend wählen gehen? Bei der ARD-Wahltagsbefragung (durchgeführt von Infratest dimap am 27. September in 580 Stimmbezirken) gaben gerade noch 18 Prozent der Wähler an, Grund für ihre Entscheidung sei die langfristige Bindung an die gewählte Partei. Man darf also davon ausgehen, dass die übergroße Mehrheit sorgfältig geprüft und mit sich gerungen hat, wer die Stimmen bekommt. Koalitionsversprechen, von denen die meisten Wähler ohnehin glauben, dass sie nach der Wahl nicht mehr gelten, sind für die Wahlentscheidung keine große Hilfe. Bei der Landtagswahl 2008 in Hessen hatten sich die Parteien selbst schachmatt gesetzt. Von sieben nach der Wahl rechnerisch möglichen Koalitionen war vor der Wahl jede einzelne ausgeschlossen worden.

Nicht nur wegen mangelnder Glaubwürdigkeit sollten solche Debatten der Vergangenheit angehören. Wer die Ziele ernst nimmt, für die er kämpft, sollte nach der Wahl doch ein Interesse haben, wenigstens einen Teil dessen in einer – auch ungeliebten – Koalition umsetzen zu können. Das ist allemal besser, als beleidigt auf der Oppositionsbank zu sitzen und den eigenen Wählern gar nichts zu liefern. Überdies ist es lebenswichtig für das Funktionieren unserer Demokratie, dass die gewählten Parteien miteinander bindungsfähig sind.

Auch wenn das aktuelle Wahlergebnis die These scheinbar widerlegt: Koalitionen aus einer großen und einer kleinen Partei sind in den meisten Ländern und im Bund strukturell nicht mehr mehrheitsfähig. Dass es 2009 noch einmal gelungen ist, hat schlicht damit zu tun, dass die FDP in ihrer Oppositionsrolle mehr Gewicht gewinnen konnte, als die Wähler ihr unter anderen Umständen beimessen würden. Und es war übrigens eine weise Entscheidung des Wahlvolks, die diversen Schwüre der Parteien nicht auf die Probe gestellt, sondern angesichts der aktuellen Probleme für eine klare Mehrheit gesorgt zu haben. Unabhängig davon: Nach allen Erfahrungen und angesichts bevorstehender harter Einschnitte dürfte es Union und FDP in vier Jahren kaum gelingen, ihr gemeinsames Ergebnis zu behaupten. Ganz zu schweigen vom warmen Rückenwind der Überhangmandate, der die beiden diesmal sehr weit über die Mehrheitsschwelle getragen hat.

Sehr wahrscheinlich müssen wir uns an die Lage gewöhnen, wie sie nach der Wahl 2009 im Saarland eingetreten ist und bei vielen kommenden Landtagswahlen eintreten könnte: Weder Schwarz-Gelb noch Rot-Rot bilden einen stabilen Mehrheitsblock. Zur Scharnierpartei werden damit die Grünen, die gegenwärtig ein bisschen sehr freihändig dem »linken Lager« zugerechnet werden. Das Führungsduo Künast/Trittin hat längst erkannt, dass eine Links-Koalition in der Opposition keinen Sinn macht. Und dass die Grünen einen Wettkampf um das linkeste Programm und die süßesten Umverteilungspräsente nicht gewinnen können. Vor allem in der unideologischen Generation der Dreißigjährigen, die bei den Grünen schon viele Mandate erobert haben, ist der Wunsch nach der schwarz-grünen Option unüberhörbar. Manchen jüngeren Grünen ist die SPD immer fremd gewesen. Sie sind weit entfernt von den klassischen Arbeitnehmer- und Gewerkschaftsmilieus aufgewachsen und haben einen weiten Begriff von Nachhaltigkeit. Sie wollen nicht nur ökologisches Gleichgewicht, sondern auch eines zwischen den Generationen. Dazu gehören vor allem Sozialsysteme, die nicht immer mehr Lasten tragen müssen. Diese Ziele sind mit weiten Teilen der Union leichter umzusetzen als mit einer SPD, die sich völlig neu definieren muss und die ihr neues Zuhause vermutlich in der Nähe der verloren gegangenen alten Milieus suchen wird. Die Hürde, die es in Richtung Jamaika zu überwinden gilt, liegt deshalb für den bürgerlichen Teil der Grünen nicht in der Union, sondern der FDP. Wie marktradikal die FDP tatsächlich als 15-Prozent-Regierungspartei sein wird, ist noch nicht ausgemacht.

Aber ob die Grünen die Chance wahrnehmen und sich in die Schlüsselstellung des neuen Parteiensystems bringen, hängt nicht nur vom innerparteilichen Flügelkampf ab – den es in dieser Frage garantiert geben wird. Auch die Union müsste mindestens ein verhaltenes vorsichtiges Signal senden. Sie müsste im Wesentlichen an den Grundsätzen des Atomkompromisses der rot-grünen Regierung festhalten. Denn Atomenergie ist gegenwärtig das einzig sichtbare Thema, das die alten ideologischen Gräben wieder aufreißen könnte. Mit einer Union, die in großem Stil Laufzeiten verlängert, könnten selbst die bürgerlichsten Grünen keine Bindung eingehen.

So klar die Wähler die Größenverhältnisse der Parteien neu zugeschnitten haben, so unklar sind sie geblieben in der Zuordnung zu den Lagern. Die These jedenfalls, dass es eine strukturelle linke Mehrheit gebe, die von drei linken Parteien repräsentiert werde, kann nach dieser Bundestagswahl in die Mottenkiste. Aber das heißt längst nicht, dass es nicht eine gefühlte linke Mehrheit gibt. Ein wichtiger Indikator dafür ist der Wunsch nach einer weniger leistungsorientierten und dafür solidarischeren Gesellschaft. 59 Prozent äußerten im September 2009 diesen Wunsch, 2005 waren es nur 55 Prozent (ARD-Vorwahlbefragungen, durchgeführt von Infratest dimap, September 2005 und September 2009). Und natürlich ist dieser Wunsch unter den Wählern der SPD, der Linken und der Grünen am größten. Aber auch 40 Prozent der Unions-Wähler und sogar 47 Prozent der FDP-Wähler wünschen sich weniger Leistungsorientierung und mehr Solidarität. Man kann eben heute getrost »links« denken und dabei schwarz oder gelb wählen.

Zwei weitere Beispiele: Fast 80 Prozent der Deutschen wünschen sich einen gesetzlichen Mindestlohn (ARD-Vorwahlbefragung September 2009). Mehrheiten dafür gibt es bei den Anhängern aller Parteien. Ähnlich groß ist der Wunsch, die Rente mit 67 rückgängig zu machen. Trotzdem haben die Deutschen eine Koalition gewählt, die weder einen gesetzlichen Mindestlohn einführen noch die Rente mit 67 abschaffen will. Ein Widerspruch? Nein. Man kann ja durchaus politische Positionen vertreten, ohne die zur Priorität der eigenen Wahlentscheidung zu machen. Die Entscheidung für Schwarz-Gelb im Jahr 2009 war in oberster Priorität eine Entscheidung für eine Regierung, von der sich die meisten Deutschen mehr Wirtschaftswachstum und damit sichere Arbeitsplätze erhoffen. Zugespitzt ausgedrückt: Der Mehrheit sind sichere Jobs lieber als besser bezahlte.

(Wobei man einschränkend sagen muss, dass die sechseinhalb Millionen Bezieher von Niedriglöhnen vermutlich weitgehend nicht Schwarz-Gelb, sondern vermutlich in großer Zahl gar nicht gewählt haben.) Also: Die Wahlentscheidung 2009 war eine Entscheidung für wirtschaftliche Sicherheit, nicht für sozialen Ausgleich. Damit unterscheidet sie sich grundlegend vom Votum im Jahr 2005 – was wohl mit der gegenwärtigen Situation zu tun haben dürfte. Wir leben mitten in einer schweren Wirtschaftskrise, von der die meisten Wähler Ende September 2009 noch nichts spürten, gleichwohl aber befürchteten, dass da noch was auf sie zukommt.

Diese besondere Themenlage täuscht ein wenig darüber hinweg, wie wenig die Parteien jene Probleme in den Fokus genommen haben, die die Wähler zunehmend beschäftigen. Sie interessieren sich in ihrer großen Mehrzahl recht wenig für die Diskussion von Steuertarifen. Ihr Glück hängt nicht davon ab, ob von einer Gehaltserhöhung netto die Hälfte oder ein Drittel übrig bleibt. Oder ob für Tafelwasser und Gaststättenrechnungen die Mehrwertsteuer gesenkt wird. Und auch die These von der Rentnerdemokratie ist eine Mär. Ja, ein Drittel der Wahlberechtigten ist über 60. Aber die allermeisten sind persönlich bestens abgesichert und sorgen sich viel mehr um die Zukunft ihrer Kinder und Enkelkinder als um sich selbst.

Und bei denen erleben sie ganz unmittelbar, wie sich die Gesellschaft verändert hat. Vor allem die Schulen sind völlig überfordert. Immer mehr Kinder werden irgendwie durchgeschleust, obwohl sie der Schulsituation weder sozial noch intellektuell gewachsen sind. Die Auslese erfolgt früh. Wobei es den Ausgewählten oft nicht viel besser geht als den Abgehängten. Weder werden die Leistungsfähigen adäquat gefördert noch die Überforderten aufgefangen. Unser Schulsystem produziert jedes Jahr 80.000 Gescheiterte – Abgänger ohne Schulabschluss.

So kommt es, dass in Wahlumfragen Bildung immer häufiger als wahlentscheidendes Thema genannt wird – genauso wie Familienpolitik. Trotz aller Fortschritte hat die Gesellschaft es nicht geschafft, vielen Frauen die Entscheidung zwischen Beruf und Kind abzunehmen. Wer arbeitet und Einkommen hat, kann sich von diesem Einkommen häufig die Kinderbetreuung nicht leisten. In der Folge ziehen 40 Prozent der Alleinerziehenden ihre Kinder mit Hartz IV auf.

Dies sind nur zwei Beispiele für Aufgaben, denen sich die Parteien inhaltlich stellen sollten, statt endlose Debatten über Steuerkurven zu führen. Dies gilt für die SPD, wenn sie den zugewiesenen Wahlergebnisplatz in der Region Mitte 20 Prozent wieder verlassen will. Und das gilt für die Union, wenn sie das Ziel hat, über 2013 hinaus die politische Führung zu behalten.

Franz Sommerfeld

Der endgültige Abschied von Jalta

»Junge Menschen erwarten oft von mir das ungebrochene Ja, das deutliche Nein. Aber mir ist es unmöglich geworden, an eine einzige, an die Wahrheit zu glauben. Also sage ich meinen jungen Freunden und anderen, die es hören wollen: Es gibt mehrere Wahrheiten, nicht nur die eine, alles andere ausschließende Wahrheit. Deshalb glaube ich an die Vielfalt und also an den Zweifel. Er ist produktiv.«
Willy Brandt 1971 in seiner Dankesrede für die Verleihung des Friedensnobelpreises

Berlin ist nicht Weimar. Das ist die erfreuliche Botschaft in dieser Zeit. Die gegenwärtige Veränderung der deutschen Parteienlandschaft hat nichts mit dem zu tun, was gemeinhin unter »Weimarer Verhältnissen« verstanden wird. Weimar steht für Zerrüttung und Absturz der demokratischen Republik. Der gegenwärtige Umbruch des Parteiensystems markiert – mit zwanzigjähriger Verspätung – das Ende eines großen politischen und geistigen Jahrhundert-Konfliktes. Es ging – ein wenig vereinfacht – um den Kampf zwischen Linken und Rechten. Deren radikale Flügel hatten die Weimarer Republik aufgerieben und damit dem Nationalsozialismus den Weg gebahnt. Aus den Trümmern von Weimar führte der Weg nach Jalta. Dort konzipierten die Siegermächte eine territoriale Neuordnung Europas und eines großen Teils der Welt. Das brachte – trotz aller Kriegsaktionen – einen lange währenden Zustand von Waffenstillstand oder auch Frieden. Zugleich konservierte die äußere Stabilität im Inneren der Gesellschaften Ideologien, die zum Teil noch aus dem 19. Jahrhundert stammten und ohne eine solch strenge Zweiteilung der Welt nie so lange Bestand gehabt hätten.

In besonderem Maße gilt dies für Deutschland, durch das die Grenze der Systeme lief. So kann es nicht verwundern, dass sich hier zu Lande innenpolitische Konflikte und außenpolitische Beziehungen stets vermengten. Das erklärt manche Unversöhnlichkeit im Streit der Parteien. Die Rechte nutzte den Antikommunismus zur Mobilisierung der eigenen Reihen und zur Einschüchterung des politischen Gegners. Schon Konrad Adenauer rückte die Sozialdemokraten 1953 in die Nähe des Kommunismus, obwohl die SPD Kurt Schumachers nun wirklich aus tiefer Überzeugung antikommunistisch war. Und selbst gegen den durch und durch pragmatischen sozialdemokratischen Bundeskanzler Helmut Schmidt führte die Union im Jahre 1980 eine hoch polarisierende und überdies wirkungsvolle Wahlkampfkampagne unter dem Motto »Freiheit statt Sozialismus«. Heute wirkt die Unterstellung von damals komisch, Deutschlands mittlerweile angesehenster Politiker werde die Bundesrepublik dem Sozialismus preisgeben. Doch noch nach der Wende setzte die Union die Sozialdemokraten mit ihrem »Rote-Socken-Wahlkampf« erfolgreich unter Druck. Im Bundestagswahlkampf des Jahres 2009 aber verzichtete die Union auf ähnliche Attacken, obwohl sie das gute Abschneiden der Partei »Die Linke« voraussehen konnte. Die Sozialdemokraten mussten ihrerseits mit ihrer »Gelbe Socken«-Kampagne erfahren, wie schnell man mit überlebten Feindbildern ins Leere laufen kann. Im Gegensatz dazu hatten die Christdemokraten erkannt, dass die alten plakativen Frontstellungen zur Linkspartei abgetragen sind und zur Feindbildung nicht länger taugen. Dafür hätte es nicht unbedingt zwei Jahrzehnte gebraucht. Aber Parteien sind in Fragen lieb gewonnener Einstellungen so konservativ wie die meisten Bürger. Es fällt ihnen schwer, vertraute Wege zu verlassen.

Während sich die Christdemokraten von überholten ideologischen Schemata abwenden und zu ihrem (christlichen) »Markenkern« ein abgeklärt-pragmatisches, ja bisweilen ausgesprochen geschmeidiges Verhältnis pflegen, macht den Sozialdemokraten das Prinzip des »Sozialismus« bis in die Gegenwart zu schaffen. Die aus dem 19. Jahrhundert stammende Ideologie durchdrang die Politik fast aller linken Bewegungen – auch derjenigen, die früh und überzeugend realsozialistische Verhältnisse ablehnten. Solange sozialistische Gesellschaften in Form von Staaten existierten, blieb vielen die Hoffnung, dass nach grundlegenden Reformen daraus doch noch vernünftige Alternativen zur kapitalistischen Ordnung entstehen könnten. Die Massenmorde in der Sowjetunion wurden nach dem Tode Stalins immer mehr verdrängt. Es wuchs die Hoffnung, man könnte es besser machen. Dieser Vorstellung hingen selbst zahlreiche DDR-Bürgerrechtler an, die durch ihren Protest das alte Regime zur Abdankung zwangen, um eine Erneuerung des Sozialismus zu erreichen. Der in Westdeutschland unter vielen Linken verbreitete Glaube, jedes Mehr an staatlicher Verantwortung sei demokratisch und komme den Menschen zugute, ist nicht zuletzt durch die Systemkonkurrenz zu erklären. Denn diese zentrale menschheitsbeglückende Rolle des Staates zählt nicht zu den Gründungsmythen des Sozialismus.

Noch im Jahre 2007 nahm die SPD die Idee des demokratischen Sozialismus ausdrücklich wieder in ihr Parteiprogramm auf. Der Kurzzeit-Vorsitzende Kurt Beck versuchte damit seine Partei zu einen und ihr den alten Sinn für politisches Tun zurückzugeben. Die Reverenz gegenüber dem alten Begriff sollte es den Sozialdemokraten erleichtern, die Zumutungen der großkoalitionären Politik zu ertragen.

Beck bediente sich dafür eines zu Regierungszeiten der SPD fast schon klassischen Musters: Während sozialdemokratische Bundeskanzler eine durchaus pragmatische und den jeweiligen Zeiten angemessene Politik betrieben, ließen sie zu, dass die SPD und ihre Anhänger mit alten Leitbildern zusammengehalten wurden, die letztlich im Widerspruch zum Regierungshandeln standen. Während Gerhard Schröder Politik nach seinem Motto betrieb, es gebe keine linke oder rechte Wirtschaftspolitik mehr, sondern nur noch eine richtige oder falsche, träumten seine Genossen von Mitbestimmung und Wirtschaftsdemokratie. So war es jeweils nur eine Frage der Zeit, bis die SPD ihren Kanzlern und Ministern nicht länger folgte und diese abtreten mussten. Warum sollten die Wähler in ihrer Mehrheit Politiker unterstützen, denen schon die eigene Partei misstraut? Als zu unerträglich erschien vielen Sozialdemokraten der Gegensatz zwischen ihren Idealen und der politischen Realität.

Diese Kluft nicht geschlossen oder wenigstens überbrückt zu haben ist das historische Versagen aller SPD-Vorsitzenden in den vergangenen zwei Jahrzehnten. Sie sahen hilflos oder desinteressiert zu, wie mit jedem Jahr seit dem Untergang des sozialistischen Staatensystems die traditionelle Ideenwelt ihrer Partei weiter zerbröselte; wie sozialistische Sehnsucht mit marktwirtschaftlicher Realität kollidierte, ohne dass sie selbst auch nur einen ernsthaften politischen Neubeginn, ein zweites Godesberg versucht hätten; oder auch eine Entideologisierung zum Programm erhoben hätten. Vielleicht glaubten die Männer an der Spitze der SPD, das Herz könne nur links schlagen, und sie würden für andere Entwürfe keine emotionale Zustimmung erfahren.

Das Beispiel der Grünen zeigt, dass dies ein Irrtum ist. Diese Partei – im Wesentlichen auch ein Projekt ehemaliger Sozialisten – steht für eine anfangs zögerliche, dann aber immer entschiedenere Abkehr von sozialistischen Traditionslinien. Heute prägen grüne Vorstellungen die ganze Gesellschaft und fast alle Parteien. Die Grünen werden nicht wieder ins linke Lager zurückkehren, auch wenn sich ihm viele Anhänger noch zuordnen. Wahrscheinlicher ist sogar, dass die Partei in späteren Generationen eher den Konservativen zugerechnet werden wird.

Die Gründung der Grünen war das erste dramatische Warnsignal für die organisatorische und geistige Verkrustung der SPD, für ihre Unfähigkeit, eigene Antworten auf die Moderne zu finden. In anderen Ländern gab es zumindest Reformversuche: Tony Blair entwarf in Großbritannien das New-Labour-Projekt mit dem ausdrücklichen Bekenntnis zum freien Markt. Er wich der Auseinandersetzung mit der eigenen Partei nicht aus, sondern suchte sie. Allerdings hatte Blair auch keine andere Wahl. Heute scheint offen zu sein, ob er New Labour nachhaltig in den eigenen Reihen hat durchsetzen können. Auch Gerhard Schröder hantierte eine Zeitlang mit dem Schröder-Blair-Papier. Aber vielleicht war das nur ein Spielzeug seines damaligen Kanzleramtsministers Bodo Hombach. Tatsächlich interessierte sich Schröder nämlich nur wenig für den geistigen Zustand seiner Partei.

Interessant ist auch die Entwicklung in Frankreich. Im vorigen Wahlkampf erhob die sozialistische Präsidentschaftskandidatin Ségolène Royal den Anspruch, Frankreich zum »ökologischen Musterland« zu machen, und sie ist auch nach der Niederlage dabei geblieben. Sicher ist die Sozialistische Partei Frankreichs, gemessen an den deutschen Sozialdemokraten, eine junge Partei ohne die ideologischen Lasten einer großen Vergangenheit, und ihr »grüner« Anspruch wirkt ein wenig gewollt. Trotzdem bleibt der Vorstoß bemerkenswert, weil er die uralten Muster von »links« und »rechts« verlässt und nach einer neuen, zeitgemäßen Grundierung der Politik sucht. Soziale Gegensätze, die es immer noch gibt und die unter Umständen auch wieder zunehmen können, haben heute nicht mehr annähernd die Sprengkraft wie noch im 19. und 20. Jahrhundert. Dagegen gewinnt der verantwortungsvolle Umgang mit den Ressourcen in einem weltweiten Industrialisierungsprozess eine ganz neue politische Dimension.

Die SPD muss sich also neu erfinden. Es wird sie nicht weiterbringen, wenn sich die neue Führung von der Schröderschen Agenda 2010 abwendet und die von Franz Müntefering eingeführte Rente mit 67 verdammt. Auch ein pragmatischeres Verhältnis im Umgang mit den Linken wird sie nicht retten. Vielmehr braucht sie einen neuen Politik-Entwurf für die Nach-Jalta-Zeit. Die Krise der SPD ist existenziell. Nicht nur ist die Schwäche der Partei die Ursache für die gegenwärtige Fragmentierung der Parteienlandschaft. Sondern erstmals läuft die Partei auch Gefahr, unterzugehen, wenn sie in ihrer Vergangenheit stecken bleibt. Für die deutsche Demokratie wäre das gewiss ein schwerer Verlust, es würde sie aber auch nicht zerstören.

Dagegen hat es die Union leichter. Sie ist eine originäre Partei der West-Bundesrepublik. Dank der Gnade der späten Gründung trägt sie weniger historischen Ballast mit sich, ohne ganz auf Traditionen verzichten zu müssen. Anders als die SPD stand sie nie in einem Spannungsverhältnis zu einer relevanten totalitären Strömung im eigenen Lager oder an dessen Rand. Trotz mancher neonazistischer Wiedergänger ist der Rechtsradikalismus seit 1945 nachhaltig tabuisiert. Und spätestens seit Ende der 1960er Jahre ist der Anti-Nazismus in einer Weise Staatsräson, dass selbst rechtspopulistische Strömungen wenig Chancen haben. Zudem gelang es der Union bei den meisten Wahlen in Westdeutschland, rechte Ränder zu integrieren, ohne dadurch selbst beschädigt zu werden. Das muss nicht so bleiben, funktioniert aber noch – im Westen allerdings besser als im Osten. Auch darum führt der Verweis auf Weimar in die Irre.

Der wirkliche und entscheidende Vorzug der Union freilich liegt in ihrem höchst begrenzten Interesse an Visionen oder Utopien. Zu Recht sieht der Politologe Franz Walter – einer der klügsten Vertreter seines Fachs – die Stärke von CDU und CSU in ihrem katholischen Politikansatz: Katholiken wissen, dass der Mensch sündigt. Sie haben mit der Beichte ein sehr menschliches Verfahren etabliert, die Sündenlast loszuwerden, um danach wieder fehlen zu können. Dieses lebenskluge Modell ermöglichte es der Union, viele Mitläufer aus der Nazizeit zu integrieren oder später die DDR-CDU zu »übernehmen«. Es gehört zur Ironie der Geschichte, dass es der evangelischen Ostdeutschen Angela Merkel gelang, diesen westdeutsch-katholischen Ansatz nach anfänglichen Mühen fortzuführen. Zwar schafft sie es immer noch nicht ausreichend, den Ton vieler konservativer Anhänger zu treffen. Das führt zu Akzeptanzproblemen in den eigenen Reihen. Aber der ganz auf sie zugeschnittene Wahlkampf 2009 setzt schon die Traditionslinie eines Konrad Adenauer fort, der den Vorwurf sehr gut auszuhalten wusste, er führe die CDU als Kanzlerwahlverein. Merkels neue »Parole« vom Wahlabend, sie wolle Kanzlerin aller Deutschen sein, passt genau dazu.

Insgesamt ist die CDU – mehr als die CSU und ganz anders als die SPD – auf die neue Parteienlandschaft gut eingestellt, weil sie weniger durch Programme und Ideologie zusammengehalten wird. Denn selten war Politik in der Mitte Europas so wenig Ideologie gesteuert wie jetzt. Das muss im »Land der Dichter und Denker« aber keinesfalls so bleiben. Die Deutschen haben ein Faible für die geistige Überhöhung von Politik. Mögliche ideologische Konflikte der Zukunft sind schon jetzt zu erkennen. Da ist der radikale Islamismus. Da sind die ungelösten Fragen der Integration in Deutschland. Da könnte aber auch die Bildungspolitik ein Streitgegenstand sein, wenn die gegenwärtig stattfindende

Annäherung der großen Strömungen zu einem neuen Stillstand führt, oder die weiteren Perspektiven einer europäischen Einigung.

Das Sechs-Parteien-System spiegelt die Veränderungen einer Gesellschaft wider, die sich sozial und kulturell viel grundlegender ausdifferenziert hat als zu den großen Zeiten der Volksparteien. Damit erweist sich die deutsche Demokratie trotz sinkender Wahlbeteiligung als sehr lebendig. Die Auffächerung ist notwendig, weil die Volksparteien nur noch selten über ausreichende Kraft verfügen, auf Veränderungen angemessen zu reagieren. Es ist auch durchaus möglich, dass einzelne Parteien wieder zueinander finden, wenn nicht durch Vereinigung, dann durch Fraktionsgemeinschaften oder andere Formen der Kooperation.

Vor allem bedeutet es nicht, dass Zwei-Parteien-Koalitionen unmöglich sind. Im Gegenteil: Wenn die schwarz-gelbe Koalition in Berlin Erfolg hat, werden CDU und CSU wieder stärker Stimmen ziehen. Nur wird die Bindung der Wähler an die Parteien nie mehr die Festigkeit der 1960er oder 1970er Jahre erreichen. Das muss auch nicht sein. Ideologischer Kitt für die Abwehrmauer gegenüber den anderen oder den Zusammenhalt in den eigenen Reihen wird ohne einen deftigen Weltkonflikt im Hintergrund schnell kraftlos. Alle Parteien können heutzutage im Grundsatz mit allen koalieren. Die noch vorhandenen Vorbehalte zwischen Grünen und Union etwa werden in den nächsten Jahren abgebaut werden. Eine Ausnahme bildet die Linke, obwohl sich im Osten auf kommunaler Ebene längst eine selbstverständliche Zusammenarbeit zwischen Christdemokraten und Linken-Politikern entwickelt hat. Das wird sich im Bund in dem Maße verändern, in dem die Linke – von einem Koalitionsangebot der SPD gelockt – radikale Positionen in der Außen- und Wirtschaftspolitik aufgibt.

Die kleineren Parteien sind personell und inhaltlich gut aufgestellt. In Guido Westerwelles FDP wächst trotz ihrer Ein-Mann-Führung eine Generation junger Liberaler heran, die gewährleisten wird, dass die Partei die Veränderungen in der Gesellschaft politisch aufnimmt. Ähnliches gilt für die Grünen, die in den nächsten Jahren ihren Generationswechsel vollziehen werden. Sie leiden daran, dass ihre Kernvorstellungen – zum Beispiel in der Ökologie – keine Alleinstellungsmerkmale mehr bilden. Davon haben sie lange und gern gezehrt. Aber die Übernahme eigener Positionen durch andere ist an sich eine positive Entwicklung. Sie führt nur dann zu Problemen, wenn eine Partei glaubt, diesen Prozess nur durch eine Radikalisierung ihrer ursprünglichen Forderungen ausgleichen zu können. Darauf deutet bei den Grünen aber zurzeit nichts hin. Lediglich bei der

Linken wird sich noch zeigen müssen, ob sie nach möglicher programmatischer »Entschlackung« und Trennung von radikalen Randgruppen im Westen Bestand hat oder – ähnlich wie die CSU – weiter als ostdeutsche Regionalpartei fungiert.

Beinahe noch bemerkenswerter ist das Zwei-Prozent-Ergebnis der »Piraten« in der jüngsten Bundestagswahl. Sie repräsentieren wie keine andere Partei die Veränderungen der gesellschaftlichen und persönlichen Beziehungen durch das Internet. Ihre radikalen Vorstellungen von Freiheit, ihr neues Verständnis von Privatheit und Öffentlichkeit im Netz und nicht zuletzt ihre »sozialistische« Einstellung zum geistigen Urheberrecht des Einzelnen wurden von den anderen Parteien viel zu lange ignoriert. Dass die Piraten jetzt angetreten sind, war überfällig, auch wenn es eher zufällig geschah. Dass sie in Wahlen Zustimmung für ihre Ideen gewinnen wollen, ist erfreulich und ein weiterer Beleg für die Lebendigkeit des demokratischen Systems.

Mit der Bundestagswahl vom 27. September 2009 endet – ziemlich verspätet – in der Politik eine Epoche, die durch den Weltkonflikt zwischen Ost und West geprägt war. Eine Generation von Politikern tritt ab, die im Kalten Krieg sozialisiert worden sind. Erst im Rückblick ist sichtbar geworden, wie lange dieser Konflikt politisches Denken kanalisiert hat. Natürlich werden die sozialen Widersprüche bleiben – und auch die gegensätzlichen Vorstellungen von dem, was die einen erhalten und die anderen umwälzen oder neu schaffen wollen. Ob dafür die Begriffe »links« und »rechts« noch taugen, ist zweifelhaft. In den USA führen sie schon jetzt nicht mehr weiter. Auf jeden Fall ordnet sich die Parteienlandschaft neu. Das ist auch gut so. Alles andere wäre beunruhigend.

Gabor Steingart

Unter Wölfen

Plädoyer für eine Erneuerung der deutschen Demokratie

Vor vielen Jahren lernte ich einen Verhaltensforscher kennen. Der wollte das Leben der Wölfe erforschen. Deshalb beschloss er, selbst einer zu werden.

Er nahm einen Wurf junger Wölfe bei sich zu Hause auf. Die Wollknäuel tobten über den Teppich und durften auch zu ihm ins Bett. Er unterließ alles, sie stubenrein zu machen. Er wollte sie schließlich nicht domestizieren. Er selbst wollte Wolf werden.

Er zog sie mit der Flasche auf. Sie durften in sein Bett urinieren. Er beschmierte sich mit ihrem Kot. So kam er dem Gegenstand seiner Betrachtung immer näher, er spielte, schlief und stank mit ihnen. Er nannte das »eine teilnehmende Beobachtung«.

Die Wollknäuel wurden größer. Ihnen wuchsen Krallen und Zähne. Sie mussten nun in ein Gehege im Hanauer Tierpark verbracht werden, wo der Wolfsmensch sie jeden Tag besuchte. Es war beeindruckend zu sehen, wie er sich den mittlerweile halbstarken Wölfen näherte. Einige schmiegten sich an ihn. Andere knurrten. Ein Wolf beobachtete ihn argwöhnisch, ohne sich ihm zu nähern. Wir kommen später auf ihn zurück.

Im letzten Wahlkampf habe ich ähnlich gearbeitet wie der Verhaltensforscher. Ich bekannte mich dazu, erstmals nicht zu wählen. Drei Wochen reiste ich durch Deutschland. In Hunderten von Gesprächen kam ich dem Gegenstand meiner Betrachtung, dem zutiefst enttäuschten Bürgertum, sehr nahe.

Natürlich wurde ich auch angeknurrt: Nicht wählen, das macht man nicht, hieß es. Das Wahlrecht sei hart erkämpft (in unserem Fall allerdings von den Alliierten) und dürfe nicht weggeworfen werden.

Aber zumeist schmiegten wir uns aneinander. Wir sprachen von unseren gesammelten Enttäuschungen im Parteienstaat Deutschland, von Nichtwähler zu Nichtwähler, oft auch von Noch-Wähler zu Nichtwähler.

Menschen aller Berufe und Altersgruppen sind mir begegnet, die meisten waren Menschen aus jener soziologischen Gegend Deutschlands, die man gemeinhin »die Mitte« nennt. Es waren Demokraten, aber innerlich zerrissene Demokraten, manche auch Demokraten auf Wanderschaft.

Unvergessen ist die Schulleiterin, die mir erzählte, dass sie tagsüber »Wählen gehen!« predige und am Wahlsonntag aus innerster Enttäuschung zu Hause bleibe. Ich erinnere die Unternehmerin, die mich fragte, ob wir nicht eine Nichtwähler-Partei gründen sollten. Ein ehemaliger Banker schrieb mir: »Ich habe das öffentliche Wohnzimmer längst verlassen.« Auch die Assistentin eines Fernsehsenders fällt mir ein, die mich auf dem Weg ins Studio bat, nur ja nicht zimperlich zu sein. »Diese Typen sind doch total verrostet«, sagte sie. Sie meinte unsere Politiker.

Es gibt zwei Deutschlands, das war mir vorher bewusst. Wie unversöhnlich sie einander gegenüberstehen, wurde mir erst durch meine teilnehmende Beobachtung klar.

Da ist zunächst die Welt der Politiker; der lebt in einer »Relativwelt«, so hat es die Physikerin und Kanzlerin Angela Merkel einst im kleinen Kreise ausgedrückt. In dieser Welt bemisst sich alles nach dem Abstand zum Anderen. Man rückt in der Wahrnehmung automatisch nach rechts, wenn der Konkurrent sich nach links bewegt, und umgekehrt. Man ist stark, weil die anderen gerade schwach sind.

Das Wahlvolk, oder zumindest große Teile davon, lebt in einer anderen Welt. Es ist die Welt des Absoluten. Wer arbeitslos ist, ist das zu 100 Prozent. Wer Ängste empfindet, vor Krieg oder Kernkraft oder dem eigenen Abstieg, ist für Relativierungen oft nicht zu haben. Die Enttäuschungen mit der einen Partei werden für viele nicht dadurch erträglicher, dass die andere auch nicht besser ist.

Beide Welten leben für gewöhnlich aneinander vorbei. Man hat sich nicht viel zu sagen. Der Bürger besucht keine Parteiveranstaltung. Die Partei rächt sich und will dem Bürger keinerlei Mitsprache einräumen.

Gemeinsam missachtet man einander. »Die Politik«, sagen die einen und rollen die Augen. »Die Menschen draußen im Lande«, so pflegte Helmut Kohl sich auszudrücken. Das Schlüsselwort hieß nicht »Menschen«, sondern »draußen«.

Einmal alle vier Jahre treffen sich beide Welten. Es ist eine eher flüchtige Begegnung. Der Tag heißt Wahltag.

Die Menschen in der Relativwelt interessieren sich wieder nur fürs Relative: CDU vor SPD, Merkel-CDU weit hinter Kohl-CDU, dafür FDP größer als CSU, was daran liegt, dass die Seehofer-CSU kleiner ist als die Stoiber-CSU und die war schon schwachbrüstiger als die Strauß-CSU. Aber: Eine Regierung kann gebildet werden. Das war der Sinn der Übung. Die Relativwelt funktioniert auf jedem Niveau. Es gibt selbst dann noch Sieger, wenn überall verloren wurde.

In der Wählerwelt ist nicht nur die Stimmung eine andere, auch die Zahlen werden in anderem Licht beleuchtet. Hier wird in absoluten Größen gerechnet. 18/14/10 ist die Zahlenkombination, die den Wahlsonntag im September 2009 beschreibt: 18 Millionen Nichtwähler stehen 14 Millionen Unionswählern und 10 Millionen SPD-Wählern gegenüber.

In der Relativwelt der Politik sind diese Zahlen der Enttäuschten nie angekommen. Sie tauchen am Wahlabend nur kurz in der Grafik Wählerwanderung auf. Dann aber verschwinden sie wie jene Kinder, die der Rattenfänger von Hameln Flöte spielend in den Berg hinein führte.

In der Weimarer Republik mussten noch die Stühle im Parlament rausgeschraubt werden, wenn die Wahlbeteiligung sank. Die Verfassungsväter von damals wollten nicht, dass die Parteien leichte Beute machten. Sank die Wahlbeteiligung, sank auch die Anzahl der Abgeordnetenmandate. Relativwelt und wahre Welt waren so miteinander verbunden.

In der Nachkriegszeit verschwand diese Regelung spurlos aus der neuen Verfassung, die sich nun Grundgesetz nannte. Selbst wenn nur noch zehn Prozent der Bürger wählen, dürfen die Parteien 100 Prozent der Parlamentssitze unter sich verteilen. Das Grundgesetz hat die Relativwelt der Parteien absolut gesetzt.

Der Irrtum unserer Zeit liegt darin, dass viele das Auseinanderdriften der beiden Deutschlands nicht als das zu deuten wissen, was es ist: eine Gefahr. Die stillen Abschiede aus dem Parteienstaat sind der Vorbote einer Veränderung, auch wenn niemand Richtung und Reichweite dieser Veränderung vorhersagen kann. Ging die Republik von Weimar an innerer Überhitzung zugrunde, droht unserer Nachkriegsdemokratie der Kältetod.

Wasser gefriert bei null Grad Celsius, glauben die meisten. Dann wechsele es den Aggregatzustand von flüssig zu fest. So haben wir es in der Schule gelernt.

Doch das stimmt nicht. Wenn Wasser in ständiger Bewegung bleibt, kann es zweistellige Minusgrade erreichen, ohne zu gefrieren. Erst wenn im Bach sich Steine querlegen, entsteht um diese Steine herum das erste Eis. Dieses wiederum bildet den Kristallisationspunkt, um den herum weiteres Eis wachsen kann.

In der deutschen Politik ist ein ähnliches Schauspiel zu beobachten. Es fand in den letzten Jahrzehnten ein Temperaturabfall in der Beziehung der Deutschen zur Demokratie statt, ohne dass es bisher zu einem Wechsel des Aggregatzustandes kam. Aus Parteimitgliedern wurden Karteileichen, aus Anhängern wurden Mitläufer, aus Wählern wurden Noch-Wähler oder Gelegenheits-Nichtwähler. Aber die Demokratie blieb erhalten.

Die demokratische Leidenschaft erkaltete zwar, aber die politische Strömung ist bisher stark genug, eine Vereisung zu verhindern. Es fehlt der quer liegende Stein. Ein Kristallisationspunkt wurde bisher nicht erreicht.

Viele ziehen daraus den Schluss, es gebe keine Veränderung und wenn doch, dann nur eine kleine. Alles sehe doch aus wie immer: Es finden Wahlen statt. Es gibt Parteien und Plakate. Es gibt auch die dazu gehörigen Programme und Spitzenkandidaten.

Diese Normalität ist eine scheinbare. Es gibt Parteien, ja, aber es sind nicht mehr die vorwärtsstürmenden, von Ideen und Werten befeuerten Organisationen von einst. Ihre Programme sind bedeutungslos, selbst in den Augen derer, die sie verfassen. Spitzenkandidaten stehen weiterhin an der Spitze des Zuges. Aber der Zug, den sie anführen, steht die meiste Zeit still.

Das Volk weiß nichts und spürt alles, hat Kurt Tucholsky einst gesagt. Es schaute am vergangenen Wahltag mit Röntgenblick durch alle Plakate und den emsigen Spitzenkandidaten der SPD hindurch. Es sah die Partei so, wie sie ist: innerlich zerrissen, geistig ermattet, personell aufgezehrt. Das vorherrschende Gefühl der ältesten deutschen Partei gegenüber ist: Mitleid.

Die CDU ist in besserem Zustand, auch weil sie das Kanzleramt besetzt hält. Doch das schlechte Ergebnis von 2005 wurde 2009 noch unterboten. Nur 24 Prozent der Wahlberechtigten haben dieses Mal Merkel gewählt. Als Person besitzt sie damit die schwächste demokratische Legitimation, die je ein deutscher Regierungschef vorweisen konnte.

Zum Vergleich: Helmut Kohl verlor das Kanzleramt, als nur noch 17 Millionen die Union gewählt hatten. Angela Merkel darf mit 14 Millionen Stimmen Regierungschefin bleiben.

Die Probleme allerdings reichen deutlich über Merkel und Steinmeier hinaus. Die Entfremdungsprozesse zwischen den beiden Welten sind weit fortgeschritten. Nicht einmal die Hälfte der Deutschen ist mit der parlamentarischen Demokratie zufrieden, ermittelte Infratest. Die Universität Leipzig stellte fest, dass es im Osten des Landes weniger als ein Drittel sind.

Die gute Nachricht ist: Politiker und Parteien sind nicht in gleicher Weise für das Problem verantwortlich. Die Politiker stehen in besserem Ruf als ihre Parteien. Sie büßen vielfach für die Unbeliebtheit der Organisationen, denen sie entsprungen sind.

Wie eine feuerfeste Schicht haben sich diese Vereinigungen zwischen Bürger und Staat geschoben, was die Bürger ihnen verübeln. Die Parteien zwingen die politisch interessierten Bürger in ihre Loyalität oder sperren sie aus.

Auch innerhalb der Parteien herrscht ein Normierungsdruck, der verharmlosend Stallgeruch genannt wird und der in keiner modernen Firma akzeptiert werden würde. Die Mitglieder sind einer heimlichen, einer formlosen Macht ausgesetzt, die keiner so treffend beschrieben hat wie Philosoph und Machtforscher Michael Foucault: »Wir werden so zugerichtet, dass Macht nicht an uns ausgeübt werden muss, weil sie bereits in uns wirkt.«

Die Bürger weichen nicht *der* Politik aus, sie weichen *dieser* Politik aus, die große Mehrzahl respektiert durchaus den Politiker, aber stört sich an den Parteien.

Es hilft also nichts, die Augen vor der fundamentalen Erkenntnis zu verschließen: Die Parteien in ihrer heutigen Verfasstheit, politische Institutionen aus dem späten 19. Jahrhundert, werden von den heutigen Deutschen in ihrer Mehrheit abgelehnt, friedlich, energisch, instinktiv. Wenn es derzeit ein politisches Projekt in Deutschland gibt, dann ist es nicht die Revitalisierung des Parteienstaates, sondern seine Öffnung.

Das Grundgesetz trägt den Keim der Erneuerung in sich. Es fordert geradezu auf, die Nachkriegsverfassung abzustreifen. In Artikel 146 heißt es: »Dieses Grundgesetz, das nach Vollendung der Einheit und Freiheit Deutschlands für das gesamte deutsche Volk gilt, verliert seine Gültigkeit an dem Tage, an dem eine Verfassung in Kraft tritt, die von dem deutschen Volke in freier Entscheidung beschlossen worden ist.«

Einheitskanzler Helmut Kohl verzichtete auf die Einberufung einer verfassunggebenden Versammlung. Die Einheit kam, das Grundgesetz blieb, die Entfremdung wuchs. Altbundespräsident Richard von Weizsäcker hielt und hält den Verzicht auf eine neue gesamtdeutsche Verfassung für einen Fehler.

Wir sollten auf ihn hören und das Gesprächsangebot, das unser Grundgesetz enthält, aufnehmen. Eine verfassunggebende Versammlung, der Dialog von gewählten Politikern, Bürgern, Experten, Kulturschaffenden, Wirtschaftsführern und Parteivertretern also, würde der Erneuerung demokratischer Leidenschaft in höchstem Maße förderlich sein.

Das Grundgesetz ist reif für eine Reform, ohne dass wir ihren Vätern daraus einen Vorwurf machen sollten. Sie haben vor 60 Jahren eine Verfassung entworfen, die maßgeschneidert war für die Bundesrepublik der frühen Jahre.

Die deutsche Demokratie war nun einmal ein Kind des Krieges und der Diktatur. Das Volk des Grundgesetzes war in seiner Gänze kein demokratisches Volk. Nicht wenige seiner Mitglieder waren traumatisiert, von Krieg, Flucht, Vertreibung oder den eigenen Verbrechen. Die Verfassung wurde volksfern angelegt.

Doch dieses Volk des Dritten Reiches gibt es nicht mehr. Die demokratische Festigkeit der Bundesrepublik, um die man damals besorgt sein musste, steht nicht mehr in Zweifel. Die Kinder, Enkel und Urenkel des Gründungsvolkes von 1949 haben auf vielfältige und höchst eindrucksvolle Weise ihre demokratische Gesinnung gezeigt, kultiviert und verfestigt.

Viele der Gründe, die damals zur Errichtung einer indirekten Demokratie führten, sind damit entfallen. Das Provisorium mit seiner Volksferne, seiner stählernen Parteiendominanz, dem einflusslosen Bundespräsidenten und der Ablehnung jedweder direkten Beteiligung von Bürgern ist zum Relikt einer untergegangenen Epoche geworden.

Eine Verfassunggebende Versammlung, das große politische Palaver, könnte die zwei Welten wieder an einen Tisch bringen. Die Arbeit unserer Grundgesetzväter würde nicht verworfen, sondern weiterentwickelt. Alle großartigen Bauteile ihrer Verfassung blieben erhalten, die Gewaltenteilung, der Grundrechtekatalog, die Presse- und Meinungsfreiheit und auch die Idee des deutschen Föderalismus. Der Parteienstaat aber wäre zu reformieren.

Die politischen Parteien, die in der Weimarer Verfassung keinerlei Erwähnung fanden und im bundesdeutschen Grundgesetz plötzlich den Rang von Verfassungsorganen erhielten, blieben weiterhin eine das Land prägende Kraft, aber nicht länger die alleinige. Ihre Einwirkungsmöglichkeit würde ihren tatsächlichen Kräften angepasst, was beiden gut bekäme, dem Land und den Parteien selbst. Neben sie würde ein weiteres politisches Subjekt treten: der mündige Bürger.

Die »innerparteiliche Demokratie« der Parteien, obwohl bereits in Grundgesetz-Artikel 21 festgeschrieben, sollte bei dieser Gelegenheit präzisiert werden. So scheint die Abkehr von der Kandidatenaufstellung im Hinterzimmer dringend geboten. Die »verborgene Vorwahl« (Karl Jaspers), wie sie in allen Parteien mittlerweile üblich ist, gehört untersagt. Sie ist undemokratisch. Auch die einfachen Parteitagsdelegierten sollten sich eine Wahl, bei der man die wählt, die schon gewählt sind, verbitten.

An die Stelle der bisherigen Listenaufstellung in Kungelrunden müsste ein transparentes Aufstellungsverfahren treten, das Mitglieder und Nichtmitglieder einbezieht. In Amerika nahmen allein an der Kandidatenaufstellung für die Präsidentschaftswahlen 2008 rund 60 Millionen Menschen teil, Parteimitglieder und Sympathisanten. Personalabsprachen kleiner Parteizirkel haben in einem offenen Verfahren keinen Bestand.

Die Parteien müssten im Zuge einer Verfassungsreform den geordneten Rückzug antreten. Die Parteibuchwirtschaft bei der Besetzung ausnahmslos aller staatlichen Positionen müsste beendet werden. Sie führt zu einer Negativauslese. Der Leiter einer staatlichen Musikschule sollte etwas von Musik verstehen, der Staatsanwalt als Jurist einen Namen besitzen, der Polizeichef sich mit Verbrecherjagd auskennen. Das Grundsatzprogramm von CDU und SPD muss keiner der drei kennen. Die sachkundigen Bürger ohne Parteibuch sind die wahrscheinlich wertvollste Personalressource unseres Landes.

Das Ziel von Parlamentswahlen muss es sein, eine hohe Wahlbeteiligung zu erzielen. Wird diese nicht erreicht, liegt eine Störung vor. Diese Störung darf nicht – wie heute üblich – vertuscht werden, indem die Parteien trotz hoher Wahlenthaltung 100 Prozent aller Parlamentssitze mit Gefolgsleuten besetzen. Das verfälscht den Wählerwillen. Die Plätze der Nichtwähler sollten frei bleiben – als Mahnung an die Parteien, sich beim nächsten Mal mehr anzustrengen.

Nahezu alle entwickelten Demokratien kennen das Recht auf Volksabstimmungen in Einzelfragen. Auch Deutschland ist reif dafür. Von unserem Nachbarn Schweiz kann man lernen, wie eine direkte Demokratie funktioniert. Die Bürger stimmen nicht nur über jene Fragen ab, die ihnen vom Parlament vorgelegt werden. Sie besitzen selbst das Initiativrecht für Gesetzesänderungen und Verfassungszusätze. Der Bürger kontrolliert das Parlament und nicht umgekehrt.

Die von Altkanzler Helmut Schmidt und anderen vorgebrachten Argumente gegen die Direktbefassung des Volkes – Deutschland würde dann nicht zu Europa gehören und kein Nato-Mitglied sein – sind nicht länger stichhaltig. Deutschland ist gereift. Das deutsche Volk muss 60 Jahre nach Kriegsende nicht vor sich selbst geschützt werden.

Die überarbeitete Verfassung würde dem gesamten Wahlvolk zur Abstimmung vorgelegt. Mit ihrer Annahme vollendete sich der Auftrag des Grundgesetzes. Laut seiner Präambel war das von den Alliierten in Auftrag gegebene Werk bestimmt, »dem staatlichen Leben für eine Übergangszeit eine neue Ordnung zu geben«. Diese Übergangszeit ist 60 Jahre nach Staatsgründung und 20 Jahre nach der Wiedervereinigung abgelaufen. Eine Verfassung vom Volk für das Volk wäre somit auch ein Akt demokratischer Souveränität – und ein Akt der Versöhnung zwischen den beiden deutschen Welten.

Die verantwortlichen Politiker wären gut beraten, die massenhafte Wahlenthaltung als Gesprächsaufforderung und nicht als aggressiven Akt gegen sich zu verstehen. Das ist sie nicht. Aber das kann daraus noch werden.

Das Ergebnis meiner teilnehmenden Beobachtung lautet auch: Vorsicht ist geboten. Diese zweite Welt ist eine Welt, die sich selbst noch nicht gefunden hat. In ihr gärt und grummelt es. Es ist in Teilen auch eine unheimliche Welt.

Niemand weiß, wie Millionen von Nichtwählern reagieren, wenn sie dauerhaft ignoriert werden, wenn aus Enttäuschung Wut und aus Wut schließlich Hass wird. Der Nichtwähler weiß noch nicht, wer er morgen sein wird. Er trägt den Gencode der Erneuerung in sich – und den der Zerstörung. »Es gab Pharaonen, Feudale, Könige, Diktatoren, Kommunisten, Demokraten und ich fühle ganz stark, wir brauchen wieder mal was Neues und Besseres«, schrieb mir ein Nichtwähler.

Das Experiment des Hanauer Verhaltensforschers ist im Übrigen gescheitert. Sein Leben im Rudel wurde eines Tages jäh beendet. Der eine stille Wolf, der ihn argwöhnisch beobachtet hatte, fiel schließlich über ihn her. Andere folgten. Der Verhaltensforscher hat überlebt, aber er wurde übel zugerichtet.

Ulrich von Alemann

Das deutsche Parteiensystem: Transformation statt Erosion

Ein Essay in sieben Thesen

1. Das alte Parteiensystem ist tot – es lebe das neue

Endzeitstimmung herrschte in vielen Kommentaren zur Bundestagswahl. Horrorszenarien wurden an die Wand gemalt, welch unstabile Verhältnisse in einem Fünf-Parteien-System drohten. Neue bizarre Dreier-Koalitionen seien gefragt, mit Farbkompositionen, die sich beißen. Oder man bangte schon vor der Wahl, man müsse nun ewig mit einer ungeliebten Großen Koalition weiter regieren, die doch durch ihre Übermehrheit demokratisch problematisch sei. Mangels anderer Mehrheiten seien die beiden größeren Parteien verurteilt, immer und immer weiterzumachen – und so immer weiter zu schrumpfen. Aber die Kassandren haben umsonst gedräut: Es ist anders gekommen.

Dennoch, die alten stabilen Verhältnisse aus den 1970er Jahren, als die beiden großen Parteien noch gemeinsam 90 Prozent erreichten und sie der kleinen FDP nur mit den Fingern schnippen mussten, ob sie mal hier oder dort mitregiere, die sind ein für alle mal vorbei. Ein Fünf-Parteien-System (mit der CSU sind es natürlich sechs) im Bundestag wird uns für absehbare Zeit begleiten. Aber ist das eine Katastrophe?

Es zeigt sich nach der Bundestagswahl überraschend, dass es eine stabile Mehrheit für eine nicht mehr ganz so große und eine andere nicht mehr ganz so kleine Partei gibt. Überstabilisiert durch Überhangmandate. So auch in einigen Bundesländern. Die alte Parteienkonstellation ist unrettbar verloren. Aber auch mit den neuen Parteien kann man regieren, wenn die Ausschlusseritis von Bündnissen vor den Wahlen aus der Mode kommt. Viele unserer Nachbarländer würden sich froh und glücklich schätzen, wenn sie ein so stabiles Parteiensystem hätten.

2. Die Volksparteien sind keine Dinosaurier – eher schrumpfende Dickhäuter

Die Dinosaurier werden immer trauriger, so sang Udo Lindenberg vor vielen Jahren. Dies übertrugen Publizisten und auch Politiker, wie Jürgen Rüttgers, auf die Lage der Parteien. Als »ratlose Riesen« hatte schon der früher bekannte Politikwissenschaftler Rudolf Wildenmann die großen Parteien apostrophiert. Sie irrten durch die politische Landschaft, in der sie fremd geworden seien. Verkrustet seien ihre inneren Strukturen, verhärtet ihre Strategien, humorlose Funktionäre seien die meisten Akteure. Die Parteien merkten selbst gar nicht, wie überflüssig sie geworden seien, denn sie könnten nicht mehr mobilisieren. Das könnten Verbände, soziale Bewegungen oder die Medien besser. Diese Verachtung der Parteien war ein Irrtum. Es war und ist ein deutscher Irrtum mit einer langen Tradition schon seit dem Kaiserreich. Denn die Deutschen haben die Parteien nie geliebt

Ja, die Parteien verlieren drastisch Mitglieder. Aber brauchen sie über zwei Millionen Mitglieder, von denen sowieso nur zehn Prozent aktive Parteiarbeit leisten? Ja, die Wahlbeteiligung sinkt in Deutschland. Aber ist sie nicht immer eher ungewöhnlich hoch gewesen? Wären die Schweiz und die USA, um nur zwei der ältesten Demokratien zu nennen, nicht froh und glücklich, hätten sie über 70 Prozent Wahlbeteiligung? Gehen die Wahlbeteiligung und auch die Parteimitgliedschaft nicht überall in Europa zurück, was die Parteienforscher »decline of parties« nennen?

Volksparteien sind der Gegensatz zu Klientelparteien. Sie sprechen in ihren Programmen einen großen Teil der Bevölkerung an. Sie spiegeln ein ganz breites Spektrum in ihrer Wählerschaft und bei ihren Funktionären wider, wenn auch dort am wenigsten. Insofern bleiben die Union und die SPD, auch wenn sie zurzeit nur noch gut 30 und gut 20 Prozent in die Waagschale werfen können, doch Volksparteien, wenn auch geschrumpfte. Union und SPD sind kein Mammute mehr, aber immer noch kleine Dickhäuter, ohne die keine Regierung gebildet werden kann.

Alle drei aufstrebenden kleineren Parteien – also FDP, Grüne und Linke – sind in ihrer Wählerstruktur und in ihrer Programmatik stärker einzelnen Segmenten in der Gesellschaft und in der Politik verpflichtet und insofern – noch – nicht auf dem Weg zur Volkspartei.

Im Übrigen könnte auch eine Demokratie ohne Volksparteien ganz gut überleben. Es gibt kein ehernes Gesetz der Volksparteiendemokratie. Es ist bisher kein

Bundesverfassungsrichter auf die Idee gekommen, die Existenz von Volksparteien als konstitutiv für die freiheitlich-demokratische Grundordnung des Grundgesetzes zu halten.

3. Die Medien personalisieren, polarisieren und pejoratisieren – die Politik muss das aushalten

Wenn Politiker nicht weiter wissen, dann sind die Medien schuld. Sie personalisierten gnadenlos, statt über die Sachthemen zu schreiben. Sie polarisierten und zögen alle guten Ansätze in den Schmutz. Die Medienwissenschaften wissen, dass die Gesetze des Nachrichtenwertes regieren, die diktieren, dass alles pejorativ betrachtet wird: Die Debatte in einer Partei heißt grundsätzlich Parteienstreit oder besser gleich Riesenstreit. Das Frühjahrshochwasser heißt Jahrhundertkatastrophe, und ein royaler Ehestreit heißt Riesendrama am Königsthron.

Diese Entwicklung wird häufig mit der Kommerzialisierung des Fernsehens erklärt. Aber die Printmedien sind schon seit 200 Jahren kommerziell, und sie haben immer schon gern auch negativ berichtet. Die Wirkungen der Medien bleiben aber höchst umstritten. Der Arbeiter im Ruhrgebiet hat die Bildzeitung gelesen und jahrzehntelang trotzdem die SPD gewählt.

Sicher gibt es unschöne Erscheinungen in der Medienlandschaft. Aber sie ist keineswegs zu einer moralischen Wüste degeneriert. Auch hier hilft ein Blick ins Ausland. Es gibt viel problematischere Medienlandschaften um uns herum. Im Übrigen haben die Parteien und die Politiker die Möglichkeit, durch Internet und sonstige neue Formen der digitalen Medien selbst Botschaften zu formulieren und zu überbringen.

Die Politik bleibt gegenüber den Medien eine andere Welt, die der Bürger durchaus unterscheiden kann. Er liebt die Politik nicht, aber muss er sie lieben? Er liebt auch das Finanzamt nicht und sieht trotzdem seine Notwendigkeit ein. So scheint es heute vielen mit der Politik zu gehen. Aber natürlich muss ein Rest Respekt bestehen bleiben. Häme und Verachtung für die Politik sind schlechte Ratgeber.

4. Populistisch – das sind immer die anderen

Populismus ist populär. Das ist eigenartig. Populismus ist ein negatives, populär ein positives Wort, obwohl sie doch beide dem gleichen Wortstamm, nämlich dem »Volk« – lateinisch *populus* – entstammen. Aber die Sprache schert sich nicht um Logik. Populismus bedeutet heute schlicht und einfach Demagogie. Und Demagogie heißt ursprünglich im Griechischen »Volkserziehung«, also eigentlich etwas Gutes. Die Rechten werfen den Linken vor, sie seien populistisch. Die Linken werfen den Rechten vor, sie seien dasselbe, und aus der Mitte schallt es nach beiden Seiten. Es gibt einen Rechtspopulismus, das ist offensichtlich in ganz Europa, zum Glück nicht im Bundestag. Aber es gibt auch einen Linkspopulismus, und das ist in Deutschland die Partei Die Linke. Es gibt auch einen zentristischen Populismus, den seinerzeit Gerhard Schröder, heute Horst Seehofer und zuweilen Guido Westerwelle gerne bedienen. Sigmar Gabriel übt noch.

Ganz ähnlich verhält es sich mit dem Begriff der Ideologie und dem des Ideologen. Das sind auch immer die anderen. Beliebt sind die Vorwürfe bürgerlicher Parteien an linkere, das sei doch ideologisch. Dabei heißt ideologisch nichts anderes als weltanschaulich gebunden. Und dies kann man rechts genauso wie links sein. Eine radikale Gleichheitsforderung auf der Linken ist deshalb genauso ideologisch wie eine Devise »privat vor Staat« auf der rechts-liberalen Seite. Der »demokratische Sozialismus« ist eine normative Ideologie wie der »Ordo-Liberalismus« – nur unter anderem Vorzeichen.

Insofern steht uns in Deutschland keine neue Zeit des Populismus oder der Ideologien ins Haus. Populismus gab es schon immer, wie Ideologen und Demagogen. Und er wird uns in der einen oder anderen Form erhalten bleiben.

5. Die allgemeine Moral – sinkt sie ins Bodenlose?

Es gilt als ausgemacht, dass alles immer schlimmer wird: die Jugendkriminalität, die allgemeine Kriminalität sowieso, der Euro macht alles teuro, die Gier der Manager nach Boni, der Neid des Prekariates dagegen und seine Gier nach Staatsknete, die Qualität des Fernsehens und das Wetter sowieso: Es gibt keine richtigen Winter mehr und auch keine Sommer.

Es ist schon seltsam, dass gegenläufige Tatsachen einfach nicht zur Kenntnis genommen werden. Der Euro hat objektiv statistisch nicht zu einer allgemeinen Teuerung geführt. Die allgemeine Kriminalität sinkt, die Jugendkriminalität ebenfalls, ausgenommen sind einzelne Gewaltdelikte. Die Prügelstrafe für Kinder in Schulen und Familien ist absolut zurückgegangen. Die Umweltsensibilität ist deutlich gestiegen, die Menschenrechte werden in Deutschland überall aktiv verteidigt. Das Recht auf informationelle Selbstbestimmung ist vom Bundesverfassungsgericht vor einigen Jahren neu erfunden worden. Wilde Müllkippen gibt es kaum noch, und der Respekt vor dem Alter ist auch nicht erodiert.

Wie kann man denn nun erklären, dass die gefühlte Moral sinkt, aber viele andere Moraleinheiten – ob in der Umwelt, bei der Gleichberechtigung der Frau, bei dem Respekt für Menschenrechte – eindeutig gestiegen sind? Wir leben heute in einer menschenrechts-sensibleren Ära als je zuvor.

Diese Diskrepanz gilt auch für die Politik. Nicht die Politiker werden immer schlechter, die Skandale und Affären immer zahlreicher, sondern die moralischen Maßstäbe werden immer höher. Das lässt sich sehr schön illustrieren. Die Gesundheitsministerin Ulla Schmidt bekam im letzten Wahlkampf eine Dienstwagenaffäre angehängt, weil sie sich im Urlaub mit ihrem Dienstwagen von ihrem Fahrer hat bedienen lassen. Soweit so gut oder schlecht.

Im Bonner »Haus der Geschichte« steht der Dienstwagen Konrad Adenauers (ein schöner alter Mercedes 600). Daneben erläutert stolz ein Schild, dass dieser Dienstwagen ihm zu Staatsbesuchen, im Wahlkampf und zu seinen Urlaubsreisen nach Cadenabbia treu gedient habe – natürlich mit Fahrer. Die moralischen Maßstäbe ändern sich eben. Was Adenauer durfte, darf Ulla Schmidt noch lange nicht. Ob wir heute mehr Skandale haben als damals, ist sozialwissenschaftlich schwer zu messen. Denn die Skandalisierung von recht banalen Ereignissen wird heute von den Medien in einer ganz anderen Form betrieben als früher. Die Politiker sind heute nicht schlechter als ehemals, denken wir nur an Franz Josef Strauß, der heute kein Landratsamt behielte. Aber es wird heute schneller skandalisiert.

6. Wie wird die Zukunft? – Wahrscheinlich wärmer

Sie wird heiß. Das sagen uns die Klimaforscher. Aber das ist nicht alles. Es gibt kein einzelnes Zukunftsprojekt, das uns in den nächsten Jahren absorbieren wird. Sondern es gibt eine ganz Reihe. Als *gravierendste Zukunftsprobleme erscheinen mir drei:*

- Klima und Energie,
- Demographie und Sozialstaat,
- Liberalismus und Fundamentalismus.

Dagegen sind so schwergewichtige Dinge wie die Finanzmarkt-Eruptionen noch eher in den Griff zu bekommen, allerdings um den Preis von immensen Kosten. Aber was man noch mit Geld bezahlen kann, ist leichter regelbar, als was nachhaltige Schäden an Leben und Gesundheit der Menschen und erst recht am Überleben der Menschheit verursacht. Das wissen wir von jedem privaten Verkehrsunfall.

Zu den ernstesten Zukunftsproblemen gehören erstens die Konfliktlagen zwischen Klimaschutz und Energieversorgung. Hier sind komplizierte Ursachenketten im Gang, die solidarisches Handeln der ganzen Menschheit erfordern. Wie wird das weltweit gehen, wenn in Europa eine so scheinbar einfache Frage wie die Ratifizierung des Lissabon-Vertrages nur unter größten Mühen gelingt?

Nicht minder wird uns zweitens in den nächsten Jahrzehnten die Schere zwischen demographischer Entwicklung und Sozialstaat beschäftigen. Die schrumpfende Bevölkerung in Europa steht der expandierenden in anderen Erdteilen gegenüber. Der arbeitsfinanzierte Sozialstaat ist bei schmäler und älter werdender Bevölkerung nicht mehr zu finanzieren. Die Politiker nehmen Rücksicht auf die älteren Wählerschichten und benachteiligen so die Jungen. Wo soll das enden?

Und drittens besteht eine allgemeine Rat- und Hilflosigkeit beim Problem von Fundamentalismus und Terrorismus. Die Euphorie von vor 20 Jahren, nun werde alles gut nach dem Fall der Mauer und dem Verfall der kommunistischen Welthälfte, ist verflogen. Neue Probleme verfinstern die Horizonte. Wird man je den Fundamentalismus pazifizieren? Auch hier bin ich nicht vollkommen pessimistisch. Südafrika, Nordirland und das Baskenland – Konflikte, die jahrzehntelang absolut unlösbar schienen – lassen hoffen, dass auch andere Regionen befriedet werden können.

7. Was wir daraus lernen – ist die deutsche Demokratie in Gefahr?

Viele Leitartikler lieben das Gruseln und die Gänsehaut. Sie sehen die Politik nur noch als eine Geisterbahn, die von einem zum anderen Horrorszenario rast. Als Wissenschaftler sehe ich das gelassener und antworte auf die Frage »Ist die Demokratie in Gefahr?« klassisch: Ja und nein. Nein, sie ist nicht in Gefahr, weil wir mit dem Grundgesetz stabile Institutionen haben. Aber noch wichtiger ist, dass wir stabile Einstellungen in der Bevölkerung für die Demokratie haben. Immerhin haben rechtsradikale Parteien bei der Bundestagswahl wieder keine Chance gehabt. Das zeigt auch ein Stück demokratischer Reife, und das macht den Unterschied zur Weimarer Republik aus: Die Verfassung damals war wohl besser als ihr Ruf, aber es gab zu wenig Demokraten, auch und gerade in den Eliten, sie zu verteidigen.

Ja, gefährdet wäre die Demokratie erst, wenn wir sie zerredeten und verächtlich machten. Ja, die Wahlbeteiligung ist noch einmal deutlich gesunken. Leider hat das sonnige Herbstwetter bei der Bundestagswahl dabei noch mitgeholfen. Ist das ein Grund zur demokratischen Zerknirschung? US-Amerikaner und Schweizer, um noch einmal diese beiden Demokratien zu nennen, wären froh und glücklich über so hohe Anteilnahme der Wähler. Es gibt also keinen Grund, die Hände verzweifelt über dem Kopf zusammenzuschlagen angesichts der bevorstehenden Katastrophen. Denn die Hände werden gebraucht zum Anpacken, zum Mitmachen, zum Einmischen, zum Gestalten. Es gibt viel zu tun.

Rolf G. Heinze

Zurecht geschrumpft

Die Dekonzentration des deutschen Parteiensystems

Die Pluralisierung der Gesellschaft ist bei den Volksparteien angekommen

Die Bundestagswahl Ende September 2009 bestätigt auf den ersten Blick den von vielen Wahl- und Parteienforschern schon länger konstatierten Trend zur Auszehrung der beiden großen Volksparteien. Die nachlassende *Integrationskraft* der Volksparteien ist sowohl an der sinkenden Wahlbeteiligung (auf gut 70 Prozent) als auch an dem sinkenden Stimmenanteil der beiden großen Volksparteien abzulesen. Im Osten liegen die beiden großen traditionellen Volksparteien (des Westens) bei der Bundestagswahl 2009 unter 50 Prozent, wohingegen sich die Linke in einigen Ostregionen als Volkspartei etabliert hat. Schaut man eher in den Süden, dann zeigen sich neue politische Mehrheiten in der »Mitte« der Gesellschaft, die sich nicht mehr in das traditionelle »Links-Rechts«-Schema einordnen lassen. In manchen Kommunen (etwa Stuttgart) repräsentieren inzwischen die FDP und die Grünen rund 40 Prozent des Wählerwillens. Die klassischen politischen Lagerbildungen haben sich hier aufgelöst bzw. sind zusammengeschrumpft. Die Parallelisierung von sozioökonomischer und kultureller Zersplitterung einerseits[1] und (partei-) politischer Zerfransung andererseits prägt zunehmend das politische System.

Ganz grob gilt für Deutschland die Formel: Die Volksparteien werden kleiner und die kleinen Parteien größer. Die Zeiten der stabilen politischen Lager- und Mehrheitsbildungen ist vorüber (auch wenn es jetzt eine relativ deutliche »schwarz-gelbe« Mehrheit gibt). Wenn auch politisch-institutionell vermehrt von Zersplitterungen die Rede ist, dann bedeutet dies nicht nur »Erschütterungen«, sondern auch eine erhöhte Zahl der Optionsbildungen. Ein Blick in westliche Nachbarländer genügt, um darin nicht gleich den Untergang des demokrati-

1 Rolf G. Heinze: Wandel wider Willen. Deutschland auf der Suche nach neuer Prosperität, Wiesbaden 2006.

schen Systems zu befürchten, vielmehr tritt eine gewisse »Normalisierung« ein, die allerdings alte politisch-institutionelle Sicherheiten auflöst.

Aus Sicht der politischen Akteure wird politisches Gestalten immer schwieriger, zumal neben der Globalisierung die Pluralisierung der Gesellschaft die Handlungsfähigkeit einschränkt. Die Volksparteien mit ihren eingespielten politischen Profilbildungen können sich auf diese neuen sozialen Differenzierungsprozesse nur schwer einstellen und leiden unter einer schwindenden Bindungskraft. Die Ausdifferenzierung des deutschen Parteiensystems in den 1980er Jahren war eine erste Antwort auf den sozioökonomischen Wandel und die pluralisierte Lebenswelt. Die sozioökonomischen und kulturellen Differenzierungsprozesse (auch mit Blick auf die Ost-West-Problematik) sind indes weitergegangen und die Parteien haben ihre Deutungs- und Steuerungsfunktion weiter eingebüßt; manche Beobachter sprechen schon von einem Führungsvakuum.[2]

Die politischen Steuerungs- und Führungsprobleme werden dadurch verschärft, dass sich auf gesamtgesellschaftlicher Ebene spätestens seit der Finanzkrise und den damit ausgelösten ökonomischen Verunsicherungen ein Prosperitätsmodell auflöst, das diese Gesellschaft über 50 Jahre zusammengehalten hat. Da das Parteiensystem nicht im luftleeren Raum agiert, schlagen sich die sozioökonomischen Umbrüche auch in den politischen Großorganisationen nieder. Auf theoretisch-konzeptioneller Ebene gibt es inzwischen Konsens, dass das Marktparadigma und die Logik der Gewinnmaximierung als systemübergreifende gesellschaftliche Leitbilder gescheitert sind. Eine Gesellschaft kann nicht als »Ansammlung« von Märkten gedacht werden.[3]

Was bedeuten diese sozioökonomischen Umbrüche für das politische System? Zunächst muss festgehalten werden: Die korporatistisch verfasste deutsche Gesellschaft ist in einen Zustand der wachsenden *Desorganisation* geraten. Nicht nur das Normalarbeitsverhältnis verliert als anerkanntes Sozialmodell an Bedeutung, auch die sozialintegrative Kraft des Parteien- und Verbändestaates »zerbröselt«. Der Steuerungs- und Integrationsbedarf funktional differenzierter Gesellschaften kann immer weniger über die traditionellen Politikmuster allein bewältigt werden. Deshalb werden Zusatzeinrichtungen für die Konsensbildung und Systemintegration

2 Josef Schmid/Udo Zolleis: Zwischen Anarchie und Strategie. Der Erfolg von Parteiorganisationen, in: dies. (Hg.): Zwischen Anarchie und Strategie, Wiesbaden 2005, S. 9 ff.

3 Rolf G. Heinze: Rückkehr des Staates? Politische Handlungsmöglichkeiten in unsicheren Zeiten, Wiesbaden 2009; Wolfgang Streeck, Re-Forming Capitalism: Institutional Change in German Political Economy, Oxford 2009.

benötigt: Experten-Kommissionen und andere Beratungsorgane haben sich dementsprechend in der »Berliner Räterepublik«[4] ein informelles Politikmanagement etabliert. Die fehlende Transparenz und demokratische Legitimation der informellen Entscheidungsprozesse und die relativ großen Einflussmöglichkeiten von »Machtmaklern« im Regierungsalltag werden oft als Gründe der derzeit grassierenden Politikverdrossenheit genannt. Hinzu kommt ein generelles Misstrauen in die politischen Parteien, das einen Tiefpunkt erreicht hat (während beispielsweise der ADAC ein hohes Vertrauen in der Bevölkerung genießt).

Diese politische Lethargie führt nicht nur zu einer strukturellen Auszehrung der politischen Parteien, die seit Jahrzehnten Mitglieder verlieren. Inzwischen können kaum noch die über 150.000 politischen Mandate, die in Deutschland – vor allem in der Kommunalpolitik – vergeben werden (müssen), besetzt werden. Die *Organisationsidentitäten* der Parteien schwinden dahin. Ein Blick in das Organisationsleben zeigt zudem in fast allen politischen Großorganisationen in Deutschland ein relativ hohes Alter der Mitglieder und eine fehlende Mobilisierung jüngerer Leute. Zur Politikverdrossenheit tragen massiv die erheblichen individuellen Verunsicherungen bei; viele Bürger (gerade in der »Mitte« der Gesellschaft) lernen jetzt zum ersten Mal in ihrem Lebenslauf die negativen Seiten einer kapitalistischen Wirtschaftsordnung kennen.

Gerade in Zeiten tief greifender Transformationsprozesse wird auch in der Öffentlichkeit nach Deutungen des Wandels gefragt. Die Soziologie hat in den letzten Jahrzehnten eine Vielzahl von Charakteristika aufgezeigt, die die moderne Gesellschaft auszeichnen. Eine besondere Bedeutung hat in diesem Zusammenhang die Individualisierungsthese gewonnen. Es geht nicht nur um einen historischen Freisetzungsprozess des Individuums aus traditionsbestimmten Lebensformen und -entwürfen, der verschiedene Muster sozialer Bindungen, aber auch berufliche Lebensmuster oder politische Bindungen betrifft und die Menschen zunehmend veranlasst, »Bastelbiographien« zu entwickeln. Die politischen Parteien können scheinbar diese sozialstrukturellen Fragmentierungen und die Ausdifferenzierung der kulturellen Milieus nur schwer in ihrer Organisationsstruktur abbilden, die Integrationskraft sinkt dadurch weiter und es kann durchaus von einer *Modernisierungskrise* der Volksparteien gesprochen werden.[5] Es ist auch

4 Rolf G. Heinze: Die Berliner Räterepublik, Wiesbaden 2002.

5 Ulrich von Alemann/Rolf G. Heinze/Josef Schmid: Parteien im Modernisierungsprozess. Zur politischen Logik der Unbeweglichkeit, in: APuZ 1–2/1998, S. 29 ff.; Franz Walter: Im Herbst der Volksparteien?, Bielefeld 2009.

denkbar, dass einzelne Parteien den Status als »Volksparteien« verlieren, wenngleich schon die Definition einer Volkspartei schwierig ist und der Begriff schon fast zum Mythos verkommen ist. Traditionell meint er die Verankerung in großen gesellschaftlichen Milieus, die sich auch in erheblichen Mitgliederzahlen und in Wahlergebnissen, die schon über rund 30 Prozent der abgegebenen Stimmen liegen sollten, ausdrücken. Hinzu kommt die programmatische Orientierung der Volkspartei an potentiell allen gesellschaftlichen Schichten.

Die Parteien stehen derzeit vor der massiven Herausforderung, einerseits die sozialstrukturellen Fragmentierungen und Vertrauensverluste abzufangen und andererseits Gestaltungskompetenz gegenüber einer immer unkontrollierter sich darstellenden Ökonomie zu demonstrieren. Im politischen System erfordert die Ausdifferenzierung des Parteiensystems zudem eine große Koalitionsfähigkeit, was umgekehrt aber auch heißt, frühzeitig inhaltliche Festlegungen zu vermeiden. Der Bundestagswahlkampf 2009 liefert dafür genügend Lehrbeispiele. Ein Resultat dieser potentiellen Koalitionsabwägungen kann darin bestehen, dass sich Parteienverdrossenheit weiter ausdehnt, da der inhaltliche »Kitt« weiter schrumpft. Derzeit hat mit dem Phänomen der inneren Zerrissenheit vor allem die SPD zu kämpfen, die zwischen bündnispolitischem Pragmatismus und Deutungs- und Gestaltungskompetenz schwankt. Wenn auch manche Beobachter von der »Götterdämmerung der SPD« sprechen, so können daraus noch nicht das Ende der Volksparteien abgeleitet und »Weimarer Verhältnisse« beschworen werden. Verschiedene westeuropäische Nachbarländer zeigen, dass auch eine erhöhte Zahl von »potentiellen« Regierungsparteien nicht in die Wirren der Weimarer Republik führen. Wenn auch dem Regierungssystem kein Chaos droht, so ist doch eine »Weiter-so-Strategie« nicht mehr zu realisieren, was zur Zeit gerade anhand der SPD beobachtet werden kann.

Die Ausstrahlungskraft der politischen Parteien wird zudem durch die Entstandardisierung und Prekarisierung von beruflichen Lebensläufen vermindert. Immer mehr Individuen (gerade jüngere Erwerbspersonengruppen) – nicht nur aus dem »Prekariat« – stehen unter dem permanenten Zwang, Ökonomisierungslogiken gerecht zu werden. Viele Individuen sind so stark mit der eigenen Vermarktung beschäftigt, dass sich politisches Handeln in die Organisation der neuen Anforderungen nicht mehr integrieren lässt. Die politische Sphäre entfernt sich so vom Alltagsleben, wird zumeist nur noch medial vermittelt und durch die neuen gesetzlichen Ausrichtungen eher als Kontrollinstanz wahrgenommen.

Die nachlassende Bindungsfähigkeit der politischen Parteien führen manche sozialwissenschaftlichen Analysen zudem auf eine größer gewordene Gerechtigkeitslücke zurück: »Die Gerechtigkeitslücke in Deutschland lässt sich auf Markt- wie Staatsversagen zurückführen. Der Hauptgrund der ethischen Blindheit des Marktes liegt in den ungleichen Zugangsbedingungen, der nicht leistungsbezogenen Bemessung von Kapital- und Arbeitseinkünften, Spekulationsgewinnen, Managereinkommen und der zyklischen Produktion von Arbeitslosigkeit. Das Staatsversagen lässt sich erkennen am Festhalten an einem anachronistischen, konservierenden, passiven Sozialstaat; einer Bildungspolitik, die soziale Mobilität kaum fördert, wenn nicht verhindert; einer Arbeitsmarktpolitik, die Outsider diskriminiert; einer Steuer- und Familienpolitik, die Frauen benachteiligt; einer Immigrations- und Integrationspolitik, die zielsicher eine marginalisierte und zunehmend anomische Unterschicht produziert.«[6]

Allerdings ergibt sich trotz aller aktuellen Krisen und vieler subjektiver Verunsicherungen ein durchaus widersprüchliches Bild über den Wirtschafts- und Sozialstandort Deutschland. Einerseits prägt seit Jahren Stagnation das Bild auf dem Arbeitsmarkt, und vor allem zeigt sich eine Spaltung und Ausgrenzung, die gering Qualifizierten so wenig Beschäftigungsoptionen und damit Lebenschancen wie kaum in einem anderen vergleichbaren westlichen Land gibt. Diese ungelösten Beschäftigungsprobleme, die primär auch für die sozialen Desintegrationsprobleme verantwortlich sind, liegen seit Jahrzehnten wie Mehltau über der Gesellschaft und werden sich, bedingt durch die ökonomische Krise, zukünftig weiter verschärfen.[7] Die Aufstiegschancen der Geringverdiener haben sich in den letzten Jahren massiv verschlechtert: Viele Menschen sehen sich subjektiv in einer Lage von Hoffnungslosigkeit und spüren, dass sie nicht mehr gebraucht werden. Man darf dann nicht überrascht sein, dass sich die »flexiblen« Arbeitskräfte nicht mehr politisch organisieren, zumal auch die Bindungskraft der Gewerkschaften gerade in den unterprivilegierten Schichten geschwunden ist. Andererseits zeichnet sich der Wirtschaftsstandort Deutschland durch teilweise erfolgreiche betriebliche Umstrukturierungen aus, von denen jedoch nur wenige Erwerbstätige profitieren.

Insgesamt wurden durch die *sozioökonomischen Umbrüche* viele soziale Verunsicherungs- und auch Abstiegsprozesse eingeleitet. Der Ökonomisierungsdruck führt nicht nur zu einem allgemeinen Rückgang des Engagements in Parteien,

6 Wolfgang Merkel: Lebenschancen. Soziale Gerechtigkeit im 21. Jahrhundert, in: WZB Mitteilungen, H. 120/2008, S. 9; vgl. auch Heinze, Rückkehr des Staates.

7 Vgl. die Beiträge in Robert Castel/Klaus Dörre (Hg.): Prekarität, Abstieg, Ausgrenzung, Frankfurt a. M. 2009.

sondern auch in Verbänden und Vereinen. Selbst Umweltverbände und soziale Hilfsorganisationen sowie Kirchen und Sportvereine klagen über den sinkenden Zulauf. Nachlassende Bindungskraft ist aber kein naturwüchsiger Prozess, der nicht auch in gewissen Aspekten umzukehren wäre. In allen politischen Parteien zeigen sich nicht nur Traditionalisten, sondern es gibt einen organisationsinternen Riss zwischen den »Bewahrern« und kleineren Gruppen von zumeist jüngeren Aktivisten, die aus dem traditionellen Leitbild ausscheren und sich auf die Suche nach neuen, oft auch parteiübergreifenden Problemlösungen machen. Eine verstärkte Innovationskultur in den Parteien könnte diese Aktivitäten unterstützen und damit Anstöße für eine notwendige strategische Neuausrichtung geben.

Das Parteiensystem zwischen Umbruch und Beharrung

Um gesellschaftliche Steuerung angesichts des rapiden ökonomischen und sozialen Wandels wieder aktiver betreiben zu können, ist eine weitreichende *Umbalancierung* der Organisationspolitik notwendig. Hierzu zählt insbesondere eine gesteuerte Dezentralisierung und Koordination von Basisaktivitäten, um vorhandene Innovations- und Interventionsspielräume vermehrt auszunutzen. Nicht zuletzt geht es darum, Individualität im Rahmen kollektiven Handelns viel mehr als bislang zu ermöglichen. Generell ist also organisationspolitische Phantasie gefragt. Die Parteien und Verbände müssen wie auch die Unternehmen der Wirtschaft in Zukunft mit weniger Aufwand mehr leisten (»more for less«). Zugleich müssen sie lernen, dass sie als hoch spezialisierte Großorganisation immer die Unterstützung von informellen Kleinstrukturen benötigen. Bislang sind Strategien gesteuerter Dezentralisierung allerdings abstrakt geblieben. Zudem »schwimmen« die großen Volksparteien in inhaltlich-konzeptioneller Sicht, weil ihre jeweiligen traditionellen Leitbilder erschöpft sind und deshalb die Suche nach strategischer Kompetenz eine neue Priorität bekommen wird.

An der Frage, wie heterogene Parteien konstruktive Kommunikationsformen finden, wird nicht nur in der Theorie seit Jahrzehnten gearbeitet. Gerade auch in der Praxis versucht man die offensichtlichen Steuerungsprobleme der Parteien zu korrigieren. Erfolgreiche Ansätze in diese Richtung sind jedoch nur selten aufzufinden, eher dominieren in den meisten Großorganisationen noch Vetopositionen, die alles »beim Alten« lassen wollen.[8]

8 Joachim Raschke/Ralf Tils: Politische Strategie. Eine Grundlegung, Wiesbaden 2007.

Wenn auch hier nicht ein Steuerungspessimismus verbreitet werden soll, so sind doch *Steuerungsgrenzen* der Politik unübersehbar. Es wächst der Bedarf nach strategischer Neuausrichtung. Eine Antwort auf die neuen Herausforderungen einer politischen Gesellschaftssteuerung war in Deutschland der Aufbau von Expertenkommissionen, Beiräten und »runden Tischen«. Die in sie gesetzten Hoffnungen auf strategische Politiksteuerung haben sich allerdings kaum erfüllt.[9] Es sind zwar viele Analysen entstanden und diskutiert worden, allerdings wurden die meisten Vorschläge nicht umgesetzt und eher auf die »lange Bank« geschoben. So gesehen besteht in Deutschland durchaus noch Bedarf an neuen Formaten der wissenschaftlichen Politikberatung. Weder die etablierte Politikberatungslandschaft mit den relativ fest gefügten korporatistischen Strukturen noch die neuen Lobbying- und Beratungsunternehmen können diesen Bedarf abdecken. Die postkorporatistische, »liberalisierte Wettbewerbsgesellschaft« hat auch das Verhältnis zwischen Politik und Wissenschaft verunsichert, was aber gleichzeitig neuen Beratungsbedarf produziert.[10]

Wenn auch das Krisenmanagement der Bundesregierung die aktuellen Bedrohungen für das Bankensystem abgefangen hat, so kann daraus nicht abgeleitet werden, das Zutrauen in die Problemlösungsfähigkeit der Politik habe sich schon zum Positiven gewandelt. Überhöhte Erwartungen könnten sogar dazu verführen, populistischen Strömungen nachzugeben, anstatt neue, experimentelle Wege zu beschreiten, die auch den Bürgern kurzfristig unpopuläre Maßnahmen abverlangen. Denn genau in dem Augenblick, wo Integrationschancen und Sicherheiten angesichts der globalen ökonomischen Krisen prekär werden, sind auch die herkömmlichen Methoden der Risikoabsicherung selbst riskant geworden und erfordern weder eine Verstaatlichung noch eine (ohnehin derzeit diskreditierte) Vermarktlichung. Es geht vielmehr um eine neue Komplementarität zwischen Politik, Wirtschaft, gemeinschaftlicher Handlungsfähigkeit (einer »aktiven« Bürgergesellschaft) und auch Eigenverantwortung. Wo sind aber die Akteure, die ein solch kreatives Schnittstellenmanagement umsetzen können?

Die Handlungsmöglichkeiten der Regierung sind gerade vor dem Hintergrund der Bewältigung der globalen Finanz- und Wirtschaftskrise begrenzt, eine Strategieschwäche prägt die deutsche Politik schon länger und auch die selbstorganisatorischen Steuerungskompetenzen sind durch die vielfältigen Ökonomisie-

9 Vgl. Heinze: Die Berliner Räterepublik.

10 Vgl. Heinze: Rückkehr des Staates?, S. 175 ff.

rungsanforderungen weitgehend absorbiert. Entgrenzungen stellen aber nicht nur Gefährdungen dar, es wachsen auch die Fähigkeiten zur Selbststeuerung und Aktivierung von Kompetenzen. Und dies gilt ebenso für das politische System; wenn es auch strukturell verkrustet ist, gibt es doch inkrementalen Wandel. Das Interesse des Staates an sich selbst kann strategische Kreativitätspotentiale freisetzen. Allerdings ist die Frage des »Lernens« in der Politik nicht nur aus analytischer Sicht eine große Herausforderung, sondern auch für die politischen Akteure selbst. Darüber hinaus kommen auf die Wissenschaft neue Aufgaben zu. Gefordert ist ein dialogisches Wissensmanagement, wobei der Wissenschaft die Aufgabe zukäme, den Dialog mit der Politik zu strukturieren, geprüftes Wissen (evidence based) einzubringen und eine Methodik des gemeinsamen Lernens in Netzwerken zu entwickeln. Eine gestaltungsorientierte Regierungspolitik sollte Wert darauf legen, sowohl Kooperation in offenen Akteurssystemen zu organisieren als auch in Zweifelsfällen (wenn etwa Stillstand durch Interessenblockaden droht) gegen organisierte »Vetospieler« anstehende Entscheidungen durchzusetzen. Strategisch ausgerichtete Politik muss jedoch nicht nur im Dickicht organisierter Interessen und vor dem Hintergrund einer rasant beschleunigten Kommunikation in der Mediengesellschaft realisiert werden, sondern auch vor dem Hintergrund strategischer Probleme (manche Autoren sprechen sogar von Selbstblockaden) in den Parteien selbst.

Um in einer sozioökonomisch und kulturell segmentierten Gesellschaft Aufmerksamkeit zu erlangen, können sich die beiden Volksparteien CDU und SPD nicht mehr auf ihre weiter schrumpfenden Milieus zurückziehen. Gerade um regierungsfähig zu bleiben bzw. zu werden, sind neben der Modernisierung der Parteien neue *inhaltlich-strategische Positionen* gefragt. Wenn man die sozioökonomischen und individuellen Verunsicherungen als eine zentrale Herausforderung für die nächsten Jahre begreift, dann könnten Parteien dadurch auf sich aufmerksam machen, dass sie innovative programmatische Entwürfe in der Öffentlichkeit platzieren. Im Feld der sozialen Sicherung würde dies bedeuten, eine aktive Umgestaltung des Sozialversicherungssystems anzustreben, um diesen Systemen – als eine Antwort auf die durch den gesellschaftlichen Wandel fortschreitenden Individualisierungs- und Entkollektivierungsprozesse – mehr Flexibilität zu verleihen.[11] Das gleiche gilt für die Rolle von Bildung in einer heraufkommenden Wissensgesellschaft oder die Herausforderungen des demographischen Wandels, die in der Politik bislang nur

11 Vgl. etwa Robert Castel: Die Stärkung des Sozialen. Leben im neuen Wohlfahrtsstaat, Hamburg 2005; Franz-Xaver Kaufmann: Schrumpfende Gesellschaft, Frankfurt a. M. 2005; Heinze: Rückkehr des Staates?

schemenhaft aufgegriffen werden. Gelingt diese strategische Neuausrichtung in Richtung auf eigene Kompetenzfelder nicht, werden gerade die Volksparteien, die nicht nur eine homogene Klientel bedienen müssen, vom Wandel getrieben und manche vielleicht sogar den Status Volkspartei verlieren.

Hubert Kleinert

Parteiendemokratie: ein Auslaufmodell?

Seit Jahren mehren sich – keineswegs nur bei uns – die Anzeichen für einen Funktionsverlust der Parteien im Rahmen des demokratischen Systems. Die Beziehungen zwischen Bürgerschaft und politischen Eliten sind erheblich gestört, das Ansehen von Politik ist auf einen historischen Tiefstand gesunken. Eine weit verbreitete Haltung traut Parteien und Politikern im eigenen Interesse fast alles, für die Problemlösung der Gesellschaft aber fast gar nichts mehr zu.

Wahlbeteiligungsraten sinken – moderat auf Bundesebene, dramatisch im kommunalen Bereich. Gleichzeitig laufen den Volksparteien die Mitglieder davon. 1976 hatten die Sozialdemokraten über eine Million Mitglieder; heute sind es gerade noch gut 500.000. Auch der Mitgliederbestand der Union liegt inzwischen um 30 Prozent unter dem von 1990. Zudem ist die verbliebene Mitgliedschaft deutlich überaltert, haben beide klassischen Volksparteien ein Nachwuchsproblem. Und beide Volksparteien verlieren Bindungskraft und gesellschaftliche Rückkoppelung. 1976 haben noch acht von zehn Wahlberechtigten Union oder SPD gewählt. 2009 waren es noch vier (bei über 90 bzw. 57 Prozent der abgegebenen Stimmen). Gleichzeitig hat sich die soziale Rekrutierungsbasis der Parteien deutlich verengt: Aus Integrations-, Mobilisierungs- und politischen Erziehungsorganisationen sind Kaderorganisationen geworden, ohne die Honoratioren von ehedem und oft auch ohne wirkliche Kader. Überall dominieren die Akademiker bei weitem; das untere Drittel der Gesellschaft ist praktisch nicht mehr vertreten.

Welche Folgen hat das? Gerät mit den Volksparteien auch die Demokratie selbst in eine Krise? Können andere Formen der Organisierung, Partizipation und Willensbildung Aufgaben übernehmen, die die Parteien nur noch unzureichend erfüllen? Stehen wir vor einer Ära des Populismus und der starken politischen Führer? Oder geht es nur um eine Krise der Volksparteien, deren Bindungskraft und Rekrutierungsmechanismen auf neue Fundamente gestellt werden müssen? Übernehmen die Kleinen jetzt die Funktionen, die die Großen nicht mehr zureichend erfüllen? Brauchen wir nur überzeugendere Personen und Projekte, um der Parteiendemokratie neue Attraktivität zu verleihen?

In den letzten Jahren ist viel von einem Trend zur Personalisierung die Rede. Tatsächlich deuten die mediale Politikpräsentation, die stärkere boulevardisierte

Wahrnehmung von Politik, die Selbstinszenierung der Parteien und die Anlage ihrer Wahlkämpfe in diese Richtung. In den USA hat die Wahlkampagne des Charismatikers Obama der Politik eine neue Faszination verliehen. In Italien hat sich mit Berlusconi ein mediengestützter politischer Populismus etabliert, der eine Partei als Mobilisierungsinstrument nach eigenem Gusto zurechtschneidert. Auch im semi-präsidentiellen französischen System spielt in der Ära Sarkozy der Personalisierungsfaktor eine deutlich gewachsene Rolle.

Trotz aller modernen Dauervermessung der Popularitätswerte von Spitzenpolitikern lassen sich freilich bislang bei uns nur wenige Indikatoren als Belege für eine gewachsene Rolle der Personen bei Wahlentscheidungen vorweisen. Angela Merkel kann für sich die höchsten persönlichen Popularitätswerte vorweisen, die ein Bundeskanzler in der Geschichte der Bundesrepublik überhaupt erreicht hat, seitdem solche Werte gemessen werden. Und die Bundestagswahlkampagne 2009 der CDU war auf sie zugeschnitten. Dennoch hat sie das schwächste Unionsergebnis seit 1949 eingefahren. Auch Politiker wie Genscher oder Fischer konnten mit hohen persönlichen Sympathiewerten ihren Parteien nur wenig helfen, wenn diese gerade einmal öffentlich in Ungnade gefallen waren.

Obgleich eigentlich hochplausibel wäre, dass bei rückläufiger Parteienidentifikation, erschwerter inhaltlicher Bewertung von Parteien und gewachsener Bedeutung von medialer Inszenierung die Kandidatenbewertung als Faktor der Wahlentscheidung an Bedeutung gewinnen müsste, scheint der alte Befund noch immer zu gelten, dass bei Bundestagswahlen in Deutschland zuerst Parteien und nicht Personen gewählt werden und Personen nur die Chance haben, ihren Parteien durch glaubwürdige und sympathische Verkörperung der Botschaft ihrer Parteien zu nutzen oder zu schaden.

Nicht nur diese deutsche Tradition der Parteienwahl muss jenen entgegenhalten werden, die im Erfolg von Barack Obama ein Vorbild für die deutsche Demokratie sehen. Bei aller Faszination, die diese charismatische Figur auslöst, dürfen die anders gelagerten politischen Traditionen und Spielregeln des politischen Systems in den USA nicht übersehen werden. Obama zeigt, dass charismatische Figuren auch in der modernen Welt noch Begeisterung für politisches Engagement auszulösen vermögen. Wirklich übertragbar auf unsere Verhältnisse ist das nur sehr begrenzt. Und bei aller Sehnsucht nach charismatischen Figuren sollte nicht übersehen werden, dass personenzentrierte Kampagnen traditionell eher Kennzeichen von Gesellschaften mit schwachen öffentlichen Kommunikationsstrukturen gewesen sind. Entsprechend lässt sich extreme Personalisierung auch als Ausdruck des Niedergangs politischer Kommunikation fassen. Ihre Kehrseite ist dann das Nachforschen und Wühlen im Privatleben der Akteure.

Es ist auch nicht in Sicht, welche anderen Institutionen, Organisationsformen und Verfahren jene Leistungen ersetzen könnten, für die die Parteien in einer funktionierenden Demokratie gebraucht werden. Es mag richtig sein, auch auf Bundesebene die Möglichkeit von Plebisziten zu schaffen, weil das Schicksal von Weimar nach 60 Jahren demokratischer Stabilität nicht auf ewig der negative Referenzpunkt unserer Verfassung bleiben kann. Das mag für politische Belebung sorgen. Wunderdinge an Beteiligungsfreude und Engagement aber sind davon nicht zu erwarten. Mit Ausnahme der Schweiz, deren Demokratie anders funktioniert, beschränken sich landesweite Plebiszite in mit Deutschland vergleichbaren Ländern auf ganz wenige und besonders wichtige Fragen. Einen wirklichen Ersatz für Funktionen, die Parteien nicht mehr erfüllen, schaffen sie schon deshalb nicht. Und die anfängliche Begeisterung über die neuen Möglichkeiten der politischen Partizipation durch das Internet ist aus guten Gründen inzwischen abgekühlt.

Man kann die Wähler stärker an der Personalauswahl der Parteien beteiligen. Was bei Kommunalwahlen in vielen Ländern praktiziert wird – Kumulieren und Panaschieren –, ließe sich auch auf übergeordneten Ebenen denken. Gewiss ließen sich Möglichkeit schaffen, die Wähler über die Reihung auf den Landeslisten der Parteien mitentscheiden zu lassen. Bei aller Fragwürdigkeit mancher Personalentscheidung der Parteien ist davon ein wesentlicher Gewinn für die Demokratie kaum zu erwarten. Der Mehrheit der Wähler wird es schlicht nicht wichtig genug sein, wer auf Platz 7 und wer auf Platz 8 der Landesliste der Partei X steht. Man kennt die Bewerber meistens gar nicht. Interessanter ist da schon die Idee öffentlicher Vorwahlen bei der Auswahl von Kanzler- oder Spitzenkandidaten. Hier könnte das amerikanische System tatsächlich Inspiration liefern.

Ansonsten aber kann es nur darum gehen, Bedingungen zu schaffen, die den Parteien helfen, ihre Aufgaben in Zukunft wieder besser zu erfüllen. Dazu sind Veränderungen auf unterschiedlichen Ebenen notwendig:

Parteien und Politiker

Die Übersichtlichkeit der politischen Auseinandersetzung früherer Jahrzehnte mit der einfachen links-rechts-Anordnung der politischen Kräfte lässt sich nicht einfach wiederherstellen. Gleichwohl muss den Parteien wieder mehr programmatische Klarheit und Wahrhaftigkeit abverlangt werden. Die Reduzierung ehemaliger Gesinnungsgemeinschaften auf Machterwerbsmaschinen schafft wachsende Identifizierungsprobleme. Und die Neigung der Parteien, Parteitage zuerst als Orte wirkungsvoller Selbstinszenierung des Spitzenpersonals zu betrachten, mag kurzfristig Erfolge bringen, ist aber längerfristig ein Beitrag zur Verflachung der politischen Öffentlichkeit und nimmt dem politischen Nachwuchs Chancen der politischen Sozialisation. Dass eine Partei wie die SPD auch nach einer so schweren Niederlage wie am 27. September 2009 erneut in klandestiner Runde durch einige wenige Parteigranden ihre künftige Personalaufstellung aushandeln ließ, muss vor diesem Hintergrund kritisch beurteilt werden.

Medienprominenz ist kein Ersatz für Glaubwürdigkeit und Überzeugungskraft. Wenn Effekte mehr als Ergebnisse zählen, entsteht ein Hang zur Flüchtigkeit, der auf Kosten von Glaubwürdigkeit und Seriosität geht. Entsprechend kritisch muss inzwischen auch die Rolle von Politik-, Image- und Medienberatern gesehen werden. Eine Partei ist keine Marke, Stimmenmaximierung kein Selbstzweck und Programmangebote sind keine Handelsware. Die Angleichung politischer Öffentlichkeitsarbeit an die Werbestrategien der Privatwirtschaft wirkt auf die Politik eher negativ zurück. Weniger Umfragen und weniger Wahltermine wären ein Gewinn für die Demokratie.

Es stimmt nicht, dass sich keine Hebel finden ließen, solche Entwicklungen zu beeinflussen: Wahltermine lassen sich entzerren, die Parteienfinanzierung könnte strengeren Regeln unterworfen und wieder an die tatsächliche Zahl der abgegebenen Stimmen gebunden werden. Und zu den Konsequenzen der Finanz- und Wirtschaftskrise gehören auch die Chance einer Neubesinnung über die Rolle politischer Gestaltung und die entsprechenden programmatischen Konsequenzen.

Medien

Auch wenn der medienwissenschaftliche Begriff der »virtuellen Politik« eine Übertreibung darstellt: Mit dem Rückgang des partei- und richtungsorientierten Journalismus, vor allem aber durch die ungeheure Verschärfung der Aufmerksamkeitskonkurrenz infolge der Vervielfältigung des Senderangebots ist die fragwürdige Tendenz verbunden, Politik mit den Mitteln des Boulevardjournalismus schriller und unterhaltender zu präsentieren. So ähnelt das Bild- und Tonangebot trotz bemerkenswerter Ausnahmen heute eher einer illustrierten Bild-Zeitung. Dazu gehören überzeichnete Personalisierungen, Emotionalisierungen und Dramatisierungen, aber auch ein Grundton schnoddriger, manchmal überheblicher

Respektlosigkeit und politische Diskussionssendungen, die den Charakter von Showveranstaltungen angenommen haben. Demgegenüber hat das weiterhin vorhandene seriöse Angebot von Printmedien und Spartenkanälen an Boden eingebüßt – vor allem bei den Jüngeren. Über die Wirkungen des Internets auf die Entwicklung der politischen Öffentlichkeit liegen bislang wenig gesicherte Erkenntnisse vor: Sicher bietet sich hier eine namentlich von vielen Jüngeren intensiv genutzte Plattform politischer Information und Debatte. Insgesamt freilich spricht der Anteil der im Internet verfügbaren Seiten mit ernsthaftem politischen Informationsanspruch im Verhältnis zu den Seiten mit werbendem und unterhaltendem Charakter nicht dafür, dass die euphorischen Hoffnungen auf einen enormen Partizipationsschub durch dieses neue Medium realistisch waren.

Dass im medialen Windhundrennen um Aufmerksamkeit, Quote und Geld Politik »in Echtzeit« mit ihren langatmigen und langweiligen Verhandlungsritualen und Kompromissbildungen kaum mithalten kann, weil es nun mal schwer zu bebildern ist, liegt auf der Hand. Gleichzeitig aber müssen effekthascherische Präsentation und ein Übermaß an Negativberichterstattung auf die Dauer auch den politischen Journalismus selbst entwerten.

Die moderne Medienentwicklung ist schon deswegen so schwer zu beeinflussen, weil alle Akteure dort selbst wie Getriebene agieren. Aber die Programmgewaltigen zumindest der öffentlich-rechtlichen Sender haben einen Programmauftrag, aus dem sie ihre Existenzberechtigung ableiten. Es ist kein unziemliches Ansinnen, sie daran häufiger und deutlicher zu erinnern. Öffentlich-rechtliche Sendeanstalten stellen sich nur selbst infrage, wenn sie ihren Auftrag zur seriösen informationellen Grundversorgung so häufig missachten, wie das in den letzten Jahren zu beobachten war. Und Politiker sollten aufhören, auf die Veränderungen der modernen Medienlandschaft nur in Form der Anpassung zu reagieren und sich dabei zum Spielball von Inszenierungen machen zu lassen, die letztlich auf ihre Kosten gehen.

Gesellschaft

Die ausufernde Überdehnung des ökonomischen Denkens in den letzten anderthalb Jahrzehnten hat nicht nur die Parteien, sondern die Demokratie insgesamt geschwächt, weil die Erinnerung daran, dass der Markt ein in vielen Fällen effektives Steuerungsprinzip, aber kein Selbstzweck ist, darüber fast verlorengegangen ist. Wenn die Herrschaft des Markts aber nicht mehr hinterfragbar ist, schafft dies ein Problem nicht nur für Politiker und Parteien, weil diese dann fast nur noch Marktgesetze exekutieren und Folgeprobleme abarbeiten. Es schafft auch ein Problem für die Überzeugungskraft der Demokratie als Grundidee selbst, weil diese von der Vorstellung lebt, dass die geltenden Regeln einer Gesellschaft auf überprüfbaren und auch veränderbaren Verabredungen beruhen.

Damit eng verknüpft sind die Folgen der wachsenden Entkoppelung von Leistung und wirtschaftlichem Erfolg im modernen »Kasinokapitalismus« für den Wertehaushalt der Gesellschaft. Wenn Bildung und Fleiß, Arbeit und Mühe zwar ständig propagiert werden, aber fast jeder tagtäglich mitbekommt, dass Inszenierung und Schein, Glück, ja Dreistigkeit und Skrupellosigkeit in Wahrheit mehr zählen, ist das meritokratische Grundprinzip, das einen wichtigen Teil der Attraktion von Demokratie und Marktwirtschaft ausmacht, infragegestellt. Wenn Leistung sich eben nicht lohnt, weil Zockerei viel mehr einbringt und keine Politik daran etwas ändern kann oder will, muss die Überzeugungskraft der Demokratie selbst leiden.

Hinzu tritt, dass viel zu viele, die zu den Eliten dieser Gesellschaft zählen, sich darauf beschränken, in ihrem jeweiligen Subsystem »funktional« zu agieren. Einzig wirkliches Kriterium ist der – kurzfristige – Erfolg des eigenen Unternehmens, der eigenen Partei oder des eigenen Senders. Am Ende erscheinen alle als Getriebene in einer aufgeregten Konkurrenz um Aufmerksamkeit und Geld, in der gesellschaftliche Verantwortungsübernahme zwar gerne beschworen, in Wahrheit aber randständig geworden und eher Funktion von Imagepflege ist.

Verantwortungsübernahme durch Eliten lässt sich nicht verordnen, aber immerhin diskutieren. Hierbei können Politiker wichtige Rollen übernehmen. Und mit der freiwilligen Selbstabdankung der Politik müsste es ja im Zeichen der Krise vorbei sein.

Die Zukunft der Parteiendemokratie

Dass die Ära der Massen- und Volksparteien zu Ende gehe, dieses Urteil wird in der Wissenschaft schon seit den 1990er Jahren weithin geteilt. Bis heute freilich ist umstritten, wie das neue Stadium der Parteienentwicklung zu kennzeichnen sei und welche Folgen für die Demokratie damit verbunden sind. Dabei konkurrieren Begriffe wie »professionelle Rahmenpartei«, »Kartellparteien«, »Medienparteien« oder »Minimalparteien«. Einig ist man sich nur in der Beobachtung, dass dieses neue Stadium durch eine neue Dominanz von Berufspolitikern gekennzeichnet sei, Parteien stärker selbstreferentiell agierten, die innerparteiliche Demokratie geschwunden, ehrenamtliche Aktivisten zunehmend funktionslos geworden seien und Politiker mehr und mehr wie Unternehmer mit staatlicher Risikoabsicherung agierten. Klaus von Beyme hat unter Rückgriff auf eine Arbeit von Richard Katz und Peter Mair den Begriff der »Kartellpartei« vorgeschlagen.[1] Zweifellos bündelt der Begriff eine Fülle von richtig beobachteten Veränderungen.[2]

Es ist allerdings zu fragen, ob die parallele Annahme, dass der Wandel des Parteientypus mit einer globalen Krise der Parteien nichts zu tun habe und die Abnahme von Wahlbeteiligung und Parteiidentifikation ein »natürlicher Prozess« sei, nicht auf eine gröbliche Verharmlosung akuter Krisenzeichen im Verhältnis zwischen Bürgerschaft und politischem Personal hinausläuft.

Die Große Koalition hat, so wie sie war, zu den jüngsten Abschmelzungsprozessen bei den Großparteien fraglos beigetragen. Eine in die Mitte gerückte, »sozialdemokratisierte« Union, die keine programmatischen Zuspitzungen betrieb und allein auf das Gewicht ihrer präsidial agierenden Kanzlerin setzte, hat der FDP viele Profilierungsmöglichkeiten gelassen. Und eine führungsschwache SPD, die in der Großen Koalition nur mit schlechtem Gewissen gegen den emotionalen Gefühlshaushalt der halben Partei mitregierte und unter dem Druck der neuen Konkurrenz von links am liebsten gar nicht mehr an die Regierung Schröder erinnert werden mochte, konnte keine politische Mobilisierungskraft entfalten, zumal ihr eine realistische Machtoption ebenso wenig zur Verfügung stand wie ein polarisierungsfähiger Kanzlerkandidat.

Weil diese Bedingungen mit Sicherheit so nicht wiederkommen, kann es gut sein, dass die Großparteien beim nächsten Mal zusammen wieder mehr als 57 Prozent erreichen. Dennoch wird das gemäßigt bipolare System mit zwei Großparteien auf Augenhöhe, die zusammen den Löwenanteil der Wählerstimmen erreichen, schon deshalb kaum wiederkommen, weil die strukturellen Voraussetzungen dafür fehlen. Wahlergebnisse von über 40 Prozent werden künftig die Ausnahme sein, nicht mehr die Regel.

Für die Sozialdemokraten sind Führungsschwäche und Identitätsverlust unter den Bedingungen der parteipolitischen Konkurrenz von links die zentralen Probleme der Zukunft. Für die Bindungskraft der Union wird der Erfolg ihrer Modernisierung in der Familien- und Gesellschaftspolitik und das Austarieren von

1 Vgl. Klaus von Beyme: Funktionswandel der Parteien in der Entwicklung von der Massenmitgliederpartei zur Partei der Berufspolitiker, in: Oscar W. Gabriel, Oskar Niedermayer, Richard Stöss (Hg.): Parteiendemokratie in Deutschland, Wiesbaden ²2002, S. 322 ff.

2 Vgl. ebd., S. 329.

sozialen und liberalen Positionen in der Wirtschafts-, Sozial- und Finanzpolitik der neuen Bundesregierung entscheidend sein. Zugleich werden starke Kräfte in die Richtung einer Rückkehr von Lagerbildungen wirken. Dafür wird neben der gemeinsamen Opposition von SPD, Grünen und Linkspartei auch der deutsche Föderalismus sorgen, der die Chance bietet, in jeder Landtagswahl auch Protest gegen Berlin anzumelden.

Für die Zukunft der Demokratie insgesamt wird aber mehr davon abhängen, ob es den Parteien gelingt, künftig mit deutlicher identifizierbaren, glaubwürdigen und unterscheidbaren Angeboten aufzutreten. Politik muss wieder stärker, handlungsfähiger und auch darüber identifizierbarer werden. Die Krise und der Umgang mit ihr böte den Parteien dazu neue Möglichkeiten.

Die Glanzzeit der Parteiendemokratie und die Stärke der Volksparteien in den 1960er und 1970er Jahren des letzten Jahrhunderts werden nicht wiederkehren. Aber ohne die Parteien wird es nicht gehen in einer Demokratie, die den Gedanken der Volkssouveränität ernst meint. Daran sollten sich alle Reformüberlegungen orientieren, ohne sich deshalb unrealistische Ziele zu setzen. Eine Umkehrung der Entwicklung der letzten Jahre, die durch eine schleichende Erosion des Vertrauens in alle Politik geprägt waren, wäre schon ein großer Erfolg.

Karl-Rudolf Korte

Die neue Qualität des Parteienwettbewerbs in Deutschland

Koalitions-Lotterie: Neue Formeln zur Macht

Die Bundestagswahlen von 2005 hatten die Qualität von „critical elections“: Es wird nie mehr so, wie es vorher einmal war. Erst seit dieser Zeit existiert ein asymmetrisches, changierendes Fünfparteiensystem mit neuer Qualität und mit weitreichenden Konsequenzen sowohl für die Regierungsbildung im Bund als auch in den westdeutschen Ländern. Jenseits der Großen Koalition sind entlang der tradierten parteipolitischen Lager keine Bündnisse mehr kalkulierbar mehrheitsfähig. Vielparteien-Parlamente können zwar noch zu Zweierkoalitionen führen, aber weniger verlässlich als zu früheren Zeiten. Sogenannte Lager- oder Traditionskoalitionen werden durch neue Varianten zur Regierungsbildung ersetzt: neue lagerübergreifende Zusammensetzungen (zum Beispiel schwarz-grün, Jamaika), neue Regierungs- bzw. Koalitionstypen (zum Beispiel Große Koalitionen, Dreier-Bündnisse), neue Regierungsformate (zum Beispiel Minderheitsregierungen). Zwischen August und Oktober 2009 entstanden bunt nebeneinander folgende Koalitionen: schwarz-gelb (Sachsen), Große Koalition (Thüringen), Jamaika (Saarland), rot-rot (Brandenburg), schwarz-gelb (Kiel und im Bund).

Wer nicht nur rechnerische, sondern belastbare politische Mehrheiten sucht, muss sich zukünftig auf dem Koalitionsmarkt tummeln. Der Parteienwettbewerb hat somit hinsichtlich der Fragmentierung, Segmentierung und Polarisierung vergleichbare europäische Dimensionen angenommen. Die Parteiendemokratie ist seit 2005 in Deutschland im Hinblick auf Koalitionsformate bunter, vielgestaltiger, entlagerter, mobiler und koalitionsoffener geworden. Die Sprache der Spitzenakteure spiegelt das allerdings bislang nur rudimentär wider. In alter Rhetorik werden immer noch Lagerpolarisierungen beschworen. Wähler haben eine erkennbare Sehnsucht nach Unterscheidbarkeit der Angebote. Auch für Wahlkämpfer ist es einfacher, entlang eines Lagers polarisierend zu mobilisieren. Doch die erwartbare machttaktische Koalitions-Lotterie, bei der alles nach Schließung der Wahllokale politisch möglich sein wird, was arithmetisch zwingend ist, verflüssigt die Lager-Sehnsucht.

Die Auszehrung und Selbstverzwergung der Volksparteien durch ein Regieren in Großen Koalitionen und einen wachsenden Koalitionsmarkt machen für die Bürger die Entscheidung an der Wahlurne zum Lotteriespiel. Die Wähler wählten im September 2009 erstmals im Bewusstsein dieses Koalitionsmarktes – und im Bewusstsein der bundesweit vermittelten Erfahrungen um Mehrheiten in Hessen. Eine Bundesregierung, die nur durch offenen Wortbruch von Koalitionsaussagen zustande kommen könnte, ist von diesem Erfahrungsschatz ausgeschlossen. Wahrhaftigkeit ist auch in der Politik ein hohes Gut. Klarheit hingegen weniger. Insofern ringen die Parteien – wesentlich differenzierter als bisher – um Koalitionsaussagen, die ihnen wiederum Spielraum für Regierungsbildungen lassen. Wenn allerdings für den Wähler nicht klar ist, was aus der abgegebenen Stimme folgt, sinkt die Motivation, wählen zu gehen. Insofern sind vor allem die kleineren und mittleren Parteien gut beraten, wenn sie zumindest signalisieren, was sie an multiplen Koalitionsvarianten ausschließen.

Weichgespülte Lager: Lähmungswirkungen der Großen Koalition

Der neue Koalitionsmarkt deutet darauf hin, dass nach 2005 eine deutlich veränderte Wettbewerbskonstellation entstanden ist. Das gilt allerdings nicht für die Stärkeverhältnisse der wahrgenommenen Lager. Die konkurrierenden Parteien im linken Lager (SPD, Linke, Grüne) haben sich, gemessen am Wählerzuspruch insgesamt, nicht geschadet. Bei den zurückliegenden Bundestagswahlen 1998, 2002 und 2005 verfügte die politische Linke sogar rechnerisch über die absolute Mehrheit, vor dem sogenannten bürgerlichen Lager. Doch dieses linke Lager ist ein „defektes Lager“ (Joachim Raschke). Denn im Bund wollte die SPD bis 2009 noch nicht mit der Linken eine Koalition eingehen. Und die Grünen gehören nur noch kulturell zum linken Lager, nicht jedoch im Hinblick auf die wahlsoziologischen Befunde, nach denen sie vom bürgerlichen Mittewähler favorisiert werden. Politische Arithmetik besteht jedoch nicht in der Addition von Wählerstimmen – wie bei Zufallsmehrheiten –, sondern koalitionsgemäß in der Kombinierbarkeit politischer Absichten. Da sind die politischen Absichten im sogenannten bürgerlichen Lager der konservativ-mitte-rechts Parteien – Union und FDP – klarer als beim „defekten Lager“ kombinierbar. Die Stärkeverhältnisse dieser beiden Lager haben sich in der Wählerschaft seit 2005 nur marginal verändert. Die Lager wirken eingefroren. Nur innerhalb der Lager zeigt sich Volatilität. Doch die Versuche, alte Lagerkonfrontation zu reaktivieren, treffen eine Wettbewerbskonstellation, die nur noch weichgespülte Lager erkennen lässt. Die

Große Koalition hat ihre lähmenden Spuren hinterlassen. Selbst die Ränder sind in den beiden Volksparteien nach vier Jahren konturlos. In der Konsequenz scheiden auch „Furcht-Szenarien" aus: Weder die marktradikale Kälte einer schwarz-gelben Koalition noch ein post-sozialistisches Gespenst des linken Lagers können auf Resonanz hoffen. Beide Koalitionsmuster sind „im Feld", so dass sich die Wähler ihr eigenes Bild machen können. Die Bundestagswahl von 2009 hat angeblich die Lager wieder stabilisiert. Sicher ist der polarisierende Mechanismus von Regierung und Opposition im Deutschen Bundestag erneut wirksam, nachdem die Große Koalition beendet wurde. Ob die kulturelle Hegemonie jetzt bei schwarz-gelb liegt, wird sich erst noch zeigen müssen. Die Mehrheit liegt nicht rechts der Mitte in Deutschland. Vielmehr ist es Merkel gelungen, einen Teil der gemäßigten Wähler links der Mitte an sich zu ziehen. Ihre sanfte Revolution im Bereich der Gesellschafts-, Familien- und Integrationspolitik hat die Union verändert.

Volkspartei-Ruinen: Neue mittelgroße Parteien

Die Bundestagswahlen von 2009 haben einen Trend fortgesetzt: Wir besichtigen mittlerweile Volkspartei-Ruinen. Mittelgroße Parteien dominieren. Für Mehrheiten sind die Volksparteien noch immer unverzichtbar. Doch die Wahlbürger erkennen in den ehemals großen Volksparteien immer weniger liebgewonnene mitte-zentrierte Angebote. Der Attraktivitätsverlust der Volksparteien auf dem Wählermarkt ist nicht nur eine Folge der Großen Koalition. Vielmehr ist die Erosion der Volksparteien auch Ausdruck einer Repräsentationslücke. Durch Agenda-Politik auf der einen Seite (SPD) und eine politische Moderne (libertäre Ordnungsvorstellungen) auf der anderen Seite (CDU) scheint die politische Mitte heimatlos geworden zu sein. Wenn sie überhaupt noch wählt, dann extrem nutzen- und nicht bindungsorientiert. Doch wer als Volkspartei nur noch rudimentär gesellschaftlich verankert ist, kann nicht mehr repräsentativ agieren und ist wie im Windkanal risikoanfällig. Verliert die Konsensmaschine Volkspartei an Kraft, fehlt der Politik Stabilität und Berechenbarkeit Wenn gemeinwohlorientierte Volksparteien – gerade in Abgrenzung zu klientelbezogenen Interessenparteien – an Attraktivität verlieren, muss sich zwangsläufig die Qualität einer Demokratie ändern.

Die Volksparteien reagieren vital darauf, verschärfen dadurch aber nur noch zusätzlich die Problematik. Wechselwähler-Wahlkämpfe sind die Reaktion auf wählerische Wähler. Solche Wähler fördern den Politikertypus des populistischen

Volksbelauschers. Ein Regierungsstil, der darauf abzielt, produziert jedoch zwangsläufig Wählerenttäuschungen. Denn zielgruppenpopulistisch ist nur temporär und selektiv Zufriedenheit herstellbar. Dieser Politikertypus ist Politik-Kommunikator, der weniger an Ideen und Überzeugungen gebunden ist. Zur Kehrseite einer wachsenden Volatilität der Wähler gehört, dass die Machtgrundlagen für die Parteien extrem stimmungsflüchtig geworden sind. Sympathiewerte werden zur zentralen Ressource politischer Führung. So entscheidet oft Tempo und nicht Substanz in einer Aufregungsdemokratie. So verdrängt die Legitimation des Augenblicks das notwendige institutionelle Vertrauen. Stimmungsflüchtige Machtgrundlagen verändern Techniken, Taktiken und Stile der politischen Führung.

In einem System, in dem es unter diesen Konstellationen nicht mehr primär auf die Beteiligung der Bürger ankommt, sondern nur auf das Ergebnis, stützt sich die Politik auf die Kultur der Expertise, auf Marketing und massenmediale Präsenz von politischen Führern statt auf demokratische Mechanismen der politischen Willensbildung. Die Bürger sind in solch einem System nur noch formaldemokratisch beteiligt. Regieren nach Tagesdemoskopie ist dann eine taktische Reaktion auf stimmungsflüchtige Machtgrundlagen. Schwache politische Führung addiert das Populäre zum „Wünsch-dir-Was"-Programm: einem Sozial-Populismus. So verkommt die parlamentarische Demokratie zur Demoskopie-Demokratie mit populistischen Parteien. Das Konzept einer politischen Führung durch Volksparteien geht hingegen von ganz anderen Prämissen aus. Es gehört zur Stärke von gemeinwohlorientierten Volksparteien, dass sie in der Lage sind, Mehrheiten auch für Unpopuläres zu organisieren.

Konturen des Neuen: Der Nutzen der Beteiligung

Die Bundesrepublik Deutschland steht parteipolitisch vor einer neuen formativen Phase. Eine Parteiendemokratie ohne Volksparteien der Mitte deutet sich an. Wähler und Parteien reagieren im Wahlakt auf die Verschiebungen zwischen politischer Repräsentation und politischer Präsentation. Das ist eine wechselseitige Suchbewegung. Politische Willensbildungs- und Entscheidungsprozesse bedürfen ganz offensichtlich eines Relaunch mit neuen Formen und Formaten. Die Chancen des neuen Parteienwettbewerbs liegen darin, in kreativen Koalitionsformaten Prioritäten und Regeln der Politik umzuschreiben. Ohne klassische Volksparteien wird Deutschland europäischer im Hinblick auf Vielparteien-Parlamente, Fragmentierungen der Mitte, wechselnde Mehrheiten – aber nicht undemokratischer.

Wie organisieren wir zukünftig repräsentativ und politisch legitim politische Willensbildung? Wie kann die Parallelität von wachsender Politikverdrossenheit der Bürger und anteiliger Bevölkerungsverdrossenheit der Politiker aufgebrochen werden? Eine Vitalisierung könnte folgende Aspekte enthalten:

Online-Bewegungen: Der Wandel der politischen Kommunikation wird zwangsläufig auch die Formate der Demokratie verändern. Politisches Engagement ist zukünftig auch ohne Parteimitgliedschaft wirkungsmächtig möglich.

Elitenauswahl: Demokratische Verfahrensweisen der Elitenauswahl werden partizipativer. Um autistische Subsysteme der Politik zu verhindern, können nur direktdemokratische Verfahren ausgebaut werden. Auswahl der Kandidaten, der Vorsitzenden etc. kann online und offline erfolgen – allerdings unter Beteiligung aller Mitglieder und unter Beendigung des Delegiertensystems.

Think Tanks: Die Rolle von wissenschaftlichen Think Tanks als Orten kritischer Reflexion wird zunehmen. Die Wissenschaft wird immer wichtiger werden für die Bestimmung der Problemlagen wie der verfügbaren Optionen des politischen Handelns. Wissenschaftliche Politikberatung kann zur Rationalität demokratischer Entscheidungsprozesse vor allem dadurch beitragen, dass sie das Niveau der öffentlichen Diskurse rational hält. Solche Think Tanks können die Deutungsmacht der Parteien deutlich zurückdrängen.

Prozessnutzen: Politische Willensbildung braucht die Aura der Beteiligung. Das lösen Parteien nur noch rudimentär ein, weil sie basislos und cliquenhaft geworden sind. Allzu oft gehen wir allein vom Nutzen des Ergebnisses aus, vom Output, um Akzeptanz und Legitimität zu vermessen. Wichtiger wird in der Zukunft, den Prozessnutzen zu beachten: Wie kann der politisch interessierte Bürger auf das Ergebnis Einfluss nehmen? Wissenschaftliche Studien zeigen, wie das subjektive Wohlbefinden zunimmt, sobald man an der Gestaltung des Ergebnisses konkret beteiligt ist.

Das sind Stichworte, um die Weiterentwicklung anzuzeigen. So könnten die Fanmeilen für die Parteien erweitert und breitere Bündnisse mit politisch Engagierten geschlossen werden.

Jürgen Kretschmann

Politische Klasse – teilnahmslose Masse? Politik 2.0 wagen

Wenn man in einem Unternehmen feststellt, dass ein bestimmter Prozentsatz der Belegschaft innerlich gekündigt hat, schaut man sich auf der Suche nach den Ursachen in erster Linie die Rolle der Führungskräfte genauer an. Bei der Diskussion um die historisch niedrige Wahlbeteiligung der Bundesbürger an der Bundestagswahl 2009 gehört meines Erachtens vor allem die Rolle der Politiker auf den Prüfstand. Welchen Führungsstil legen sie an den Tag, welches Menschenbild verbirgt sich dahinter, welche Organisationsmodelle werden eingesetzt und wie kann der Trend zur inneren Kündigung, der sich mittlerweile auch in der offenen Kündigung der Leistungsträger zeigt – Stichwort Auswanderungsland Deutschland – umgekehrt werden? Zugegeben, diese Momentaufnahme der Bundestagswahl ist keine politikwissenschaftliche Abhandlung, sondern nur ein Appell an die politische Klasse, sich selbst auch als Ursache der teilnahmslosen Masse zu begreifen und ihr Führungsparadigma zu überdenken.

Zur Zeit der Weimarer Republik war das Menschenbild zutiefst geprägt durch die Einteilung der Menschen in Führer und Geführte. Dieses Menschenbild fand sich nicht nur in den autoritären bis diktatorischen Parteien, die letztlich für den Untergang dieser Republik verantwortlich waren, sondern auch in den Führungstheorien der Unternehmen. Max Webers Figur des charismatischen Führers, der eine bürokratische, hierarchisch strukturierte und folgsame Organisation nach bestem Wissen und Gewissen leiten sollte, war paradigmatisch. In der Politik – deutlich auch im Bundestagswahlkampf 2009 – ist dieses Menschenbild bis heute allgegenwärtig. Der Wahlkampf zumindest der großen Parteien konzentrierte sich weitgehend auf die sogenannte »K-Frage«, auf die Frau bzw. den Mann an der Spitze. Auch die kleineren der etablierten Parteien rückten die Spitzenkandidaten meist stärker in den Mittelpunkt als Sachthemen.

Politik wird auf diese Weise reduziert auf die persönlichen Eigenschaften einzelner Personen – als könne man heute noch der gut 150 Jahre alten, arg vereinfachenden »Great man theory« des britischen Historikers Thomas Carlyle folgen: »The history of the world is but the biography of great men.« Politikerpersönlichkeiten werden überfrachtet mit ebenso idealisierten wie inhaltlich unscharfen

Eigenschaften: Sie sollen Aktivität, Tatkraft, Begeisterungsfähigkeit, Intelligenz, Wille zum Erfolg, Dominanz, Selbstvertrauen etc. ausstrahlen. Am augenfälligsten und scheinbar erfolgreichsten wurde dieser Personenkult in jüngster Zeit verkörpert durch das Phänomen Barack Obama. Ich sage »Phänomen«, denn der reale Politiker Obama stößt mittlerweile überdeutlich an die Grenzen des von ihm ausgesprochenen »Yes we can!«-Versprechens, wenn es etwa darum geht, die versprochene Gesundheitsreform praktisch umzusetzen. Ein Persönlichkeitsprofil ersetzt eben keine Sachpolitik.

Auch nach der Bundestagswahl 2009 wurde – zumindest (medien-)öffentlich – mehr über Personen gesprochen als über Inhalte: Wer wird Minister in welchem Ressort, wer »führt« die SPD aus der Krise, wer zieht sich resigniert aus der Politik zurück? Was diese Personen, so sie denn Verantwortung übernehmen, entscheiden und warum, bleibt meistens ungesagt. Darin schimmert erneut das Menschenbild der charismatischen Herrschaftsbeziehung durch: Der Charismatiker hat per se außergewöhnliche Fähigkeiten, an die man vorab glauben muss, um sich von ihm führen zu lassen. Oder, prosaischer ausgedrückt: Politiker wissen, wo's langgeht.

Dass die Dinge immer öfter zu kompliziert sind, als dass sie einzelne Personen durch einsame Entscheidungen beeinflussen könnten, ist im modernen Management fast schon eine Binsenweisheit. Dass dies in der Politik nicht so gesehen wird, erleben wir gerade in Zeiten wirtschaftlicher Krisen wie der gegenwärtigen. Wenn Politiker versprechen, im Alleingang angeschlagene Wirtschaftsunternehmen wieder gesund machen oder soziale Gerechtigkeit herstellen zu können, suggerieren sie jedoch eine Allzuständigkeit, die immer größere Erwartungen weckt. Enttäuschungen sind damit vorprogrammiert.

Auch die emphatische Versicherung, Politik für »die Mitte« machen zu wollen, passt in das simplifizierende Menschenbild der politischen Klasse. »Die Mitte« ist schon vom Begriff her inhaltsleer, weil es sich um eine rein statistische Größe handelt. Wenn man repräsentative Demokratie ernst nimmt als Ausgleich der Einzelinteressen durch die Entscheidungen von Volksvertretern, so ergibt sich die Mitte schlicht aus der Gauss'schen Normalverteilung der Interessen. Wer »die Mitte« beschwört, will einfach nur den größten (Stimmen-)Anteil der Gesamtmenge für sich gewinnen. »Give the people what they want« ist das Motto dieser am Mainstream orientierten, demoskopiegeprägten Politik. Diskussionsforen auf Parteitagen vermeidet man dann besser, um niemanden abzuschrecken. Weniger als 80 Prozent Zustimmung gelten auf diesen Veranstaltungen schon als empfindliche Niederlage. Der möglichst unhinterfragte Konsens steht über allem.

Wenn die Masse an Wählern dann trotzdem spürbar kleiner wird, schrecken die Parteien auf. Das kann man zurzeit natürlich am besten an der einstmals großen Volkspartei SPD sehen. Es lohnt sich, bei diesem altehrwürdigen Begriff »Volkspartei« zu verweilen. An ihm lässt sich erklären, worin die Krise des gegenwärtigen Parteiensystems besteht, und vielleicht auch, wie sie zu lösen wäre:

Volkspartei meinte ursprünglich eben nicht, einfach nur die meisten Stimmen auf sich zu vereinen und damit die »Mitte« auf seiner Seite zu haben. Eine Volkspartei hatte den Anspruch, ein möglichst breites Spektrum gesellschaftlicher Gruppen zu vertreten. In den Volksparteien SPD und CDU sollten Arbeiter und Unternehmer, Junge und Alte, Traditionalisten und Modernisierer gleichermaßen ihre politische Heimat finden. Während das in der nivellierten Mittelstandsgesellschaft der alten Bundesrepublik noch vergleichsweise leicht einzulösen war, wird die Sache in der gesamtdeutschen Gegenwartsgesellschaft bei fortschreitender Individualisierung zunehmend schwieriger. Der politische Wettbewerb durch immer mehr Nicht-Volksparteien wird so gesehen also eher einer gesellschaftlichen Entwicklung gerecht, als dass er eine Ursache für die Partikularisierung von (politischen) Interessen wäre. In diesem Sinne ist die Zeit der Volksparteien möglicherweise tatsächlich abgelaufen.

Von den PR- und Marketingberatern hat die Politik gelernt, dass es auf einfache Botschaften ankommt, nach dem Motto »Keep it simple, stupid« (KISS). Frei übersetzt: »Mach's einfach für Doofe.« Populistische Inhalte in Kombination mit extremer Personalisierung führen zu dem Politainment, das Politiker und Medienvertreter zwar immer wieder beklagen, aber nicht aufhören können zu bedienen, weil es zum Prinzip der charismatischen Führung gehört. Inhalte werden nach der KISS-Formel so weit reduziert, bis sie »vermittelbar« werden – auch wenn man die komplexen Hintergründe dabei immer öfter lieber verschweigt. Parteien theatralisieren ihre Parteitage nach US-amerikanischem Vorbild mit Lightshows, Popstars, Feuerwerk, Luftballons und was sonst noch alles dazugehört. Politiker inszenieren sich selbst in Talkshows, statt sich im Bundestag über Inhalte zu streiten, Storytelling rückt in den Mittelpunkt der Politik.

Das einfache Ursache-Wirkung- bzw. Zweck-Mittel-Schema kommuniziert Politik als Gratifikationssystem, bei dem der Wähler für seine »richtige« Entscheidung von den Politikern belohnt wird – zum Beispiel durch »mehr netto« oder durch das Ausschließen von Rentenkürzungen bis in alle Ewigkeit. Wirtschaftswoche-Chefredakteur Roland Tichy hat in diesem Zusammenhang zutreffend von der »Infantilisierung« unserer Republik gesprochen, in der einfache Belohnungen für das unmündige Wahlvolk an die Stelle ernsthafter Auseinandersetzungen und unbequemer Wahrheiten treten.

Gerade in unserer komplexen Welt haben Menschen aber das Bedürfnis nach Orientierung und Beteiligung. Orientierung besteht nicht darin, komplizierte Dinge zu simplifizieren. Sie besteht hingegen darin, befriedigende Erklärungen für möglicherweise bedrohliche Zusammenhänge zu geben und vielleicht auch einmal zuzugeben, dass man sich die Lösung erst noch erarbeiten muss. Gefragt sind nicht weniger Informationen (nach der KISS-Formel), sondern zuverlässigere Informationen, die nicht ideologisch oder populistisch gefärbt sind. Statt charismatischer Führung wären mehr Partizipationsmöglichkeiten sinnvoll. Partizipation bedeutet aus Sicht von Mitarbeitern: den Strukturen – »denen da oben« –, den unhinterfragbaren Sachzwängen, den Umständen nicht völlig ausgeliefert zu sein, sondern Mitbestimmungsmöglichkeiten zu haben. Partizipation gibt dabei auch Sicherheit, denn sie vermittelt das Gefühl, selbst etwas tun zu können, ein Stück weit seines eigenen Glückes Schmied zu sein statt nur der Spielball übergeordneter Interessen, der das Versagen Dritter, zum Beispiel topbezahlter Manager, mit dem eigenen (Steuer-)Geld auszugleichen hat.

Als Präsident einer Hochschule erlebe ich jeden Tag, wie Partizipation aussehen kann. Die Zeiten des Frontalunterrichts – hier der allwissende Lehrer, dort der gelehrige Schüler – sind längst vorbei. Unsere Studierenden treten mit den Dozenten in einen intensiven Dialog und lösen gemeinsam mit ihren Kommilitonen komplexe Aufgaben durch Teamwork. Auch außerhalb der Lehrveranstaltungen sind die Studierenden der heutigen Generation sehr engagiert. An unserer Hochschule gibt es hoch motivierte Studierendenvertreter, es gibt Studierende, die länderübergreifende Veranstaltungen organisieren, die sich um Schwächere kümmern, die zum Beispiel Nachhilfekurse für Migrantenkinder geben. Es gibt viele Pflänzchen des Engagements. Auch das ist Partizipation, aber sie findet außerhalb der Parteien statt. Vielleicht ist das für die Sache gut so. Um das politische Bewusstsein und die Bereitschaft zur Partizipation muss man jedenfalls keine Sorge haben.

Grundlage unserer politischen Entwicklung sind die politische Bildung und die politische Teilhabe, insbesondere der Jüngeren, der Zukunftsträger. Die (ehemaligen) Volksparteien und die, die mit ihnen konkurrieren oder koalieren, treten vor Ort kaum in Erscheinung, dort, wo es um die Zukunft und die Teilhabe jedes Einzelnen geht. Ein Beispiel aus dem hochschulpolitischen Alltag mag das demonstrieren: Alle Parteien wollen mehr Jugendliche aus den sogenannten bildungsfernen Schichten und besonders Jugendliche mit Migrationshintergrund an die Hochschulen bringen. Denn wir haben dringenden Nachwuchsbedarf an hochqualifizierten Absolventen, insbesondere in den MINT-Fächern (Mathematik, Informatik, Naturwissenschaften, Technik). Das Problem ist lange bekannt. Aber wie wird es konkret gelöst? Fahren Sozialdemokraten busweise Arbeiterkinder zu Informationsveranstaltungen an die Hochschulen? Geben Christdemokraten Förderunterricht für Migranten und bereiten sie auf die Herausforderungen des Ingenieurstudiums vor? Beraten Liberale die Studienanfänger in den wichtigen Finanzierungsfragen? Schön wär's. Es bleibt den unpolitischen Hochschulen mit ihrer Freiheit von Forschung und Lehre überlassen, dieses gesellschaftspolitisch relevante Problem zu lösen. Sie tun dies sogar, aber die Studierenden werden dadurch sicher nicht für die Politik gewonnen. Warum sollten sie sich für Parteien interessieren? Die Parteien interessieren sich ja auch kaum für sie. Im TV-Duell zwischen Merkel und Steinmeier kam das Thema Bildung – eines der drängendsten Zukunftsthemen unserer Gesellschaft – buchstäblich nicht vor. Kein Partizipationsangebot an die junge Generation ruft auch keine Nachfrage nach Parteipolitik hervor.

Ich wage die These, dass die niedriger werdende Wahlbeteiligung kein Problem der Einstellung der Bevölkerung zur Demokratie ist, sondern eine Reaktion der Bevölkerung auf die Einstellung der Politiker. Noch liegt die Zahl der inneren Kündigungen mit einer Nichtwählerquote von 29,2 Prozent in einem Bereich, der im Unternehmen zwar als alarmierend, aber noch nicht als aussichtslos gelten würde. Da lässt sich also noch was machen. Was sich ändern kann, ist etwa die Form der Kommunikation. Hier setzt sich möglicherweise ein Trend fort, den wir bei der Mediennutzung schon seit längerem beobachten können. Während die klassischen Massenmedien mit ihrem starren Sender-Empfänger-Schema immer weniger junge Menschen erreichen, basteln sich diese ihre Medieninhalte im Web 2.0 fröhlich selbst. Dieser »user generated content« kann auch für die Politik ein Modell sein. Es ist eben cooler, selbst einen politischen Dialog im Internet zu führen oder eine Blitzumfrage an der Hochschule durchzuführen, als für den Ortsverein Bochum-Hamme ein Plakat an den Baum zu hängen, das von irgendeiner PR-Agentur aus Frankfurt stammt.

Doch neue Medien allein sind nur ein Teil einer technischen Lösung. Weitaus wichtiger ist: Dahinter muss von der politischen Klasse ein anderes Menschenbild und ein anderes Selbstverständnis gelebt werden. Wir brauchen keine Charismatiker, wir brauchen Politiker, die mit uns statt für uns agieren. Vor langer Zeit hat Willy Brandt gefordert »Mehr Demokratie wagen«. Dieser Ausspruch ist inzwischen zwar zu Tode zitiert, scheint mir aber parteiunabhängig recyclingwürdig zu sein: Wagen wir mehr Politik 2.0!

Volker Kronenberg

Schwarz-Gelb – und jetzt?

Perspektiven bürgerlicher Politik im politischen Laboratorium Nordrhein-Westfalen

Kein Zweifel: Der 27. September 2009 hat zu Gewichtsverschiebungen und Klärungen im deutschen Parteiensystem geführt. Ja – die Volksparteien stecken in einer Krise und vermochten noch nie in der Geschichte der Bundesrepublik prozentual so wenige Bürger an sich zu binden wie derzeit; ja – die bislang kleinen Parteien werden stärker und die bislang großen werden schwächer; ja – die Linke behauptet sich offenbar als gesamtdeutsches Phänomen und: ja – die Wahlbeteiligung war nie geringer als bei dieser Bundestagswahl. Nein – so muss man umgekehrt sagen: Diese Befunde lassen nun nicht den Schluss zu, Berlin werde »Weimar«. Berlin wird so wenig Weimar werden wie Bonn es wurde. »Weimar«, die erste freiheitliche Republik auf deutschem Boden, 1919 gegründet und 1933 mit der Machtübernahme der Nationalsozialisten gescheitert, steht als Menetekel für das Versagen des Parlamentarismus, für parteipolitische Zersplitterung sowie für Koalitionsunwilligkeit und -unfähigkeit, steht für das Fehlen einer hinreichenden demokratischen Kultur, für 20 Regierungen, zwölf Reichskanzler und acht Koalitionsvarianten in nur 14 Jahren, steht für mehr als 60 Parteien und Gruppierungen, die allein bei der Reichstagswahl am 31. Juli 1932 antraten.

Berlin ist von Weimarer Verhältnissen weit entfernt. Eine Parallele von 2009 zu 1919 lässt sich kaum ernsthaft ziehen. Ein Niedergang der deutschen Parteiendemokratie steht nicht zu befürchten, ein Wandel hingegen ist evident. Entsprechend ist die Herausforderung derzeit vor allem für jene Parteien besonders groß, die seit Bestehen der Bundesrepublik einen wichtigen Beitrag zur politischen Stabilität, zur gesellschaftlichen Integrationsfähigkeit und zur administrativen Handlungsfähigkeit des Landes geleistet haben: die Volksparteien CDU, CSU und SPD. Ein Blick auf die Ergebnisse des 27. September 2009 zeigt: Die CDU ist die stärkste aller sechs im 17. Deutschen Bundestag vertretenen Parteien und sie kann, ebenso wie eine, an früheren Ergebnissen gemessen, ungewohnt schwache Schwesterpartei CSU, noch immer den Anspruch für sich erheben, Volkspartei zu sein. Auf der anderen Seite ist das Abschneiden der SPD derart dramatisch, dass der Anspruch, Volkspartei zu sein, angesichts der elektoralen

Schwäche und des massiven Mitgliederschwunds immer fragiler wird. Die Grünen behaupten sich bzw. legen leicht zu, werden allerdings hinter der Linken zur stimmenmäßig schwächsten Kraft im neuen Bundestag. Die eigentlichen Gewinner der Wahl sind die Liberalen. Die Westerwelle-Partei hat es vermocht, unzufriedene Unionsanhänger für sich bzw. für eine »bürgerliche Mehrheit« zu gewinnen und dank ihres starken Abschneidens einen Wahlsieg von Union und FDP sicherzustellen. Die Union kann trotz ihrer relativen Stärke als größte Bundestagsfraktion keineswegs zufrieden sein, auch wenn sie – kurioserweise – am Wahlabend das zweitschlechteste Wahlergebnis der Parteigeschichte »bejubelt« (Financial Times Deutschland) hat. Im Vergleich zur Bundestagswahl 2005 hat die Union 1,3 Millionen Wähler verloren. Das prozentuale Ergebnis der Union hängt wie ein Damoklesschwert über den Handelnden der nächsten Jahre: 33,8 Prozent. Von »40 Prozent +X«, einer volksparteilich betrachtet anzustrebenden Marke, die die Union auf Bundesebene letztmalig vor 15 Jahren erreichte, ist man gegenwärtig weiter entfernt denn je. Der parteiinterne Verweis auf die noch schwächere SPD vermag das eigene schlechte Ergebnis kaum zu beschönigen, zumal der Abwärtstrend der Sozialdemokraten mit dem anstehenden Gang in die Opposition gestoppt sein dürfte. Was sind die erwartbaren Konsequenzen aus dem Bundestagswahlergebnis? Befreit von der Fron des Regierens und vom Zwang zu unliebsamen staatspolitischen Kompromissen, wird die Sozialdemokratie nunmehr zweierlei tun: mit neuem Führungspersonal und trotz der Warnungen Frank-Walter Steinmeiers programmatisch klar nach links rücken und damit Balsam auf die Seele der eigenen Mitglieder und enttäuschten Wählerklientel streichen – und, wenig überraschend, koalitionspolitisch sich in jeder Hinsicht gegenüber der Linken öffnen.

»Bürgerlich« versus »links« – eine erneute Lagerbildung?

Damit ist, wendet man den Blick in Richtung der nächsten Landtagswahl an Rhein und Ruhr im Mai 2010, eine scharfe Polarisierung zwischen »bürgerlichem« und »linkem« Lager vorgezeichnet. Statt neuer Unübersichtlichkeit also eine neue Klarheit durch eine ausgeprägte Lagerpolarität, die sich während der vergangenen vier großkoalitionären Jahre in ihrer vollen Kraft nicht entfalten konnte? Die ersten Reaktionen auf den 27. September 2009 sprechen dafür. Und doch dürfte es spannend zu beobachten sein, wie sich in Nordrhein-Westfalen, dem koalitionspolitischen Laboratorium der Bundesrepublik, die politischen Kräfte justieren, wer 2010 wie programmatisch-strategisch antritt und bereit sein wird, mit wem zu koalieren. Tatsache ist: Die SPD muss und wird alles daran setzen – zumal nach der jüngsten historischen Niederlage im Bund –, nicht nur die oft zitierte »Herzkammer der Sozialdemokratie«, sondern darüber hinaus ihr vermeintliches »Stammland«, das sie in der Ära Rau politisch unzweifelhaft dominierte, zurück zu gewinnen. Angesichts der mageren 28,5 Prozent, die die SPD am 27. September 2009 in Nordrhein-Westfalen erlangte (ein Rückgang um 11,4 Prozent gegenüber der Bundestagswahl 2005), kein leichtes, doch keineswegs unmögliches Unterfangen. Denn mit dem gelb-schwarzen Wahlsieg im Bund hat sich – nur scheinbar paradox – für die CDU/FDP-Koalition in Düsseldorf eine erschwerte politische Ausgangslage ergeben. Der Avantgarde-Charakter der bürgerlichen Koalition in Nordrhein-Westfalen ist mit dem 27. September 2009 verloren gegangen und im Gegenzug dazu ist das Risiko gestiegen, als farbgleiche Koalition wie jene im Bund auf Landesebene abgestraft zu werden. Auch wenn sich alle politisch Verantwortlichen von Union und FDP der Bedeutung der Wahl im Mai 2010 bei den Koalitionsverhandlungen im Bund bewusst waren und die Bundes-CDU seit längerem programmatisch dem Kurs der NRW-CDU folgt, so ist doch die Gefahr, seitens der Opposition mit populären und populistischen Forderungen »getrieben« zu werden, in Zeiten knapper Kassen und Sparzwänge nicht zu unterschätzen. Hinzu kommt, dass der öffentliche Erwartungsdruck gegenüber der FDP, den erbrachten Vertrauensvorschuss der Wähler möglichst rasch zu remunerieren, die Strategie der Bundes-CDU, mithin Angela Merkels, konterkarieren dürfte, den bisherigen sozialdemokratischen Regierungskurs zumindest bis Mai 2010 beizubehalten.

Entscheidend für das Gelingen einer sozialdemokratischen »Rückeroberung« Nordrhein-Westfalens wird – machtarithmetisch – weniger sein, ob die Linke sich zu einem Linksblock-Bündnis bereit erklären würde, woran ernsthaft kein Zweifel bestehen kann. Ausschlaggebend werden vielmehr zwei Faktoren sein: zum einen, ob es Schwarz-Gelb trotz koalitionspolitischem Gleichklang in Bund und Land gelingt, die Mehrheit zu erhalten und wiedergewählt zu werden, und zum anderen, wie sich die Grünen in den kommenden Monaten positionieren. Ersteres, eine schwarz-gelbe Mehrheit, wird wesentlich von einem überzeugenden Abschneiden der CDU abhängen – jener Partei, die beim Wahlgang 2005 mit fulminanten 44,8 Prozent nicht nur insgesamt stärkste Partei wurde und in nahezu sämtlichen Bevölkerungsgruppen Stimmzuwächse verzeichnen konnte, sondern sich – im besten Sinne einer Volkspartei – sogar mit 42 Prozent im Segment der Arbeiterschaft gegenüber der SPD durchsetzen konnte. Letzteres, die Positionierung der Grünen wiederum, hängt wesentlich davon ab, inwiefern es eine attraktive Alternative zu Rot-Rot-Grün gäbe. Konkret: Wäre eine Annäherung von Schwarz und Grün bzw. von Schwarz, Gelb und Grün in Nordrhein-Westfalen denkbar? Ja, sie wäre denkbar, wenn auch schwierig. Zumindest wäre sie nicht ausgeschlossen. Auch hier zeigen die jüngsten Wahlgänge ihre Wirkung.

Quo vadis, Grüne?

Die Wählerschaft der Grünen ist inzwischen – nicht nur, aber wesentlich auch in den Groß- und Universitätsstädten – bürgerlich, gebildet, keineswegs etatistisch-fixiert und damit weit weniger »links« als früher. Die Mitglieder der Grünen und vor allem viele der Funktionäre mögen sich zu einem Großteil noch immer klar links verorten, doch »links« ist in Nordrhein-Westfalen relativ. Denn gemäßigt links ist die Rüttgers-CDU im Vergleich mit anderen CDU-Landesverbänden, ultra-links ist der Landesverband der Linken, zumal im Vergleich mit den ostdeutschen Landesverbänden. Linker wiederum ist der SPD-NRW-Verband im Vergleich zu den anderen SPD-Landesverbänden, und die NRW-FDP taugt, nach fast fünf Jahren Regierung an Rhein und Ruhr, realpolitisch betrachtet, kaum noch als neoliberales Schreckgespenst. Die Grünen als links-bürgerliche Partei auf dem Weg in die Mitte – ihre Lagerzuordnung im Spektrum des NRW-Parteiensystems wird mit Blick auf die anstehende Wahl interessant, zumal derzeit in Düsseldorf eine bürgerliche Regierung mit auffallend sozial-liberalem Profil amtiert, deren realpolitisches Motto »Maß und Mitte« lautet. Ordo-liberal und stets sozial flankiert: So ist die nordrhein-westfälische CDU auf die nötige Balance zwischen Freiheit und Wettbewerb auf der einen Seite und sozialer Absicherung, Chancengleichheit und Gerechtigkeit auf der anderen Seite bedacht. Gerät diese ordnungspolitische Balance à la »Maß und Mitte« aus NRW-Perspektive in Gefahr, legt sie sich, wie die vergangenen vier Jahre der Großen Koalition in Berlin gezeigt haben, innerparteilich quer und sorgt für notwendige inhaltliche Korrekturen. Die Wähler an Rhein und Ruhr goutieren dies, wie die demoskopischen Werte für die Partei ebenso belegen wie die stabilen Ergebnisse der jüngsten Wahlgänge in Nordrhein-Westfalen (Europa-, Kommunal- und Bundestagswahl 2009) es indizieren. Die NRW-CDU vertritt programmatisch eine bürgerliche Politik, in der das »Soziale« für die CDU als »Partei für alle Schichten« neu und anti-etatistisch bestimmt wird. Angesichts des Wahlausgangs am 27. September 2009 und der Notwendigkeit, ein eigenständiges Profil auf Landesebene in Abgrenzung zur Bundesebene zu schärfen, wird die NRW-CDU diesen Politikansatz in den kommenden Monaten noch einmal forcieren – mit

Karl Arnold und in Analogie zu Johannes Rau, mit eigener Partei- und gewachsener Landestradition sowie einem klaren ordnungspolitischen Koordinatensystem der *sozialen* Marktwirtschaft in Nordrhein-Westfalen. Und im Bewusstsein dessen, was Ministerpräsident Karl Arnold in einer Regierungserklärung vor nahezu sechs Jahrzehnten, im September 1950, feststellte: »Nordrhein-Westfalen will und wird das soziale Gewissen der Bundesrepublik sein.«

Ein solcher Ansatz einer bürgerlichen Politik für alle Schichten könnte, jenseits von verhandel- und damit lösbaren Differenzen in Einzelfragen, eine gemeinsame Basis der Zusammenarbeit nicht nur zwischen CDU und FDP, sondern auch zwischen CDU und Grünen sein. Denn wirtschafts- und sozialpolitisch dominiert bei den Grünen schon längst kein staatsfixierter Dogmatismus mehr, wie er bei den Linken vorherrscht und von Teilen der SPD nach wie vor favorisiert wird. Der integrationspolitische Ansatz eines Armin Laschet oder auch Projekte wie »Jedem Kind ein Instrument« oder »Kein Kind ohne Mahlzeit«, ja nicht zuletzt die Tatsache, dass die nordrhein-westfälische Landesregierung 2009 mit 18,2 Millionen Euro so viel Haushaltsgeld in den Umweltschutz investiert wie noch keine NRW-Regierung vor ihr, dürfte einer schwarz-gelb-grünen Annäherung in Zeiten einer verschärften Lagerpolarität nicht abträglich sein. Ohne die Gegensätze beispielsweise in Fragen der Schulpolitik zu negieren oder die bestehenden Differenzen in Fragen der »inneren Sicherheit« auszuklammern, die es bekanntlich zwischen CDU und FDP ebenfalls gibt, wäre doch die Option von Jamaika am Rhein gegeben. Es käme, schlussendlich, auf den entschiedenen Willen der beteiligten Akteure sowie auf deren Überzeugungskraft gegenüber den eigenen Gremien und Mitgliedern an, denn jenseits bestehender Differenzen in einzelnen Politikfeldern zielen alle drei Parteien – CDU, FDP und Grüne, jede mit eigenem klaren Akzent und in je eigener Semantik – auf den Politikansatz einer »neuen« Bürgerlichkeit.

Eine »neue« Bürgerlichkeit

»Neue« Bürgerlichkeit bedeutet im Sinne des Subsidiaritätsprinzips die Aufwertung des bürgerschaftlichen Engagements in seinen verschiedenen Facetten, bedeutet ein modernes Verständnis von Familie und setzt – vor allem durch bessere und veränderte Formen von Bildung (hier müsste sich die CDU wohl aus ihrer schulpolitischen Isolation befreien) – auf die Ermöglichung von Selbstverantwortung des Bürgers. Vor allem aber erstrebt »neue« Bürgerlichkeit als wertgebundene Politik und im Sinne einer übergeordneten Leitidee eine Versöhnung bzw. einen

Ausgleich von Ökonomie und Ökologie. Eine solche Versöhnung an Rhein und Ruhr und damit erstmals in einem wirtschaftsstarken und noch dazu dem bevölkerungsreichsten Bundesland politisch zu realisieren, könnte reizvoll sein – nicht nur aus der Sicht vieler Wähler an Rhein und Ruhr und nicht nur für jene grünen Oberrealos, die Rot-Rot-Grün keineswegs als avantgardistisches Politikmodell betrachten. Auch mancher Altbürgerliche mag den Reiz des Neuen verspüren. Vor allem, wenn es für Schwarz-Gelb nicht reichen sollte. Dann und wohl nur dann, wenn die Machtarithmetik es erzwingt, hätte das Projekt eine Chance. Nur dann hat es, als kreatives und innovatives Alternativmodell zu einer staatspolitisch stets möglichen Großen Koalition, die auf Bundesebene in der Hochzeit der Finanz- und Wirtschaftskrise umsichtig agiert hat, Aussicht auf Verwirklichung. Seit dem 27. September 2009, der Abwahl der Großen Koalition und dem Aufbruch der SPD zu neuen Ufern, sind diese Chancen gestiegen. Vor allem als Gegenmodell zu einem rot-rot-grünen Experiment in einem industriepolitischen Schlüsselland.

Bereits 1966 und 1995 erwies sich Nordrhein-Westfalen – als »Kernland der Bundesrepublik« (Karl Arnold) – mit der Bildung der sozial-liberalen bzw. der rot-grünen Landesregierung als koalitionspolitisches Laboratorium, in dem nicht nur Parteifarben neu gemischt, sondern inhaltliche politische Projekte realisiert wurden, die mit zeitlicher Verzögerung auch auf Bundesebene ankamen. 2010 könnte sich, nach womöglich rauen Monaten, die vor Schwarz-Gelb liegen, erneut eine ähnliche Situation ergeben. Sollte es so kommen, was keiner der heute Regierenden sich wünscht, aber doch manchem schwant, dann spricht vieles dafür, dass Jürgen Rüttgers – erfahrener Machtstratege und biographisch plausibilisierter Pfadfinder und Brückenbauer – handeln würde und die Schwäche von Schwarz-Gelb in die Stärke eines neuen bürgerlichen Projektes zu verwandeln suchte. Trotz aller erwartbaren Schwierigkeiten, die sich damit verbänden und deren Ursache nicht unwesentlich in der gegenseitigen Abneigung begründet liegt, die Liberale und Grüne in Nordrhein-Westfalen seit Jahren lustvoll kultivieren: Es wäre die Aufgabe der CDU als politischer Kraft zwischen den beiden Polen und vor allem von Jürgen Rüttgers, die notwendige Integrationsleistung zu erbringen und (koalitions-)politisches Neuland zu betreten. Die Voraussetzungen dafür wiederum wären günstig. Denn die zentrale Frage, wie bürgerliche Politik unter veränderten sozio-ökonomischen, kulturellen, ökologischen und demographischen Bedingungen auch künftig gestaltet werden kann, treibt ihn seit langem um. Die Sorge um den Identitätskern seiner Partei und deren Platz im Farbspektrum des sich wandelnden Parteiensystems nicht minder. Schwarz-Gelb – und jetzt? Die Antworten könnten in Nordrhein-Westfalen gegeben werden.

Claus Leggewie

Volksparteien im Klimawandel

Wie sich Politiker und Parteien besser auf Zukunftsgestaltung einstellen

Crisis – what Crisis?

Warum sollen die Volksparteien bleiben, wenn sich doch alles wandelt? Die Großparteien, wie ich Union und SPD lieber nenne, sind immer schon eine deutsche Anomalie gewesen, deren Verdienst vor allem darin besteht, die politisch und moralisch zerstörte Nachkriegsgesellschaft auf dem Weg von der totalitär formierten Volksgemeinschaft zur ausdifferenzierten Vielfalt des wieder vereinten Deutschland zu begleiten. In den westlichen Demokratien hatten sie kaum ein Pendant, auch die vom exilierten Politikwissenschaftler Otto Kirchheimer in den USA diagnostizierten »catch-all-parties« (Allerweltsparteien) waren etwas anderes. Das Nachlassen ihrer Integrationskraft war schon in den 1980er Jahren zu spüren, als die Grünen erfolgreich aufgrund der ökologischen Spaltungslinie als »Fleisch vom Fleische der Sozialdemokratie« (Willy Brandt) abfielen und am rechten Rand die REP (Republikaner) eine andere Konfliktlinie um den multikulturellen Pluralismus offen legten. Die Rechtspopulisten scheiterten nur daran, dass Weimar- und NS-Tabu in der deutschen Gesellschaft hielten, aber vom Erosionsprozess der Großparteien wird auch die Union nicht ausgeschlossen bleiben.

Die einstmals hyperstabile Bundesrepublik Deutschland hat sich normalisiert. Dass auf dem Gebiet der ehemaligen DDR die PDS/Linke überlebte – als eine seltsame Mischung aus Regional-, Protest- und Weltanschauungspartei –, kann nur den verwundern, der den Anschluss der neuen Länder für eine historische Episode hält, über die Markt und Verwaltung hinweggehen werden. Auch dass sich die Linkspartei erfolgreich nach Westen ausdehnt, sollte nach zwei Jahrzehnten forcierter sozialer Spaltung niemanden in Erstaunen versetzen. Die erweiterte Bundesrepublik ist mit ihrem stärker fragmentierten Parteiensystem und niedrigerer Wahlbeteiligung wieder da angekommen, wo sie in den ersten beiden Legislaturperioden nach 1949 gestartet war. In so gut wie allen politischen Systemen mit Verhältniswahlrecht liegen Fünf- und Mehr-Parteien-Konstellationen und eine Zersplitterung der Parteifamilien vor, die einzig durch populistische und präsidentielle Mobilisierungen übertüncht werden kann. Einen erfahrenen Analytiker liberal-demokratischer Parteisysteme kann die Erosion der Großparteien nicht schocken, es wundert einen höchstens, dass in der öffentlichen Meinung und im Binnendiskurs der Parteien *daraus* auf eine Krise des Parteiensystems oder der Parteien schlechthin geschlossen wird. Die Unfähigkeit, die Fragmentierung anzuerkennen und politische Mehrheiten für entschlossenes Regierungshandeln zu organisieren, führt zu der unseligen wechselseitigen »Ausschließeritis« vor Wahlen; aus dem nutzlosen Bann gegen die angeblich unkoalierbaren Grünen in den frühen 1980er Jahren sollte man gelernt haben, dass alle fünf oder sechs Parteien in Deutschland prinzipiell Regierungsbündnisse bilden dürfen und können – in ostdeutschen Gemeinden koalieren ja auch schon CDU und Linke miteinander. Die Aufregung kaschiert schlecht, dass die politischen Parteien allesamt mit der gewachsenen Individualisierung, Differenzierung und Autonomie der Bürgergesellschaft nicht Schritt gehalten haben.

Die populistische Gefahr

Eine ernsthafte Bedrohung liberal-demokratischer Parteiensysteme (und hier ist Deutschland bisher noch glimpflich davongekommen) ist die populistische Propaganda, die eine die sozialen Schichten übergreifende und Parteidifferenzen ignorierende Konfrontation zwischen (partei)politischen Eliten und »dem« Volk unterstellt und in der Regel mit antidemokratischen Ideologien einer ethnisch homogenen Volksgemeinschaft, also »Ausländer raus!«-Fantasien, und massiver Korruption vermengt ist. Die aus der Großen Dauer-Koalition erwachsene und durch den schillernden Volkstribun Jörg Haider beförderte Stärke der Freiheitlichen (FPÖ, BZÖ) in Österreich ist ein Beispiel für die Stärke dieser populistischen Demokratieverachtung, die auch in den neuen Demokratien Ostmitteleuropas grassiert, aber ebenso in den Niederlanden, Norwegen und Dänemark verfängt und in Italien bedrohliche Formen annimmt. Populistische Konglomerate zehren aus dem autoritär-faschistischen Erbe und der Zerstörung der Wohlfahrtsstaaten, und sie rekrutieren sich periodisch aus un- und antipolitischen Nichtwählern, die ersterem nostalgisch nachhängen und aus letzteren herausgeflogen sind. Sie werden ebenfalls unterstützt durch eine Überpersonalisierung der Politik, die den politischen Alltag als Schaukampf herausragender Akteure inszeniert und gerade dadurch Verdruss erzeugt – anders, als es eine Heerschar von PR- und Kommunikationsberatern meint, die sich davon eine Aufhebung der Distanz und eine Revision des Ansehensverlustes erhofft.

Klimawandel als Herausforderung der liberalen Demokratie

Haben wir im Populismus eine weitgehend hausgemachte Selbstbedrohung der liberalen Demokratie, deren Hintergrund die finanz-ökonomische Entgrenzung und der Souveränitätsverlust der Nationalstaaten ist, so kommt eine »äußere« Bedrohung hinzu, die die Grundlagen des Parteisystems herausfordert: der Klimawandel als ein Prüfstein für die Zukunftsfähigkeit etablierter und neuer Demokratien. Äußere Herausforderungen *der* Demokratie werden neuerdings richtigerweise ergänzt durch die Betrachtung von Herausforderungen *durch die* Demokratie, innere Strukturdefekte also, die mit der erwähnten Entgrenzung und den Demokratiemängeln supra- und transnationaler Regulierung zusammenhängen, aber vor allem mit dem beschränkten Zeithorizont, den sich demokratische Politik üblicherweise gibt. In beide offene Flanken stößt der Klimawandel hinein, der zum einen ein bisher ungekanntes Maß grenzüberschreitender Kooperation verlangt, zum anderen den politischen Normalbetrieb in ein Zeitkorsett spannt, das auf Grund der schlichten Physik des Klimawandels zunehmend enger wird. Angesichts dieser globalen Herausforderung ist unser Parteiensystem anachronistisch und zutiefst provinziell.

Auch wenn Kassandra heiser ist: Für die Abwendung gefährlichen Klimawandels steht nicht mehr viel Zeit zur Verfügung. Binnen ein oder zwei Legislaturperioden müssen die Staaten der Welt jene Maßnahmen implementieren, die ab 2020 greifen müssen, damit um 2050 (das sind ein bis zwei Generationen weiter) die Treibhausgasemissionen gegen Null zurückzuführen sind. Gelingt das nicht, leben unsere Nachfahren in einer Um-vier-oder-mehr-Grad-Welt mit höchst unangenehmen Seiten. Diese neue Zeitrechnung ist eine Provokation für liberale Gesellschaften, die sich mit »der Natur« fertig wähnten und stets einen trotz aller Katastrophen und Rückschläge nach vorne offenen Möglichkeitstraum vor sich liegen sahen. Die Figur der Endlichkeit (des wirtschaftlichen Wachstums, der natürlichen Ressourcen, vor allem aber der verfügbaren Zeit) drängt das in der Neuzeit ganz auf »Un-Endlichkeit« programmierte Selbstbewusstsein ebenso in die Enge wie handelnde Politikerinnen und Politiker. Ihr Zeitrhythmus ist kurzfristig, oft auch kurzatmig auf die jeweilige Legislaturperiode ausgerichtet und durch Wahlkämpfe und zähe Inauguralphasen neuer Regierungen faktisch noch weiter verkürzt. Effekte permanenter Wahlkampagnen lassen die Chancen für effektives Regierungshandeln noch mehr zusammenschnurren; wo sich politische Instanzen den Unternehmensrhythmen anpassen, gerät Politik in den Sog volatiler Quartalsbilanzen und Börsenbarometer, und kongenial unterwirft sich der politische Betrieb selbst dem Diktat monatlicher Meinungsumfragen.

Hier tut sich ein Widerspruch auf zwischen dem »shortermism« (Anthony Giddens) und den dilatorischen Methoden der Dissensbearbeitung und Kompromissfindung in pluralistischen und neo-korporatistischen Verhandlungsarenen, die schwer lösbare Probleme »auf die lange Bank« schieben und auf Zeit spielen. Darunter fallen fast alle Reformagenden westlicher Demokratien: demografischer Wandel, Kostenexplosion im Gesundheitswesen, Massenarbeitslosigkeit, Staatsverschuldung und so weiter, die in einer abschreckenden Mischung aus kampagnenbezogener Hektik und permanenter Verschiebung traktiert werden. Der performative Widerspruch demokratischer Staatlichkeit (und ein möglicher Grund für den Verfall von Output-Legitimität) liegt mithin darin, dass Mega-Probleme durch nervöse politische Kommunikation latent gehalten, Lösungen dafür aber *ad calendas graecas* vertagt werden.

Dilatorische Politik ist nun nicht per se ein Übel. Zeitgewinn ist für die Bewahrung von Stabilität oftmals absolut erforderlich, und das Ringen darum reagiert auf die Kontingenzen und Risiken moderner Gesellschaften, die in der Regel einfache Bescheide und klare Entscheidungen nicht erlauben. Unaufhebbare Zukunftsunsicherheit wird so in Rituale der Konsensfindung und Routinen der Aushandlung überführt; auf diese Weise geht politische Macht mit Risiken um, denn ebenso wenig wie der Markt verfügt sie über eine »systemeigene Wirkungstechnologie, die es erlaubte, Ressourcen zu dosieren und Fehler zu erkennen« (Niklas Luhmann). Wer die berühmten dicken Bretter bohren will, muss hin und wieder abwarten und aussitzen, bis sich die Dinge eventuell von selbst erledigt haben, Interessenlagen sich ändern, Gemüter sich beruhigen, Wähler vergessen oder resignieren. Für Klaus Günther liegt die wahre Kunst des Politischen in eben diesem Dissensmanagement durch Kompromissbildung, vor allem bei Agenden wie Rüstungspolitik und Abtreibungsgesetzen. Aufschieben und Abwarten lässt sich auch damit rechtfertigen, dass die Wachstumsdynamik kapitalistischer Ökonomien und die sozialstaatliche Inklusion »morgen« (spätestens übermorgen) Gelegenheit zur Lösung von Verteilungskonflikten gibt.

Offenbar stecken liberale Demokratien in einem Dilemma: Dilatorische Strategien schützen vor den Illusionen identitärer Demokratie, die von Rousseau bis Carl Schmitt auf einen demokratiefeindlichen Dezisionismus hinauslaufen. Doch stellen die ökologische Krise und insbesondere die Klimakrise die Erbschaft der bürgerlichen Revolution mit ihrem Fortschritts- und Wachstumsoptimismus, mit ihrer Politik des Durchwurstelns und permanenter Reform in Frage. Die Absorption von Unsicherheit und die Domestizierung von Konflikten durch Zeitspiel stoßen an ihre Grenzen, wo sich Verteilungs- brutal auf Risikofragen umstellen und Risiken, die reflexiv zu bewältigen schienen, beim gefährlichen Klimawandel in basale Gefahren zurückverwandeln. Die ungläubige Reaktion der seit den 1990er Jahren gut informierten Öffentlichkeit und die hinhaltende Renitenz so genannter Klima-Skeptiker zeugen von der Kränkung, die ein ganz auf Zukunft und Zukunftsverzehr ausgelegtes Industriesystem zu verdauen hat.

Eine zentrale Frage ist, wie Demokratien nach ihrem Siegeszug über die posttotalitären Systeme des Ostens und Südens nun im Wettbewerb mit den Regimen bei der Bewältigung gefährlichen Klimawandels und anderer Megakrisen reüssieren, auch im Rahmen demo-autoritärer Mischregime wie der *Gruppe der 20*. Und die Anschlussfrage lautet, ob diese Fokussierung eventuell Kräfte freisetzt für die Revitalisierung demokratischer Beteiligung und die (Rück-)Gewinnung von Demokratiekompetenz, das heißt auch als Mittel gegen die steigende Unlust an der Demokratie als Herrschafts- und Lebensform.

Klimapolitik – der archimedische Punkt

»Single Issue Voters« nennen Politologen Menschen, die ihre Wahlentscheidung für Parteien und Kandidaten auf ein einziges Thema beziehen, etwa die Freigabe von Cannabis oder das Verbot von Abtreibungen. Diese exklusive Nachfrage wird durch Ein-Thema-Parteien aufgegriffen, die jedoch fast immer daran scheitern, dass das Gros der Bürger einen großen (und oft widersprüchlichen) Kranz von Themen in ihre Wahlentscheidung einfließen lässt. Die Piraten-Partei (mit einem stolzen Anfangserfolg von zwei Prozent bei einer Bundestagswahl!) ist das jüngste Beispiel dafür, wie man sich auf ein Kernthema – hier: informationelle Selbstbestimmung – konzentriert und damit bei bestimmten Zielgruppen relativ erfolgreich sein kann, auch wenn sie (noch) an der Fünfprozenthürde scheitert.

Was die Netz-Initiative »KlimakanzlerIn gesucht« vor der Bundestagswahl 2009 propagiert hat, war nur scheinbar eine schmale Ein-Thema-Kampagne. Das aus verschiedenen Klimaschutzorganisationen gebildete Bündnis führte vielmehr die kapitale Einseitigkeit des deutschen Parteiensystems vor, das wider besseres Wissen auf die Wiederankurbelung des Wirtschaftswachstums mit herkömmlichen Mitteln fixiert bleibt: Steuersenkungen und/oder Umverteilung. Das Klima-Thema ist längst keine Schrulle randständiger Spezialisten mehr, es steht, wie Repräsentativumfragen der letzten Monate zeigen, mittlerweile für breite Schichten der Bevölkerung im Zentrum ihrer politischen Orientierungen und Forderungen. Eine Infratest-Umfrage vor der Bundestagswahl 2009 demonstrierte, dass knapp ein Fünftel der unentschiedenen oder noch nicht fest entschiedenen Wähler am ehesten die Partei desjenigen Kanzlerkandidaten wählen würden, der am meisten »für alternative Energien, eine ökologische Wirtschaft und eine deutsche Führungsrolle bei internationalen Klimaverhandlungen« eintritt.

Aber nichts geschah, und eben deshalb kann man von einem echten Repräsentationsdefizit des politischen Systems sprechen, nicht nur in der Bundesrepublik, sondern in vielen westlichen Demokratien. Galt Umweltschutz jahrelang als Jobkiller, sind nun fast alle davon überzeugt, dass Investitionen in erneuerbare Energien das beste Rezept gegen die Weltwirtschaftskrise und eine echte Jobmaschine seien. Die wichtigsten Agenten des Wandels – kritische Konsumenten, Energierebellen, politisch heimatlose Klimahelden, die verstreute Nachhaltigkeitsintelligenz in Unternehmen und Verwaltungen – bleiben außen vor. Ihnen ist eine außerparlamentarische Bewegung neuen Typs vorbehalten, und wo sich diese mit digitalen Kommunikationsmedien aufrüstet, kann sie überaus wirksam werden.

Zu Recht wird auf den Einfluss dieses katalytischen Wählersegments bei den letzten Wahlen in Australien, Kanada und Japan hingewiesen. Es ist an den klimabewussten Wählern selbst, diese Routinen aufzubrechen und klimapolitisch Dampf zu machen. Es geht um dieses eine Thema, das alle anderen Themen einschließlich Bildung und Soziales beinhaltet. Und die Chance der Parteien – der großen wie der kleinen – besteht darin, dies endlich wahrzunehmen und eine Politik zu konzipieren, die das Wohlergehen unserer Kinder und Enkel in der Einen Welt in den Blick nimmt. Wenn es ein Zukunftsprojekt für Bürgergesellschaft und Parteien gibt, dann dieses.

Thomas Perry

Selbstreferentielle Blindheit

oder: Warum die Volksparteien es schon längst hätten wissen können und die Welt nicht untergeht

Plötzlich sind alle erstaunt und auf allen Kanälen wird debattiert: Dass es zu Ende gehe mit den Volksparteien, dass dies das politische System in Deutschland nachhaltig verändere und dass die politischen Akteure und Parteien erst noch lernen müssen, damit umzugehen.

Das wurde auch höchste Zeit. Die aktuellen Wahlen des Jahres 2009 haben es zwar unübersehbar gemacht, tatsächlich aber ist die Entwicklung schon seit langem unterwegs. Die große Koalition ist daran nicht schuld, sondern nur ein Schritt auf dem Weg. Schon seit gut 20 Jahren reden wir über Politikverdrossenheit, die natürlich die Volksparteien besonders treffen muss. Schon ebenso lang mehren sich die Zeichen, dass die Volksparteien tatsächlich an Rückhalt verlieren. Einige wenige Strategen in den Parteizentralen haben diese Zeichen gesehen, manche auch mit Besorgnis reagiert. Allein, das Problem öffentlich zu benennen und zu diskutieren, hat sich kaum jemand getraut. Das hätte Schwäche signalisiert und den Anspruch als Volkspartei womöglich weiter beschädigt. Also konnte nicht sein, was nicht sein durfte. Nun aber ist unübersehbar, dass sich Gravierendes verändert. Die SPD ist böse abgestürzt und liegt schwer verletzt danieder. CDU und CSU sind vorläufig noch besser dran, aber ebenfalls auf gefährlichem Kurs. Wir haben sechs Parteien, die bundesweit parlamentarisch vertreten sind. Die Wahlbeteiligung geht weiter zurück.

Zur Erklärung wird gerne auf die Politikverdrossenheit verwiesen. Doch dieses bis zur Bedeutungslosigkeit bemühte Erklärungsmuster greift erheblich zu kurz. Denn tatsächlich sind die Bürger nicht eigentlich politikverdrossen. Nach wie vor interessieren sie sich brennend für ihr Gemeinwesen. Weniger brennend interessieren sich viele aber inzwischen für die Inszenierung von Politik, wie sie ihnen über die Medien entgegen lärmt. Wir müssen also wohl tiefer bohren.

Die Richtung der gesellschaftlichen Entwicklung ist Vielfalt, Differenz und Polarisierung

Das Problem beginnt vor Jahrzehnten. So lange schon erleben wir einen schnellen gesellschaftlichen Wandel, der uns zunehmende Vielfalt, Möglichkeiten und Identitätsvorlagen beschert. Es geht dabei keineswegs nur um oberflächliche und deshalb belanglose Äußerlichkeiten. Es geht um die Substanz: Lebensstile und Lebensentwürfe, Grundorientierungen und Wertemuster, Weltbilder und Sinnstiftung. Globalisierung und Migration dehnen diesen Raum der Möglichkeiten immer weiter aus. Die Medien vermitteln ihn bis in den letzten Winkel der Republik. Man kann dem nicht entkommen.

Die Folge ist nicht wachsende Homogenität, wie es dem Leitbild deutscher Politik seit dem Zweiten Weltkrieg entsprochen hätte, sondern wachsende Heterogenität. Unterschiede und Differenzen in der Gesellschaft nehmen zu. Dabei geht es aber nicht einfach nur um traditionelle Klüfte wie die zwischen Arm und Reich, Rechten und Linken, Modernen und Konservativen, sondern um alle Dimensionen der Lebenswelten und Soziokultur sowie die sehr unterschiedlichen Fähigkeiten und Wege, mit Wandel und einer immer komplexeren und weniger sicheren Welt fertig zu werden. Die Folge sind Polarisierung und Fragmentierung. Ihre Fliehkräfte reißen ebenso am Zusammenhalt und der Identität der Gesellschaft wie die Implikationen großer Zukunftsthemen, etwa demografischer Wandel, Globalisierung, Klima und Energie oder technische Entwicklung und ihre Folgen. Aus dieser Gemengelage heraus entstehen unterschiedlichste Forderungen an die Politik, die den Demarkationslinien des etablierten politischen Lebens sehr oft nicht mehr folgen. Die Politik ist davon zutiefst betroffen, denn vor diesem Hintergrund wird – jenseits des politischen Alltags – ihr Anspruch auf Führung und Orientierung bewertet.

Für die Volksparteien bedeutet das schon seit einiger Zeit zunehmenden inneren Stress. Der Spagat über unterschiedliche Themen, Interessen, Bedürfnisse, Überzeugungen und Meinungen hinweg verlangt ihnen immer mehr ab. Die soziale Idee der Agenda 2010 ist eben meilenweit von der vieler Gewerkschafter und Linker in der SPD entfernt. Und die moderne, städtisch geprägte und akademisch gebildete weibliche Nachwuchselite, die die Familienpolitik von Frau von der Leyen gut findet, hat herzlich wenig mit den katholischen Landfrauen aus Niederbayern gemein. Irgendwann geht es dann eben nicht mehr. Der Integrationsanspruch der Volkspartei wird zur Überforderung. So kommt es erst zu Entfremdung, dann zu Rissen und schließlich zu Abwanderung oder Spaltungen, die letztlich nur zu Tage treten lassen, was die ganze Zeit unter der Decke schwelte.

Die alten Ideologien und Ordnungsschemata haben ihre orientierende und bindende Kraft verloren

Während also die Vielfalt seit langem zunimmt und der Spagat immer größer wird, nimmt die Reichweite und Bindungskraft der großen Ideologien, Leitbilder und Strukturen ab. Wer außer den Parteieliten kann heute eigentlich noch sagen, was genau links und rechts ist? Wer glaubt noch an die Heilsversprechen von Sozialismus oder Kapitalismus? Was genau ist die Soziale Marktwirtschaft? Was will eine zeitgemäße Sozialdemokratie? Die großen politischen Weltbilder und Entwürfe sind in der Krise. Sie wirken auf viele grau und schwammig. Sie bieten keine rechte Orientierung mehr. Ihre Standardrezepte scheinen reichlich abgestanden. Immer öfter stellen Menschen fest, dass mal die eine Partei, mal die andere, mal keine Recht hat. Offenbar hat niemand die Weisheit mit Löffeln gefressen. Diese desillusionierende Erkenntnis ist längst bis weit in die Wählerschaft vorgedrungen (und betrifft keineswegs nur die Parteien). Entsprechend volatil werden die Gefolgschaften. Das ist natürlich Gift für jede Volkspartei.

Die Politik steckt mitten im Kommunikationsdesaster

Die Kommunikationsbeziehung der Politik zu weiten Kreisen der politisch weniger versierten und gebildeten Unter- und Mittelschicht ist auf das Schlimmste beschädigt. Die Politik, besser die politische Klasse (einschließlich der über Politik berichtenden Medienwelt), ist zwar auf allen Kanälen präsent und äußert sich unentwegt, aber viele Menschen verstehen sie überhaupt nicht mehr. Sie verstehen weder die Worte noch die Themen, die Konzepte und die Hintergründe. Die Politik schafft es nicht mehr, sie und sich adäquat zu kommunizieren, obwohl es ohne Zweifel ihre Bringschuld ist. Gleichzeitig wächst aber der wahrgenommene Problemdruck in diesen Bereichen der Gesellschaft.

Daraus resultiert bei den einen (insbesondere in den mittleren und älteren Jahrgängen) Frustration und Abwendung. Bei anderen (insbesondere vielen Jüngeren) kommt es gar nicht erst zur Hinwendung, weil die Politik als irrelevant wahrgenommen wird. Sie ist irrelevant, weil sie offenbar nichts Verständliches und Wegweisendes zu sagen hat. Gleichzeitig hat man zunehmend den Eindruck, dass sie auch nichts Positives bewirken kann. Warum also seine Zeit damit verschwenden?

Natürlich betrifft auch diese Situation die Volksparteien in besonderem Maße. Als regierende Volkspartei mit einem Wahlziel von 40 Prozent +X kommt man an diesem Teil der Bevölkerung nicht vorbei. Besonders hart hat das nun die SPD erfahren. Aber es betrifft auch die Union.

Die Politik gibt sich machtvoll, aber sie wirkt ratlos

Natürlich geht es nicht nur um gesellschaftlichen Wandel, Vielfalt und Kommunikationsprobleme. Es geht auch um die Selbstdefinition der Politik und die realistische Einschätzung ihrer Fähigkeiten. Volksparteien haben immer schon behauptet, auf alle Fragen eine Antwort zu haben und Deutschlands Probleme lösen zu können. Das hat man ihnen auch eine Zeit lang geglaubt. Heute tut das kaum noch jemand.

Stattdessen haben zu viele Bürger das Gefühl, dass sich hinter flott formulierten Rezepten, großspurigen Auftritten und politischem Imponiergehabe viel heiße Luft findet. Für die drängenden und langfristigen Probleme hat die Politik anscheinend keine Lösungen mehr. Jedenfalls werden die Probleme nicht kleiner, sondern größer. Die Politik kann ihr Heilsversprechen nicht mehr in die Tat umsetzen. Ihr Job reduziert sich immer mehr auf das kurzfristige Management. Sie verwaltet die laufenden Krisen, macht die Notfallmedizin für die Finanzwirtschaft oder häuft Schulden an, um Probleme zu vertagen und die Leute nicht zu vergraulen. Es fehlen ihr die Visionen und die Rezepte. Sie weist keinen Weg zu neuen Ufern. Sie mobilisiert weder erfrischende Hoffnungen noch Begeisterung für verständliche Ziele. Sie reagiert, auch wenn sie agiert. Sie entzaubert sich damit tagtäglich selbst, ohne allerdings ihr Selbstbild und ihre Selbstdarstellung als omnipotente Gestalter der Gesellschaft zurückzufahren und zu verändern. Sie legt damit immer weiter die Messlatten auf, die sie anschließend reißt.

Auch diese Situation schadet ganz besonders den Volksparteien, die sich seit Jahrzehnten in dieser Rolle gefallen. Die kleineren Parteien unterlagen diesem Anspruch nie so sehr. Jeder wusste schließlich, dass ihre Reichweite und Funktion mit fünf bis zehn Prozent von ganz anderem Kaliber ist.

Halten wir also fest: Es gibt gute Erklärungen dafür, warum die Volksparteien in vielerlei Hinsicht mit ihrem Anspruch und Latein am Ende sind und warum ihnen der gesellschaftliche Boden unter den Füßen verloren gegangen ist. Sagen wir es ganz direkt: Die klassische Volkspartei mit über 40 Prozent Wählerzuspruch ist ein anachronistisches Konzept.

Leider scheinen die Eliten der Volksparteien die zugrunde liegenden gesellschaftlichen Veränderungen weder richtig verstanden noch deren Beziehung zu ihrer politischen Wirklichkeit begriffen zu haben. Auf die zahlreichen Irritationen und Hinweise der letzten 20 Jahre haben sie vor allem mit Verdrängung und selbstreferentieller Blindheit reagiert. Die Parteienbindung hat dennoch abgenommen und nimmt weiter ab.

Die Leidtragenden sind momentan die Volksparteien, aber längerfristig wird das Problem auch die kleineren Parteien erreichen. Derzeit profitieren sie noch vom Abschmelzen der Volksparteien. Aber was wird erst, wenn außer der SPD auch die Union auf unter 30 Prozent rutscht? Das ganze System wird sich verändern. Die kleineren Parteien werden auf Augenhöhe kommen, aber auch in die gleiche Problemzone geraten. Sie werden schwerer denn je um ihre Wähleranteile kämpfen müssen. Sie werden andere Partner und Gegner haben. Ihre bisherigen Profilierungsstrategien, die vom Gegenpol der großen Volksparteien profitierten, werden so wie bisher nicht mehr funktionieren.

Im Kern bewegen wir uns langsam auf ein System zu, in dem die Parteien keine sichere Basis mehr haben. Der Bewährungsdruck steigt. Gleichzeitig nimmt die Gestaltungsmacht aus unterschiedlichen Gründen weiter ab. Das »Durchregieren« wird immer schwieriger, das Geld immer knapper. Der »Wählermarkt« wird flexibler denn je agieren. Neue Kräfte können überraschend auftauchen (und wieder verschwinden). Auch die Wahlergebnisse der kleineren Parteien sind unsicher. Sie sind also ebenfalls gut beraten, sich auf neue Zeiten einzustellen. Sie werden sich wie die größeren Parteien immer wieder ihrer politischen Grundüberzeugungen vergewissern, sie gleichzeitig aber sehr pragmatisch anwenden müssen. Sie werden sich von beharrenden zu lernenden Organisationen wandeln müssen. Diese Aufgabe beherrschen sie ebenso wenig wie die großen Parteien.

Bleibt die Frage, ob man früher etwas hätte tun können. Tatsächlich war in dieser Sache lange guter Rat zwar nicht unbezahlbar, aber doch sehr rar. Wahlforscher, politische Wissenschaft und Kommunikationsberater spielen zwar schon seit Jahren die Kassandra, hatten aber keine überzeugenden Lösungen für die Patienten. Möglicherweise gibt es auch keine. Das legt die Analyse der gesellschaftlichen Hintergründe zumindest nahe. Definitiv fest steht allerdings, dass man es weder wie die McKinseys noch wie die Basta-Politiker probieren sollte. Technokratische oder vom Parteiapparat getriebene Lösungen, top-down durchgezogen und mit Einheitslosungen unterfüttert, um die Truppe in Reih und

Glied zu zwingen, können das Problem nicht mehr lösen. Versuche dieser Art haben in den letzten zehn Jahren die Lage nur verschlimmert, weil sie die Selbsterneuerungskräfte und die Kreativität der Parteien behindern. Der Verfall der SPD wurde durch diese Art des sich Entgegenstemmens nur verschärft.

Für die Parteien und vor allem ihre Kader und Führer beginnt deshalb eine Zeit, in der sie ihr Schicksal nicht mehr kontrollieren können. Denn je mehr man in den Parteizentralen versucht, die Dinge im Griff zu behalten und von oben zu steuern, desto schlimmer wird die Krise werden. Wenn sie es jedoch schaffen, sich von traditionellen institutionellen Strukturen und technokratischer Verbissenheit zumindest intellektuell und politisch stärker zu lösen; wenn sie begreifen, dass Strukturkonservativismus keine Lösung mehr sein kann; wenn sie das Omnipotenzgehabe auf Normalmaß zurückfahren; wenn sie als Politiker ein den neuen Zeiten angemessenes Selbstverständnis entwickeln; wenn sie Freude an Transparenz, Vielfalt und Kreativität im politischen Leben finden und die wirklich offene demokratische Diskussion wieder für nützlich und produktiv halten; wenn sie verstehen, dass Wertetreue und pragmatische Offenheit miteinander leben können und wenn sie sich der Tatsache bewusst werden, dass auch Parteien vergänglich sind und ohnehin nur Mittel zum gesellschaftlichen Zweck – dann winkt Hoffnung am Horizont, sicher nicht für das alte Konzept der Volkspartei als umfassende politische Heimat, aber doch für das politische Leben und die politischen Fähigkeiten des deutschen demokratischen Systems.

Aber darauf kommt es doch am Ende eigentlich an, oder? Wir sollten uns deshalb von dem Hinweis auf Weimar, auf Personalisierung oder gar Populismus und deren Folgen nicht ins Bockshorn jagen lassen. Die Welt geht nicht unter, weil das Konzept der Volkspartei nicht mehr funktioniert. Die Zeiten sind heute anders als in Weimar; auch die Parteien sind anders, die Welt um uns herum ist anders und die Bürger sind es ebenso. Nicht, dass es den Absturz ins politische Bodenlose nicht immer wieder geben könnte, aber als ewiges Mantra und politische Monstranz kann es nicht mehr überzeugen. Die Politik sollte sich endlich offensiv und positiv statt defensiv und lamentierend mit dem offensichtlichen Wandel in Gesellschaft und Politik beschäftigen. Nur dieser Weg ist konstruktiv. In der Hand hat man die Dinge deswegen natürlich nicht, aber in die Hand nehmen kann man sie. Das führt zwar nicht zurück in alte Zeiten, aber zumindest in die Zukunft.

Franz Walter

»Renovation totale«?

Lange ist es her, das Jahr 1972. Aber die Erinnerung ist noch gut präsent. Damals siegte Willy Brandt triumphal über Rainer Barzel. Der Wahlkampf war spannend, das Interesse des Wahlvolkes riesig. Über Parteienverdrossenheit wurde nicht gesprochen. Die Volksparteien kamen insgesamt auf 90,7 Prozent der Stimmen.

Wie gesagt: Lange ist's her. Am 27. September 2009 erreichten CDU/CSU und SPD zusammen nur noch 56,8 Prozent der Wählervoten. Tiefer standen Christdemokraten und Sozialdemokraten in der bundesdeutschen Geschichte selbst 1949 nicht, als die Republik noch ohne Fünf-Prozent-Hürde in den neuen Bonner Parlamentarismus zog. Heute, im Jahr 2009, genießen die früheren Volksparteien nur noch bei den über 60-Jährigen die Unterstützung von mehr als zwei Dritteln. In den Jahrgängen darunter wäre eine Große Koalition kaum noch mehrheitsfähig; für die 18- bis 34-Jährigen gilt das allemal. Auch in der Gruppe der Selbstständigen hier, der Arbeitslosen dort sind Christliche Union und Sozialdemokratische Partei selbst im Paket zur Majorität nicht mehr fähig. Man muss nicht unbedingt in Menetekel denken, aber man sollte mit einigen guten Gründen auf unsere holländischen Nachbarn schauen. Dort wäre nach neuesten Erhebungen Ende September 2009 nicht einmal ein Bündnis aus Roten, Schwarzen, Grünen und Gelben in der Lage, eine absolute Mehrheit zu sammeln. Rundum intakt ist die politische Kultur dort jedenfalls nicht mehr.

Es scheint tatsächlich so, als wären die Volksparteien in den Herbst ihrer Existenz eingetreten. Die Wählerschaft von Union und SPD lebt zur Hälfte von Transfers, steht zumindest nicht (mehr) im Erwerbsleben – im Gegensatz etwa zu den Anhängern der Freien Demokraten und der Grünen, die zu vier Fünftel einen Beruf ausüben, Steuern zahlen, Regierungsreform aller Art aktiv mittragen müssen.

Die Volksparteien werden alt. Sie reproduzieren sich in den nachfolgenden Generationen nicht mehr. Und ihr Zusammenhalt bröselt. Lange wurden die Volksparteien dafür gerühmt, dass sie unterschiedliche Gruppen und Ansichten bündeln konnten und dabei doch politisch elastisch operierten. Eben das gelingt ihnen nicht mehr. Denn die Fähigkeit zur Integration *und* Beweglichkeit hing stets daran, dass diese Parteien über einen inneren Kern fester Bindungen und

Überzeugungen verfügten, über verlässliche Loyalitäten und konstante Anhänglichkeiten durch weltanschauliche Überlieferungen. In dem Moment, als die Ströme der Tradition versiegten, ging paradoxerweise auch die Zeit der modernen Volksparteien zu Ende. Denn ihre Modernität basierte auf den Fundamenten voraussetzungsloser Identifikation mit den Glaubenssätzen der Partei. Beweglichkeit und Standfestigkeit gehörten zusammen, waren zwei Seiten einer Medaille. Die politisch raffinierte Rochade war möglich, weil noch die Sicherheit unverrückbarer Prinzipien herrschte.

Gerade die Treuesten der Treuen, die ihren Parteiführungen den Spielraum verschafften, welchen parlamentarische Akteure brauchen, wollen wissen, was bei aller Flexibilität unter allen Umständen gilt, was elementar wichtig ist, was keinesfalls zur Disposition steht. Doch wer wusste das schon in den letzten Monaten bzw. Jahren bei Franz Müntefering, Angela Merkel, Horst Seehofer. Sie alle haben die abenteuerlichsten Wendemanöver veranstaltet – ohne je einen ihrer verstörenden Loopings zu erklären, ihren Anhängern zu deuten. Wer wüsste ernsthaft zu sagen, was das Ziel, die orientierende Idee bei Angela Merkel eigentlich ist? Was war die Sache des Franz Müntefering, um die es ihm vermeintlich einzig und allein ging? Was zählte für Horst Seehofer außer dem Gedeih seiner eigenen Person selbst?

Die Volksparteien bröckeln in den letzten Jahren nicht an den Rändern. Wäre es so, müsste es nicht unbedingt ein Drama sein. Die Volksparteien schmelzen in ihrer Mitte ab. Ihre früheren Aktivisten haben sich resigniert in die innere Emigration zurückgezogen, da ihnen jeder Halt, alle substantielle Sicherheit fehlt, um für ihre Partei noch selbstbewusst zu werben. Zudem: Die bürgerliche Union hat in den letzten Jahren am stärksten im gewerblichen Bürgertum verloren; acht Prozentpunkte waren es allein bei den Bundestagswahlen im September 2009. Die alte Arbeiterpartei SPD hat während der letzten Dekade die Hälfte ihrer Arbeiterwähler abgestoßen. Und dabei handelt es sich nicht nur um die Abgehängten und Marginalisierten; bei den Wahlen am 27. September 2009 verzeichnete die SPD mit einem Minus von 16 Prozentpunkten die schlimmsten Verluste vielmehr bei den gewerkschaftlich organisierten Arbeitern – den Kadern also der alten sozialistischen Proletarierbewegung.

Nüchterner Realismus und kreative Courage ist nun in beiden (früheren) Volksparteien gefragt. Gehen wir einige Punkte durch und beginnen mit der SPD:

Die Sozialdemokraten haben endlich anzuerkennen, dass sie weder die Mutter noch die alleinige politische Repräsentanz des Spektrums links von der Mitte sind. Wir leben weder im Kaiserreich noch in der alten Bundesrepublik. In der politischen und sozialen Landschaft werden sich auch weiterhin die gesellschaftlichen Kräfte vermehren, die nicht dadurch verschwinden, dass man ihre Legitimität in Frage stellt. Die Zeit der politischen Monopole für spezifische soziale Lager ist vorbei; die Fähigkeit zum Bündnis wird zur elementaren Tugend.

Die Anführer der SPD haben grundsätzlich ihren fatalen, ja entwertenden Umgang mit den eigenen Mitgliedern, Multiplikatoren, Anhängern zu überdenken. Mit Ausnahme der letzten sechs Wahlkampfwochen sind diese Gruppen für die SPD-Spitze nicht mehr wichtig. Man hat keine Aufgabe für sie, nimmt ihre Einstellungen nicht sonderlich ernst, nutzt auch nicht deren keineswegs unbeträchtliche Kompetenzen. Entscheidungen werden oben in putschistischer Manier getroffen oder in feudaler Machart dekretiert. Schröder kürte 2004 Müntefering nach Gutsherrenart zu seinem Nachfolger im Parteivorsitz. Eine kleine Clique putschte 2008 Beck, den gewählten Anführer der SPD, weg. Der dadurch zum Kanzlerkandidaten lancierte Politikadministrator Steinmeier wiederum hievte Müntefering per Telefonanruf ein weiteres Mal an die Spitze der Partei. Und nach dem Erdrutsch bei den Bundestagswahlen am 27. September 2009 erkungelte man wieder in kleinen Zirkeln, wie das künftige Führungstableau auszusehen habe. Und die FAZ titelte am 2. Oktober 2009: »Sigmar Gabriel – der zehnte SPD-Vorsitzende nach Willy Brandt« – obwohl der Parteitag, der allein darüber zu entscheiden hat, erst Mitte November 2009 stattfinden würde. Dass in dieser traditionsreichen Partei, die als erste politische Formation überhaupt die Demokratie schon in der zweiten Hälfte des 19. Jahrhunderts als Strukturprinzip des innerorganisatorischen Aufbaus eingeführt hatte, die demokratische Willensbildung so gleichgültig übergangen wird, gehört zu den traurigsten Deformationen in der Ära Schröder-Müntefering-Steinmeier.

Natürlich ist es kein Allheilmittel gegen alle Gebrechen, dennoch: Die Kandidaten der Sozialdemokratie sollten künftig durch das Säurebad eines großen demokratischen Nominierungsprozesses gehen müssen. In der ebenso krisengeschüttelten Sozialistischen Partei Frankreichs sind die so genannten »primaiers ouverts« (offene Vorwahlen) gewissermaßen zum Symbol der »renovations totale« (grundlegende Erneuerung) geworden. Dort sollen, wenn es nach dem Protagonisten der neuen Demokratie geht, auch die Sympathisanten an ausgedehnten Vorwahlen beteiligt werden. Bei diesen Plebisziten müssen die Kandidaten schon im Überzeugungskampf um die Mitglieder Profil und Kontur zeigen – und nicht erst, wie im Falle von Steinmeier, als plötzliche Spitzenkandidaten im Bundestagswahlkampf selbst.

Sicher nicht zuletzt: Die Sozialdemokraten haben zu klären, was sie eigentlich wollen. Alle Organisationsreform, alle neuen Leute an der Spitze allein werden nicht das Geringste bewegen, wenn die Partei nicht weiß, wer sie ist, für wen sie Politik machen will, auf welchem Wege, zu welchem Ziel und mit welchen Weggenossen. Will die SPD linke Volkspartei von mittleren und unteren Schichten weiter sein/wieder werden oder will sie als Partei der »neuen Mitte« den Schwerpunkt auf ressourcenstarke Arbeitnehmer mit Qualifikationsehrgeiz legen? Und so weiter.

Die SPD wird diesen Klärungsprozess anders als in früheren Jahren nicht als Scharmützel von Cliquen und Clans führen dürfen, sondern als eine wirklich ernsthafte Auseinandersetzung gesellschaftsbezogener Strömungen. Und zu hoffen ist, dass sie den merkwürdigen Anti-Intellektualismus, der in den letzten Jahren in dieser Partei um sich gegriffen hat, überwindet. Selbst die CDU hat sich zuletzt mehr Rat von unabhängigen Köpfen gesucht als die Planer und Strategen im Willy-Brandt-Haus, die sich eigentümlich introvertiert selbst genügten. Als ein junger Wissenschaftler unlängst für seine Dissertation über wissenschaftliche Politikberatung in Parteien recherchierte, bekam er zu seiner Verblüffung in der Planungs- und Kommunikationsabteilung des Willy-Brandt-Hauses zu hören, dass »die Riege prominenter Politikwissenschaftler« in der SPD-Zentrale »nicht mehr ernst genommen werde«. »Die Politikwissenschaft ist in der Regel gar keine für uns relevante Beratungslandschaft.«[1] So war es tatsächlich in den letzten Jahren: Selbst eher sozialdemokratisch orientierte Politologen oder Soziologen erhielten eine Fülle von Einladungen zu Gesprächen mit Granden oder Strategen der CDU, während die SPD (fast) alle Kontakte vermied.

Gleichwohl: Die Welt der deutschen Christdemokraten ist ebenfalls keineswegs in guter Ordnung. Schaut man genauer hin, müssten dort die Sirenen ähnlich schrill heulen wie beim sozialdemokratischen Pendant. Gehen wir die Faktenlage rasch und möglichst schnörkellos durch. Erstens: Seit über einer Dekade gelingt es der CDU in den 15 Bundesländern, in denen sie für den Bundestag zur Wahl steht, im Durchschnitt nicht mehr, die 30-Prozent-Hürde zu überwinden; sie ist auf dieser Ebene genauso im 20-Prozent-Turm eingesperrt wie die SPD. Auf Werte über 40 Prozent ist sie zuletzt bei den Bundestags- und Landtagswahlen

1 Vgl. Clemens Kuhne: Politikberatung für Parteien. Akteure, Formen, Bedarfsfaktoren, Wiesbaden 2008, S. 121.

allein noch bei den über 60-Jährigen gekommen; doch selbst in diesem Altersbereich sinken die Anteile der CDU seit den 1980er Jahren kontinuierlich. Bei den unter 60-Jährigen männlichen Wählern erreicht die CDU keine 30 Prozent mehr; je höher die Bürger dieser Jahrgänge qualifiziert und gebildet sind, desto geringer fällt gar die Präferenz für die Christdemokraten aus. Und auffällig sind die hohen Verluste der CDU in ihrer jahrzehntelangen Großhochburg Baden-Württemberg, wo sie nur noch auf 34,4 Prozent der Stimmen kommt.

Überdies: Keine andere Parteianhängerschaft ist derart stark dominiert durch die Gruppe von Transferbeziehern wie die der CDU. Als vitaler Träger dynamischer Marktreformen taugt das CDU-Lager daher schon sozialstrukturell nicht. Eben das dürfte ein entscheidender Grund dafür sein, warum der Reformkatalog des Leipziger Parteitages der CDU von 2003 zumindest während der Großen Koalition sang- und klanglos in der Versenkung verschwunden ist. Der enttäuschende Ausgang der Bundestagswahl 2005 hat lediglich markant bestätigt, was sich in Soziologie und Mentalität der christdemokratischen Sympathisanten längst abgezeichnet hatte: Gerade in ihren ländlich-katholischen Hochburgen waren Befürworter staatsentzogener Wettbewerbsdynamiken und Deregulierungspostulate denkbar rar. Doch: Die Begründungslosigkeit des christdemokratischen Schwenks unter Merkel hat gerade die über Jahrzehnte treuesten und aktiven CDU-Mitglieder sprachlich wie ideell enteignet; auch darin ist die Analogie zur SPD seit 1999 auffällig. Gerade der Mittelbau von Multiplikatoren vermag nicht mehr auf den Marktplätzen inbrünstig überzeugt die Ziele seiner Partei darzulegen. Denn er kennt sie nicht, weiß selbst nicht, was noch gilt, was wesentlich und unverzichtbar ist. Unter Merkel erscheint wie vor Jahren unter Schröder fast alles möglich, fast alles denkbar. Nicht nur die früheren sozialdemokratischen Aktivisten haben sich resigniert mehr und mehr zurückgezogen. In der CDU wird dieser Vorgang ganz ähnlich beobachtet – und derzeit noch eisern beschwiegen. Kurzum: Der Erosionsgrad ist im Jahr 2009 innerhalb der SPD wohl erheblich weiter fortgeschritten; das Erosionstempo aber dürfte in mittlerer Zukunft bei den Christdemokraten keineswegs geringer ausfallen.

Im Übrigen ist der christdemokratische Schwund ein europaweites, bereits länger währendes Phänomen. In den 1950er Jahren stand die europäische Christdemokratie in den Ländern, in denen es sie gab, im Durchschnitt bei 50 Prozent. In den letzten Jahren bewegte sie sich auf die 20 Prozent zu und zurück. Außerhalb Deutschlands begann der Schrumpfungsprozess der katholischen beziehungsweise interkonfessionellen C-Parteien schon in den 1980er Jahren, teilweise früher. Wahrscheinlich haben auch deshalb die programmatischen Diskussionen über eine Erneuerung christlicher Politik oder der Mitte-Rechts-Parteien dort eher angefangen und tiefer angesetzt als hierzulande, da weder Kohl noch Merkel dergleichen Debatten goutierten.

In den Niederlanden gibt es im zuvor zeitweise schwer gebeutelten Christdemokratischen Appell unter Jan Peter Balkenende interessante Überlegungen zu einem christlich durchwirkten Kommunitarismus, die unter der Überschrift »Souveränität der Bürger im eigenen Kreis« stehen und vom Ministerpräsidenten selbst immer wieder angestoßen werden. Die schwedischen Konservativen – die allerdings wie die anderen Konservativen nicht im strengen Sinne zur christdemokratischen Parteifamilie zu rechnen sind – in der Moderaten Sammlungspartei des Regierungschefs Frederik Reinfeld haben ihre frühere rigide Anti-Wohlfahrtsstaatlichkeit unterdessen auch konzeptionell überwunden und basteln programmatisch an einem »sanften Konservatismus«. Die französischen Gaullisten unter Staatspräsident Nicolas Sarkozy – dem »Patron der Tüchtigen«, wie er sich selbst firmiert – haben ihre Neuerungsenergien mehr auf den politischen Stil, auf die Methode politischer Führung gelenkt. Kundige Beobachter bezeichnen den Auftritt von Sarkozy als »Diskurs des Willens«, der sich gravierend von der vorsichtigen Sachzwangargumentation und Variablenfixierung der deutschen Kanzlerin unterscheidet. Bemerkenswert ist überdies, wie die französischen Konservativen sich mehr und mehr auf die Heldengestalten des Sozialismus in ihrem Land beziehen, auf Jean Jaurès und Léon Blum, dazu bewusst frühere prominente Sozialisten in ihr Regierungshandeln einbezogen haben.

Den größten programmatischen Erneuerungsehrgeiz unter den Mitte-Rechts-Parteien in Europa entfaltete der Anführer der britischen Konservativen, David Cameron. Unter Tony Blair schien seine Partei bereits hoffnungslos abgeschlagen, geradezu isoliert als elitäre Interessenagentur arroganter Oberschichtengländer. Cameron achtete zunächst auf eine neue, weichere Tonlage, veränderte überdies die Parteisymbolik: Statt der martialisch hochgereckten Faust, die eine Fackel trug, kennzeichneten die Konservativen sich nun mit einem grünen Baum. Man wollte ökologisch erscheinen. Eine Zeitlang ließ Cameron den Konservatismus durch den Theologen Phillip Blond neu vordenken. Das war der sicher spektakulärste Diskurs im Konservatismus der letzten Jahre. Unter dem Einfluss von Blond forderte auch Cameron eine »Rekapitalisierung der Armen«, sprach von einem »ethical capitalism«. Blond selbst setzte sich für einen neuen Lokalismus, für eine Selbstregulierung autonomer Bürgergemeinschaften, für eine Dezentralisation der Exekutive und die Stärkung der Zivilgesellschaft ein. Über Monate beschäftigten die Ideen Blonds und des »Red Toryism« die intellektuelle Debatte auf der Insel; auch Teile der Linken waren fasziniert davon. Zuletzt hat Cameron allerdings Angst vor der eigenen Courage bekommen und sich von Blond abgesetzt. Cameron bevorzugt jetzt einen gemäßigteren »Progressive Conservatism« statt des gewagteren kapitalismuskritischen roten Toryismus.

Einiges an dieser Debatte war also gewiss auch Schaumschlägerei, war semantische Kosmetik für konservative Politiker, die sich vom nicht zuträglichen Etikett sozialer und ökonomischer Kälte lösen wollten. Doch anderes ist unzweifelhaft originär und ernsthaft. Allein, in Deutschland ist von solchen Anstößen und Reflektionen innerhalb der Christdemokratie kaum etwas zu erkennen. Sollte das so bleiben, dann wird es sich in mittlerer Zukunft bitter rächen. Denn wozu bräuchte das Land schon »Volksparteien« ohne Kern und Idee?

Klaus von Dohnanyi

Politik: Fast Food oder spannendes Kocherlebnis?

Niemand kann bestreiten, dass es in einer weltweit vernetzten Gesellschaft, in Zeiten dramatischer technologischer und sozialer Umbrüche, schwieriger geworden ist, Politik zu machen. Und besonders schwierig ist es, die Politik dann so verständlich zu erklären, dass sich die Wähler sogar dafür engagieren. Aber es nutzt wenig, diese Entwicklung zu beklagen. Die Politik muss selbst bemüht sein, dieser Tendenz entgegenzuwirken.

Das Folgende will keine systematische Antwort auf diese Lage geben. Es sind vielleicht Anregungen zum Nachdenken über eine angebliche Entpolitisierung unserer Gesellschaft und vielleicht sind es auch Anstöße für einige Schritte, die uns wieder näher an die Bürger führen könnten.

Wir über uns selbst: warum wegducken?

Warum nehmen wir es eigentlich hin, dass Veränderungen in der Parteienlandschaft und die Ankunft in einem heute Fünf-Parteien-System von den Medien regelmäßig als eine Art Versagen der großen Parteien beschrieben werden? Wenn etwas hier verwunderlich ist, dann doch, dass sich Politologen und Journalisten darüber wundern! Denn wie kann man erstaunt sein über die nachlassende Bindekraft der großen Volksparteien Union und SPD, wenn die traditionsgebundenen Strukturen der Gesellschaft, die diese »Bindekraft« einst schufen, gar nicht mehr bestehen?

Vor 40 Jahren, zum Beispiel, als die Union in der Bundestagswahl 1969 mit Georg Kiesinger an der Spitze auch aus einer großen Koalition heraus noch 46,1 Prozent der Stimmen auf sich vereinigte und die SPD, von Willy Brandt geführt, mit 42,7 Prozent ein neues Spitzenergebnis erreichte, da sah Deutschland doch auch völlig anders aus! Da war es noch nicht üblich, dass Mann und Frau wohl respektiert, aber unverheiratet zusammenleben, Kinder zeugten und diese dann in der Schule vom Vater locker unter dem Namen der Mutter anmelden ließen; auch die »alleinerziehende Mutter« war noch nicht eine Art Emanzipationsausweis geworden. Nur etwa 15 Prozent der 19- bis 20-Jährigen machten damals Abitur; nur rund 15 Prozent eines Jahrgangs studierten; heute sind das über 35 Prozent. Man lebte zu Hause mit dem »Festanschluss«, der nicht einmal in der eigenen Wohnung »mobil« war. Eine Reise nach Amerika war für den Durchschnittsverdiener nahezu unerschwinglich; der Bericht über die »Grenzen des Wachstums« des Club of Rome noch nicht geschrieben – und auch die erste Ölkrise (1973) stand uns noch bevor. Alles vor kaum 40 Jahren!

Die Welt war damals vom Kalten Krieg sauber geteilt (jedenfalls in Europa), und wer uns erzählt hätte, eines Tages werde ein ehemaliger Kommunist aus der DDR (nämlich Gregor Gysi) für eine sozialistische Partei mit Wählerschwerpunkt im Raum Berlin–Leipzig–Dresden auch in Bonn erfolgreich auf Stimmenfang gehen können, den hätten wir für verrückt erklärt. Auch die Wiedervereinigung war eben ein Ereignis mit tiefgreifenden sozialen und politischen Folgen, auch für das Parteiensystem!

Es ist zwar nicht 40, sondern schon gut 50 Jahre her, dass aus sechs westeuropäischen Nationalstaaten eine erste europäische Wirtschaftsgemeinschaft entstand; damals gewann Adenauer die einzige absolute Mehrheit für die Union in der Nachkriegsgeschichte. Heute sind wir 27 Mitglieder einer europäischen Union mit einem gemeinsamen Binnenmarkt, die DM ging im Euro auf und dieser (nun gemeinsame Währung von 15 europäischen Staaten) ist als vielleicht zukünftig stärkste Währung der Welt dabei, den Dollar abzuhängen. Oder: Vor rund 30 Jahren organisierte Helmut Schmidt eine Zusammenarbeit der großen Industriestaaten. Aus den damaligen G 7 wurden mit Russland G 8 und nun sind es G 20 in einer vom Internet verwobenen Welt.

Die Globalisierung, in der wir nun leben, ist das Produkt von mehr Freiheit in der Welt. Und diese Freiheit wiederum ist untrennbar verbunden mit den modernen Mitteln der Kommunikation, vom Transatlantik-Jet bis zur E-Mail (nicht zu vergessen Bundeskanzlerin Merkels Mobilphone!). Auch die heutigen Strukturen der Weltwirtschaft wären ohne diese modernen Kommunikationsnetze undenkbar: Ein VW-Chef, der nicht zeitgleich mit seinen Managern auf allen Kontinenten verbunden werden könnte, müsste die heutige Überseeverflechtung schlicht auflösen. Mit dem Postschiff wären solche Weltkonzerne nämlich nicht zu führen!

Und da soll die Politik ungeschoren bleiben? Da sollen die Parteien ihre ehemalige »Bindekraft« bewahren können? Da soll die Weltwirtschaft, da soll Europa, da sollen die neuen Lebensformen – von den ebenfalls erst seit etwa 40 Jahren endlich nicht mehr mit Strafe bedrohten Schwulen bis zur heutigen Lesbenehe –, da soll das alles zwar in die Gesellschaft wirken, aber die Parteien könnten dennoch dieselben bleiben? Zwei Volksparteien sollten auch heute noch zusammen über 80 Prozent der Stimmen einsammeln? Doch eher eine lächerliche Erwartung.

Schon der Blick auf andere Länder müsste zu etwas mehr Gelassenheit führen. Wo nämlich in Europa nach »Verhältniswahlrecht« gewählt wird, dort hat sich die Parteienlandschaft in den vergangenen Jahrzehnten zum Teil noch sehr viel grundsätzlicher verändert als in Deutschland: Kleine, neue Parteien sind aufgestiegen; die großen, klassischen Parteien haben entscheidende Anteile verloren oder sind sogar (Frankreich, Italien) ganz verschwunden. Wir in Deutschland sind in dieser Beziehung sogar eher stabiler geblieben als andere, vielleicht wegen der Fünf-Prozent-Klausel (mit weniger kommt man nicht in den Bundestag) oder auch wegen anderer stabilisierender Faktoren, wie zum Beispiel der Notwendigkeit eines konstruktiven Misstrauensvotums zum Machtwechsel in Berlin (ein neuer Kanzler muss her, ehe ein bisheriger abgewählt werden kann).

Sind diese Entwicklungen nun ein Schaden?

Die Entwicklungen, die ich nur sehr kurz umschrieben habe, sind im Kern die Folge wachsender Freiheiten in unserer Welt, auch in unserer deutschen Gesellschaft, so schwer es dieser oft auch fallen mag, mehr Freiheiten und ihre Folgen zu ertragen. Aber diese Freiheiten haben wir doch gewollt, wollen wir immer noch. Allerdings müssen wir nun schrittweise (Beispiel Weltfinanzmärkte) auch in dieser neuen großen, aber zugleich eben kleiner gewordenen Welt unsere Freiheiten neu ordnen. Denn eine für die Gesellschaft produktive Freiheit kann es ohne Ordnung und ohne Verantwortung nicht geben. Neue Ordnungssysteme in immer größeren Freiheitsräumen herzustellen ist heute aber die schwierigste Aufgabe der Politik. Diese Schwierigkeiten muss die Politik den Menschen offen und schonungslos erklären. Dazu wiederum muss man den Menschen uneingeschränkt die Wahrheit sagen, über den neuen Wettbewerb, die harten Herausforderungen und den unausweichlichen Anpassungszwang. Ohne diese Wahrheiten werden uns die Bürger nicht folgen können, aber ohne die Einsicht der Bürger werden wir unsere Aufgaben nicht bewältigen.

Dennoch wird der Bürger aus der Politik ausgesperrt

Die Wahlenthaltung wächst. Das notwendige Engagement der Bürger in der Politik wird vermisst. Die Politik scheint den Bürgern zu fern: Die da oben – wir können ja doch nichts ändern; oder: Die machen ja doch, was sie wollen. So heißt es im Volk.

Ist ausgerechnet die Wahlbeteiligung wirklich ein so großes Problem? Wahlbeteiligungen (bei uns in der Bundestagswahl noch immer rund 70 Prozent) sind kein sicheres Zeichen demokratischer Gesinnung oder politischen Engagements. Niedrige Wahlbeteiligungen und starkes Engagement der wählenden Wähler sind durchaus miteinander vereinbar. Auch das zeigen wieder andere Länder, zum Beispiel die USA, wo Präsidentschaftswahlen selten über 55 Prozent Wahlbeteiligung erreichen, selbst bei einer so heiß umstrittenen Wahl wie der Obamas.

Allerdings kann man beobachten, dass das Engagement der Bürger (nicht notwendigerweise die Wahlbeteiligung!) zunimmt, wo es um lokal spürbare Fragen geht. Der Schlüssel für eine Erneuerung politischer Bindekraft der Demokratie liegt deswegen immer in einer deutlicheren, direkteren und für den Bürger wirkungsvollen Beteiligung am politischen Geschehen.

Kann man das aber in einer so verflochtenen, global abhängigen Welt überhaupt noch leisten? Sind die Dinge nicht viel zu kompliziert für die Bürger, um sie zu beurteilen? Geht es dem Wähler nicht zwangsläufig wie heute den meisten Patienten, die sich angesichts einer immer komplexeren medizinischen Wissenschaft meist nur noch in die Entscheidungen des Arztes fügen können?

Mehr Mut für regionale Entscheidungen.

Es ist deswegen wichtig, *was* man den Bürgern zur Entscheidung überlässt und wie verständlich und klar die Alternativen dann gekennzeichnet sind. Hier ist die Schweiz ein leuchtendes Vorbild. Es ist interessant zu beobachten, dass dort politisches Engagement – was sich aber auch in der Schweiz nicht immer in Wahlbeteiligungen ausdrückt! – am intensivsten dann zu spüren ist, wenn die Betroffenheit der Bürger und ihre Wirkungsmöglichkeiten zusammentreffen.

Eine wichtige Antwort auf die angebliche »Entpolitisierung« der Gesellschaft liegt deswegen auch in Deutschland in einer konsequenteren Dezentralisation der politischen Entscheidungen. Kleine Einheiten erlauben dem Einzelnen, Größeres zu bewirken. Im kleineren Raum wird er selbst größer.

Föderalismus wird aber von unserer politischen Klasse immer noch als eine eher lästige Angelegenheit betrachtet – und öffentlich so dargestellt. Das aber muss in einem föderalen Staat zu Frust und Wahlenthaltung führen. Der Bürger sagt dann nämlich logisch: Ja warum schafft ihr den Föderalismus nicht einfach ab? Es ist insofern die Politik selbst, die den Wählerfrust fördert, wenn sie in einem unabänderlich föderal verfassten Staat den Föderalismus ständig madig macht.

Die Bürger wollen eine effektive Politik. Eine ständige Bund-Länder-Selbstblockade ärgert sie. Damit die Menschen sich wieder der Politik zuwenden, müsste die Politik sich vorrangig aktiv und mutig um einen funktionierenden Föderalismus kümmern. Sie müsste den Leuten auch unmissverständlich erklären, dass, zum Beispiel, diese selbst in ihrer Stadt für Kindergärten und Grundschulen verantwortlich sind. Dass es weder Land noch Bund sind, sondern eben die Stadtväter, die sie – die Bürger – ja selbst gewählt haben. Wer ein ineffektives föderales System duldet und den Bürgern nicht ihre Mitverantwortung klar macht, der darf sich nicht wundern, wenn die Bürger sich am Ende mit einer allgemeinen Politikschelte begnügen.

Kleine Räume, kleine Einheiten sind für das politische Engagement der Bürger ein Schlüssel. Auch in der Schweiz ist ja, wie schon gesagt, die Wahlbeteiligung selbst nicht immer groß – aber man verfolge einmal dort das Niveau und die Intensität der politischen Debatten in den regionalen Tageszeitungen! Da wird man neidisch. Da kneifen Politiker kaum mit dem Verweis auf die Verantwortung jeweils höherer politischer Entscheidungsebenen. Eher beklagt der Regionalpolitiker, dass die Zuständigkeiten allzu zentralisiert sind.

Dem Bürger werden Politiker »ohne Bestellung« serviert.

Zurück zu den Bürgern heißt auch die Antwort, wenn es um eine so wichtige Frage wie die Auswahl des politischen Führungspersonals geht. Wie werden denn heute Kandidaten für Abgeordnetenmandate und politische Führungspositionen ausgewählt? In den Hinterzimmern der Lieblingskneipen der Parteifunktionäre! Den Bürgern werden heute Wahllisten und Kandidaten als Fertigmahlzeiten serviert. Friss, Vogel, oder stirb. Was aber hat allein die Vorwahldebatte Barack Obama – Hilary Clinton in den USA zur politischen Beteiligung und Bildung der Amerikaner geleistet! Natürlich kann man hier ängstlich beklagen, dass dann über Spenden usw. »Geld« in die Kandidatenauswahl eingreifen könne. Warum aber immer diese Angst vor Nebenwirkungen, während wir uns die Chancen positiver Hauptwirkungen verstellen? Wir könnten doch durch Bundesgesetz vorschreiben, dass zukünftig keine Kandidatenaufstellung zur Bundestagswahl ohne Mitgliederbefragung der Parteien (und daher mehr öffentliche Debatte) zugelassen ist und auch die öffentliche Kontrolle dieser Wahlergebnisse vorschreiben und zugleich die Spendenfrage, wie heute auch die Parteienfinanzierung, gesetzlich gerecht regeln.

Wie kriegen wir mehr Sachverstand in die Politik?

Oft wird von den Wählern bemängelt, dass die Erfahrungen in den Parlamenten zu einseitig vom öffentlichen Dienst bestimmt werden. Das ist richtig und schädlich. Man sucht dort vergeblich nach Politikern aus Wirtschaft und Wissenschaft. Aber ist es wirklich realistisch, einen intensiveren Austausch zwischen Wirtschaft, Wissenschaft und Politik auf der Parlamentsebene zu fordern? Selbst die in dieser Beziehung viel gelobten USA schaffen diesen Austausch im Parlament (Congress) nicht. Im Gegenteil: Abgeordnete des Repräsentantenhauses und viele Senatoren sitzen oft Jahrzehnte auf ihren »Mandaten«. Was jedoch an den USA (inzwischen auch an Frankreich) beeindruckt, das ist die Beteiligung sehr unterschiedlicher Karrieren, Lebenserfahrungen – ja sogar Parteien! – in der Regierung, der Administration; und zwar nicht nur auf der Ebene von Ministern und Staatssekretären. Dies gilt auch dort, wo den Politikern direkt zugeordnete Positionen der Verwaltung zur Verfügung stehen. Zu hoffen, man könne in unserem parlamentarischen System erfolgreiche Wissenschaftler oder Unternehmer in die Parlamente kriegen, bleibt eine Illusion. Und zwar nicht nur, weil die Politik dafür zu schlecht bezahlt, obwohl auch das stimmt. Aber wer würde schon eine Karriere als erfolgreicher Wissenschaftler mit einem stets unsicheren politischen Mandat unterbrechen?

Die Antwort liegt also nicht in einer anderen Zusammensetzung des parteipolitischen Führungspersonals; diese bleibt den Parteien (nach Mitgliederbefragung!) vorbehalten. Und die Parteiprofis sind gewiss im Durchschnitt auch nicht dümmer als viele Kollegen in Wirtschaft und Wissenschaft. Was jedoch möglich wäre und für die Politik sehr hilfreich, das wäre die Zirkulation von unterschiedlichen Erfahrungen auf den oberen Verwaltungsebenen der Ministerien. Wie es zum Beispiel in Frankreich oder auch in den USA möglich ist. Auch bei uns könnte man, wenn die dienstrechtlichen Voraussetzungen entsprechend liberalisiert würden, durch Zeitverträge in den Ministerien sogar auf der Ebene der Abteilungs- und Unterabteilungsleiter einen ständigen Austausch von Erfahrungen aus Wirtschaft und Wissenschaft einerseits mit dem fachlichen Wissen der ministeriellen Verwaltung andererseits herstellen. So könnte auch erreicht werden, dass junge Leute schneller in die oberen Verwaltungsebenen der Ministerien gelangen. Denn in einer sich so rapide ändernden Welt veralten auch die Lebenserfahrungen der Verwaltung schneller.

Medien und Politiker machen die Politik zur langweiligsten »Show« auf dem Bildschirm

Sieht man einmal ab von dem ebenso verdienstvollen wie allerdings vom Durchschnittsbürger nur relativ selten eingeschalteten Sender »Phoenix«, dann erschöpft sich die politische Berichterstattung unseres Fernsehens meist in statisch vorgetragenen Kurzergebnissen der Tagesereignisse in den Nachrichten, sonst in Talkshows mit dem bekannten Streitpotenzial der Parteien.

Warum lässt sich unser wirkungsvollstes Medium, das Fernsehen, so vollständig aus dem wirklichen politischen Leben (und Leben ist Weg, Dramatik, Prozess!) herausdrängen? Da gibt es, zum Beispiel, Untersuchungsausschüsse. Dort werden aber die Türen regelmäßig geschlossen, wenn es drinnen zur Sache geht. Oder es tagen Ausschüsse für die Auswahl der so wichtigen Verfassungsrichter: Auch hier werden den Wählern nur die Ergebnisse verkündet. Oder: Da streitet man heftig über die Verstaatlichung der Bank Hypo Real Estate, aber das ist offenbar nichts für den Fernsehbürger – Türen zu, Fernsehen draußen, Ergebnis abwarten! Warum?

Warum bringen wir es nicht fertig, dass die Präsidenten der Bundesbank oder der Europäischen Zentralbank öffentlich im Fernsehen zu Fragen der Konjunkturprogramme ebenso »gegrillt« werden, wie dies der US-Senat mit dem dortigen Zentralbankpräsidenten Bernanke fast täglich macht – zur besten Fernsehzeit und mit sehr kritischen Fragen?

Wenn der Bürger schon so viele Entscheidungen mittragen muss, die fern von seiner überschaubaren Region sind und die im Zusammenhang schwer verständlich bleiben, warum blockieren wir ihm dann den einzigen Zugang, den er haben könnte – das Fernsehen? Warum diese schreckliche Angst vor Parteilichkeit in den öffentlichen Medien, sodass die sogar beim Fernsehduell der Spitzenkandidaten zur Bundestagswahl einer Ausgewogenheit der Befrager weichen muss, als gehe es hier nur um eine politisch korrekte Bio-Diät?

Ich kann die Klagen der Politiker über den unpolitischen Wähler, den Zerfall der klassischen Parteien nicht mehr hören. Denn einen gewichtigen Anteil der Verantwortung hierfür muss man an die Politik zurückgeben: Neue Verhältnisse stellen eben neue Fragen und neue Fragen bedürfen neuer Antworten, neue Antworten bedürfen neuer Erkenntnisse, neue Erkenntnisse bedürfen dann oft politischer Korrekturen. Für das alles ist aber Politik selbst zuständig und nicht der Wähler.

Ein Fünf-Parteien-Parlament, zum Beispiel, verträgt zwar keine Tabus für mögliche Koalitionen, aber klare Sachaussagen, die gewisse Koalitionen nicht verantwortbar machen. Sogenannte »Machtoptionen« sind keine Politik: »Sachoptionen« müssen den Wählern verdeutlicht werden! Es kann doch nicht glaubwürdige Politik sein, wenn eine Partei eine andere als »populistisch, unberechenbar und ohne Sachverstand« charakterisiert, um dann gleichzeitig eine Koalition mit ihr als »Machtoption« zu bezeichnen. So zerstört die politische Klasse sich selbst.

Der Wähler braucht Klarheit. Und er braucht ein spannendes Kocherlebnis in der Politik und nicht die Verabreichung von fertig verpacktem Fast Food. Spannend wird es für ihn aber nur, wenn er entweder selbst beteiligt ist an den Entscheidungen oder an sichtbaren Entscheidungsprozessen teilnehmen kann, wenn er seine eigene Verantwortung erfährt. Nicht sachlicher Streit lähmt das politische Engagement, sondern Frust und Langeweile.

Norbert Lammert

Parlament im Parteienstaat[1]

Die sechzigjährige Erfolgsgeschichte als glückliche Ausnahme von der historischen Regel

Vor 60 Jahren, am 7. September 1949, trat der Erste Deutsche Bundestag zusammen. Damit hatte der westdeutsche Teilstaat des geteilten Deutschlands, den manche Zeitgenossen ebenso spöttisch wie liebevoll »Trizonesien« nannten, seine erste parlamentarische Vertretung. Alterspräsident Paul Löbe erklärte zu Beginn der konstituierenden Sitzung: Das deutsche Volk erhoffe sich von seinem Parlament, dass es »eine stabile Regierung, eine gesunde Wirtschaft, eine neue soziale Ordnung in einem gesicherten Privatleben« aufrichte und »unser Vaterland einer neuen Blüte und neuem Wohlstand« entgegenführe.[2]

60 Jahre später dürfen wir dankbar feststellen: Die von Paul Löbe beschriebenen Hoffnungen, die 1949 angesichts des Scheiterns der Weimarer Demokratie und der verheerenden Folgen des Zweiten Weltkrieges nur als äußerst optimistisch, geradezu kühn bezeichnet werden konnten, haben sich erfüllt. Mit dem Inkrafttreten des Grundgesetzes und mit dem neubegründeten politischen System einer parlamentarischen Demokratie in Deutschland begann, zunächst nur im Westen unseres Landes, eine beispiellose Zeit des Friedens, der Freiheit, des wirtschaftlichen Aufschwungs und Wohlstands.

Die Anfänge waren allerdings bescheiden – viel bescheidener, als die allermeisten es heute für möglich halten, die in diesem Land unter der Verfassung des Grundgesetzes und mit dem Deutschen Bundestag groß geworden sind. Dies gilt für die ökonomischen Rahmenbedingungen ebenso wie für die politischen Perspektiven. In den ersten Nachkriegsjahren brauchte man schon eine gehörige Portion Mut und Zuversicht, um sich für ein politisches Amt überhaupt zur Verfügung zu stellen. Konrad Adenauer hatte dies in seiner Antrittsrede als

1 Der Beitrag basiert auf dem Festvortrag, den Bundestagspräsident Norbert Lammert anlässlich der Feierstunde zum 60. Jahrestag der Konstituierung des Ersten Deutschen Bundestages am 7. September 2009 in Bonn gehalten hat.

2 Protokoll der 1. Sitzung des Deutschen Bundestages am 7. September 1949, S. 1.

Präsident des Parlamentarischen Rates mit den Worten beschrieben, es sei für jeden der Mitglieder dieses Rates eine schwere Entscheidung gewesen, »ob man sich bei dem heutigen Zustand Deutschlands zur Mitarbeit überhaupt zur Verfügung stellen soll«.[3] Glücklicherweise hat es damals trotzdem oder gerade deshalb Frauen und Männer gegeben, die sich dieser Herausforderung gestellt haben.

Das Grundgesetz, die freiheitlichste Verfassung, die Deutschland je hatte, hat dem Parlament zum ersten Mal in der deutschen Verfassungsgeschichte die entscheidende Position im Verfassungsgefüge eingeräumt. Es hat den Bundestag zu einem starken Parlament gemacht, zu der zentralen Institution im Gesetzgebungsprozess, die als das einzige unmittelbar vom Volk demokratisch legitimierte Verfassungsorgan maßgeblichen Einfluss auch auf die Besetzung und die Kompetenzen der anderen Organe ausübt, zu einem Parlament, ohne dessen Mitwirkung keine rechtswirksamen politischen Entscheidungen von Gewicht getroffen werden und ohne dessen Zustimmung keine völkerrechtlichen Verträge wirksam werden können. Diese herausragende, unaufgebbare und nicht delegierbare Funktion des Bundestages hat das Verfassungsgericht immer wieder bestätigt und bekräftigt.

Dass der Deutsche Bundestag der zentrale Ort der politischen Entscheidungsfindung in Deutschland ist, zeigt sich nicht nur an den großen Richtungsentscheidungen, die in unserem Parlament getroffen worden sind. Es zeigt sich auch an den Persönlichkeiten, mit denen die deutsche Nachkriegsgeschichte in Verbindung gebracht wird. So sind, ohne dass das Grundgesetz dies als verfassungsrechtliche Bedingung so bestimmte, ausnahmslos alle Bundeskanzler aus der Mitte des Deutschen Bundestages gewählt worden oder haben, wie im Falle Kurt Georg Kiesingers, die nächste Gelegenheit genutzt, sich um ein Mandat im Deutschen Bundestag zu bewerben. Das gilt übrigens gleichermaßen für nahezu alle Bundesminister. Der Bundestag ist also auch die wichtigste Institution für die Rekrutierung des politischen Spitzenpersonals der Exekutive.

Zweifellos hat der Bundestag wesentlich dazu beigetragen, dass sich die Bundesrepublik Deutschland zu einer parlamentarischen Demokratie entwickelt hat, die um vieles stabiler, auch solider, in sich gefestigter und viel breiter akzeptiert ist, als dies der Weimarer Republik vergönnt war. Der zu einem solchen dezidierten Urteil aus mancherlei Gründen besonders geeignete und berufene Außenminister

3 Hier zit. nach Paul Weymar: Konrad Adenauer – die autorisierte Biografie, München 1955, S. 359.

Joschka Fischer hat in Verbindung mit dem Umzug nach Berlin festgestellt, »dass die deutsche Demokratie im fünfzigsten Jahr ihres Bestehens keine Systemfrage mehr kennt … und dies ist eine überaus beruhigende Botschaft für Berlin und die ›Berliner Republik‹.«[4] Der Abgeordnete und Parlamentarische Geschäftsführer Joschka Fischer hätte dies bei seiner ersten Wahl in den Deutschen Bundestag ganz sicher nicht so formuliert.

Diese Entwicklung hat auch mit der politischen und parlamentarischen Kultur zu tun, die sich vielleicht nur hier in Bonn in den ersten Nachkriegsjahrzehnten so günstig entwickeln konnte, wie sie sich tatsächlich entwickelt hat. So wurde die Bezeichnung »Bonner Republik« im Laufe der Jahrzehnte im In- und Ausland immer mehr zu einem Qualitätsmerkmal. In den Worten von Egon Bahr: »Sie stand für Überschaubarkeit, Berechenbarkeit, Durchsichtigkeit und den daraus zu ziehenden Schluss: vielleicht etwas provinziell, vielleicht etwas spießig, aber sicher nicht bedrohlich; vor diesen Deutschen braucht man keine Angst zu haben.«[5]

Die Bonner Jahre haben diese Republik geprägt, und sie prägen sie noch heute. 8.547 Gesetzentwürfe wurden bis zum Umzug nach Berlin in den Deutschen Bundestag eingebracht und 5.505 Gesetze verabschiedet. Schon zu seinem 20. Geburtstag bezeichneten Journalisten den Deutschen Bundestag als »fleißigstes Parlament der Welt«.[6] Es ist deswegen nicht weiter erstaunlich, dass Verfahren und Stil der Bonner Republik ohne jede substanzielle Änderung auch nach Berlin übertragen wurden. Wer sich hier gestern und heute umgesehen hat, der wird festgestellt haben: Der Umzug hat Bonn offensichtlich stärker verändert als das Parlament und unser politisches System.

»Bonn ist nicht Weimar«, hatte der Deutschlandkorrespondent der Züricher »Tat«, Fritz René Allemann, schon in der zweiten Hälfte der 1950er Jahre erleichtert festgestellt.[7] Der Satz wurde zum geflügelten Wort. Bonn ist nicht Weimar, und Berlin ist in mancherlei Hinsicht Bonn geblieben. Das eine ist so beruhigend wie das andere.

4 Joschka Fischer: Warum war es am Rhein so schön? Ein Adieu an Bonn und seine Republik, in: Abschied von Bonn, hg. von Hermann Schäfer, Berlin 1999, S. 83.

5 Egon Bahr: Deutschland ist in Bonn flügge geworden, in: ebd., S. 30 f.

6 Vgl. Hans Viefhaus: Das fleißigste Parlament der Welt, in: Bonner Rundschau, 2.9.1969; Ernst Dieter Lueg: Das fleißigste Parlament der Welt ist in Bonn zu Hause, in: Westfälische Rundschau, 31.12.1969.

7 Fritz René Allemann: Bonn ist nicht Weimar, Köln 1956.

In der Bonner Republik wurden die Fundamente für eine politische Kultur gelegt, die zwar durchaus heftige Auseinandersetzungen kennt, die aber stets auch die Bereitschaft zum Kompromiss und die Kraft zur Integration hatte. Nichts verdeutlicht dies vielleicht besser als die Entwicklung der Grünen, die 1983 dezidiert systemkritisch als Antiparteien-Partei hier in Bonn auftraten, als Bewegung, die mit »diesem ganzen Laden« nichts zu tun haben wollte und deren Repräsentanten im Parlament Wert darauf legten, sich nicht nur äußerlich von den etablierten Politikern zu unterscheiden, sondern zum Beispiel auch dadurch, dass sie ihre Mandate nach dem Rotationsprinzip nach zwei Jahren an sogenannte Nachrücker weitergeben wollten – oder jedenfalls sollten.

Es spricht sicher weder gegen die Partei, die sie schließlich doch geworden ist, noch gegen den deutschen Parlamentarismus, wenn man heute feststellt, dass sie durch unser parlamentarisches System stärker verändert worden ist als dieses System durch sie.

Nicht nur das Beispiel der Grünen zeigt, dass der Deutsche Bundestag nicht auf ein bestimmtes Parteiensystem festgelegt und unser Wahlsystem gegenüber Änderungen im Wahlverhalten flexibler ist als oft behauptet. Das personalisierte Verhältniswahlrecht und die Fünfprozentklausel begrenzen eine zu starke Zersplitterung der organisierten Meinungen im Parlament und erleichtern damit die parlamentarische Willensbildung, verhindern den Zugang neuer politischer Kräfte in den Bundestag aber offenkundig keineswegs. Im Ersten Deutschen Bundestag, für den es die Fünfprozentklausel in der jetzigen Form nicht gab, waren übrigens insgesamt zehn Parteien vertreten. Im Laufe der Jahre ist bei prinzipiell gleichem Wahlrecht durch Wählerentscheid die Anzahl der im Parlament vertretenen Gruppierungen auf drei Fraktionen zurückgegangen und schließlich auf vier, heute fünf Fraktionen wieder angewachsen.

Die Erfolgsgeschichte der zweiten deutschen Demokratie ist nicht zuletzt auch den politischen Parteien zu verdanken. Bei keiner anderen Institution ist die Diskrepanz zwischen tatsächlicher Leistung und niedriger Reputation so groß wie bei ihnen. Perfekt sind die Parteien hierzulande gewiss nicht – ebenso wenig wie die Unternehmen, die Banken, die Gewerkschaften, die Vereine und die Verbände. Aber sie haben mit ihren vielen Tausend Mitgliedern und ganz überwiegend ehrenamtlichen Funktions- und Mandatsträgern einen beachtlichen Beitrag zur Artikulation von Interessen wie zur Konsensbildung unserer Gesellschaft geleistet, der mehr Anerkennung verdient, als das in der Öffentlichkeit meist geschieht.

Der Demokratie als Staatsform standen viele Menschen in diesem Lande zunächst sehr skeptisch gegenüber. Das wird nicht nur in der Literatur deutlich, sondern auch in vielen politischen Biografien. So heißt es in den Erinnerungen von Erich Mende: »Natürlich waren wir uns alle darüber klar, daß auch an dem zweiten Beginn der deutschen Demokratie viel Abneigung, ja sogar Feindseligkeit in weiten Kreisen der Bevölkerung zu erwarten war. Theodor Heuss hatte mit Recht die Unpopularität der deutschen Demokratie beklagt. Sie sei zweimal nach einer Niederlage … nach Deutschland gekommen. Warum sollten ausgerechnet wir es einfacher haben als die Abgeordneten der Reichstage nach 1919 in Berlin, noch dazu in einem zerstörten, geteilten und besetzten Deutschland der drei Westzonen hier in Bonn?«[8]

Heute hat sich Deutschland im Unterschied zur Weimarer Republik zu einer Demokratie mit überzeugten Demokraten entwickelt: Bei einer im Herbst 2008 veröffentlichten repräsentativen Umfrage erklärten 95 Prozent der Befragten, Befürworter der demokratischen Idee zu sein, und immerhin drei Viertel sind auch mit der konkreten Form zufrieden, die die Demokratie im Grundgesetz gefunden hat.[9]

Einzuräumen ist allerdings, dass sich nur 45 Prozent der Befragten auch mit der Praxis der Demokratie in Deutschland zufrieden zeigen, was in Anbetracht der zuvor genannten Zahlen ganz offenkundig nicht als ein Zeichen von Demokratieverdrossenheit gewertet werden kann, sondern als manchmal lästige, jedenfalls aber legitime Kritik an konkreten Entscheidungen oder Entwicklungen. Manches, was vorschnell als »Politikverdrossenheit« interpretiert wird, ist vielleicht eher Ausdruck eines gereiften Urteilsvermögens, zwischen den Prinzipien unserer Verfassung auf der einen Seite und ihrer alltäglichen Praxis auf der anderen Seite unterscheiden zu können – und auch zu wollen.

Was viele Bürgerinnen und Bürger an der Politik ganz offenkundig stört, sind politischer Streit und zähe Entscheidungsprozesse. Beides müssen die Wähler wie die Gewählten allerdings aushalten; Streit muss sein. Demokratie ist kein Verfahren zur Vermeidung von Streit, sondern zur Herbeiführung mehrheitlich getragener Lösungen, und demokratische Lösungen sind weder durch autoritäre Kommandos noch im Hauruckverfahren zu haben, schon gar nicht angesichts der komplexen und komplizierten Probleme, um die es geht.

8 Mende, Erich: Die neue Freiheit, München 1984, S. 172.

9 Vgl. Frankfurter Allgemeine Zeitung, 6. Oktober 2008, S. 40.

»Die öffentliche Lust auf eine alexandrinische, knotenzerhauende Politik ist eine undemokratische Lust.«[10] So hat Heribert Prantl vor einigen Monaten in einem lesenswerten Kommentar geschrieben und hinzugefügt: »Ein Demokrat haut nicht schnell zu, sondern nestelt herum; er lässt nicht die Fetzen fliegen, sondern versucht, die Knoten zu lösen.« So wurde im Deutschen Bundestag die Regierungsarbeit immer kritisch, aber konstruktiv begleitet. Und wenn sie von Teilen der Abgeordneten nicht selten auch leidenschaftlich bekämpft wird, in einigen wichtigen Fragen gelegentlich auch unabhängig von der Fraktionszugehörigkeit, wird doch im Unterschied zur Weimarer Republik die Bereitschaft zum Kompromiss als demokratische Tugend begriffen und praktiziert. Deshalb haben wir allen Grund dazu, stolz auf dieses Parlament und unsere inzwischen 60-jährige parlamentarische Tradition zu sein und selbstbewusst in die Zukunft zu blicken.

Alle, die heute in Deutschland leben, profitierten von guten, historisch beispiellosen ökonomischen, politischen und sozialen Rahmenbedingungen. Umso größer ist die Versuchung, diese Bedingungen für eine Selbstverständlichkeit zu halten und sich nicht klarzumachen, dass dies eben nicht der Regelfall der deutschen Geschichte ist, sondern die seltene, aber glücklicherweise nun seit Jahrzehnten stabile Ausnahme, eine Errungenschaft, die immer wieder unser Engagement erfordert.

10 Süddeutsche Zeitung, 26. August 2009.

Matthias Machnig und Karsten Rudolph

Neuvermessung

Zur Zukunft der Volksparteien und zur Zukunft der SPD

»Die fast unlösbare Aufgabe besteht darin, weder vor der Macht der anderen, noch vor der eigenen Ohnmacht, sich dumm machen zu lassen.« (Theodor W. Adorno: Minima Moralia. Reflexionen aus dem beschädigten Leben, Frankfurt am Main 2001, S. 94)

Die Bundestagswahl 2009 stellt ohne Zweifel eine Zäsur für die Demokratie und die Parteienlandschaft in Deutschland dar. Eine wichtige Ursache liegt darin, dass die vier Jahre der Großen Koalition zu einer umfassenden Depolitisierung in Deutschland beigetragen haben. Das »strukturelle Unentschieden« in der Großen Koalition hat dazu geführt, dass Profile unkenntlich geworden sind, Alternativen unklar erschienen und Richtungsfragen in der deutschen Politik kaum noch diskutiert worden sind. Man stelle sich vor, in der Fußballbundesliga gäbe es an jedem Spieltag ein erwartetes Unentschieden. Spätestens am vierten Spieltag würden sich die Stadien leeren. Genau dieser Mechanismus hat am 27. September 2009 zugeschlagen.

Die Fünfparteienlandschaft ist da. Sie wird neue Regeln, neue Konstellationen und neue Bedingungen für das politische System in Deutschland etablieren. Wir sind in einem Parteiensystem angekommen mit zwei mittelgroßen (einer 30-Prozent- und einer 20-Prozent-Partei) sowie drei kleingroßen Parteien, in der die Addition der Stimmanteile für die »kleineren« größer ist als die jeder der vermeintlich »großen« Parteien. Damit steht auch das Konzept der Volkspartei auf dem Prüfstand.

Das gilt nicht nur wegen rückläufiger Wahlergebnisse. Es stellt sich vielmehr die Frage, ob Parteien, die sozialstrukturell und kulturell nicht mehr die Wirklichkeit zu Beginn des 21. Jahrhunderts in Deutschland abbilden, noch als Volkspartei zu bezeichnen sind. Denn die Entkopplung von Parteien und Gesellschaft ist mit einem tiefgreifenden weiteren Problem verbunden. Die Kompetenzen, die heute in der Gesellschaft vorhanden sind, in unterschiedlichen Subsystemen und Milieus, werden wegen dieser Verengung nicht mehr in den Parteien abgebildet.

Parteien allerdings, die das Erfahrungswissen, die Kompetenzen einer Gesellschaft nicht entweder in ihrer Mitgliedschaft abbilden oder sie in Netzwerken organisieren, müssen sich die Frage gefallen lassen, inwieweit sie sich programmatisch, intellektuell und kulturell noch auf der Höhe der Zeit befinden. Beide »großen« Parteien sind in den sich ausdifferenzierten Klein- und Großmilieus nicht mehr hinreichend vertreten. Damit gehen Seismographen und Trends in der Gesellschaft für die eigene Politikentwicklung und das eigene Politikangebot verloren. Insoweit hat die mangelnde Verankerung einer Partei in unterschiedlichen gesellschaftlichen Milieus eine fatale Konsequenz hinsichtlich ihrer jeweiligen Integrations- und Orientierungsfähigkeit.

Beide großen Volksparteien stehen in einer doppelten Modernisierungskrise.[1] Die Union hat sich 2001 gesellschaftspolitisch liberalisiert und 2005 wirtschaftspolitisch sozialdemokratisiert mit der Konsequenz, dass sich das neoliberale Wirtschaftsbürgertum und die katholische Stammwählerschaft heimatlos fühlen. Die SPD hat sich ökonomisch liberalisiert, den Sozialstaat ökonomisiert und die Verteilungsfragen programmatisch neutralisiert. Dies hat zur politischen Heimatlosigkeit vieler Arbeitnehmerinnen und Arbeitnehmer und der Gewerkschaften geführt oder sie in eine »neue Heimat« getrieben. Gegen diese doppelte Modernisierungskrise wirkt nur Politik – das heißt: Parteien müssen wieder Richtungsfragen stellen und im Zentrum von Richtungsdiskussionen stehen.

Die Bündelung von Interessen zu politischen Programmen, über die die Bürger abstimmen können, die Rekrutierung von Führungspersonal für öffentliche Ämter, die Bereitstellung einer permanenten Alternative zur jeweiligen Regierung – diese Funktionen kann nur erfüllen, wer sich als Mitgliederpartei versteht.

Die Anforderungen an eine Reform der Parteiorganisation sind klar zu benennen, sie ergeben sich aus dem Strukturwandel der letzten Jahrzehnte. Er fordert von einer Partei ein Bündel an Kompetenzen:

Die Individualisierung von Lebensläufen, die Vielfalt neuer Lebensstile und die damit verbundene Lösung alter Parteibindungen stellen ganz neue Anforderungen an die Dialogkompetenz. Parteien können Unterstützung nur durch

1 Vgl. Majid Sattar: Adieu, Volksparteiendemokratie! in: Frankfurter Allgemeine Zeitung, 28. September 2009, S. 5.

Diskursorientierung erreichen. Nur so ist die Bindewirkung von Politik zu verbessern.

Politik wird von den Bürgern fast ausschließlich über den Filter der Medien wahrgenommen. Parteien müssen also ihre Kommunikationskompetenz weiterentwickeln, mithin ihre Fähigkeit, Personen und Symbole für die Verbreitung von Ideen und Werten zu nutzen.

In der Gesellschaft orientieren sich immer mehr Wähler an der Plausibilität von Konzepten und den Ergebnissen politischen Handelns. Gleichzeitig hat sich das Tempo, mit dem neue Problemlagen entstehen, erheblich beschleunigt. Das ist eine Herausforderung an die Programm- und Handlungskompetenz von Parteien, das heißt an ihre Fähigkeit, in zentralen Politikfeldern neue Optionen und Chancen aufzunehmen, Korridore für deren Realisierung aufzuzeigen und sie konsequent umzusetzen.

In der Wissensgesellschaft können Organisationen nicht mehr alle notwendigen Kompetenzen zur Lösung wechselnder Probleme vorrätig halten. Das gilt für Unternehmen ebenso wie für Parteien. Als lernende Organisationen müssen sie Netzwerke als eine Form strategischer Kooperation knüpfen, um rasch auf wechselnde Anforderungen reagieren zu können. Die Fähigkeit, Kompetenznetzwerke zu knüpfen und damit gesellschaftliche Veränderungen in organisatorischen und institutionellen Strukturen abzubilden, ist das zentrale Erfordernis der Organisationskompetenz einer modernen Partei.

Wenn Parteien den Anspruch haben, gesellschaftliche Formationen abzubilden, um so Interessen artikulieren und bündeln zu können, müssen sie neben der klassischen Organisation Netzwerke für die Gesellschaft entwickeln, real und virtuell. Das ist eine Partei mit in unterschiedlichem Maße und zu unterschiedlichen Zeiten aktiven Mitgliedern, aktiven Unterstützern und interessierten Dialogpartnern. Sie sind das wichtigste Kapital der Partei, weil ohne sie kein direkter Dialog mit Bürgerinnen und Bürgern möglich ist. Das Ziel dieser vernetzten Zentren politischer Aktivität ist es, demokratische Bürgerkoalitionen zusammenzufügen, die sozial und kulturell weit heterogener sind, als es die Wählerschaft in der Glanzzeit der Volksparteien gewesen ist.

Aber vor allem muss noch einiges andere geschehen: Parteien müssen wieder Richtungen definieren, müssen Lehrer gesellschaftlicher Veränderungen werden. Dazu ist eine Neuorientierung besonders bei der SPD notwendig.

Die Reformbilanz der letzten Jahre ist widersprüchlich in unterschiedlichen gesellschaftlichen Bereichen. Die versprochene Synthese aus Modernisierungsanstrengungen und Gerechtigkeitsversprechen ist in der Gesellschaft nicht angekommen. Vielmehr hat eine gesellschaftspolitische Polarisierung stattgefunden. Konkret manifestierte sich die versprochene Synthese, die allerdings zu einer Reihe von gesellschaftlichen Brüchen führte, in:

– der Verlagerung von Macht und Steuerungsleistung in die Gesellschaft hinein (Deregulierung),
– der Verlagerung von Verantwortung auf das Individuum (Workfare statt Welfare),
– und – damit zusammenhängend – in der veränderten Rolle des Staates (»schlanker Staat«).

Das hat eine Zeit lang funktioniert: in Deutschland, in Großbritannien, in Schweden – ja fast in ganz Europa und in den USA. Heute müssen wir feststellen: Nicht nur die Reformbilanz ist widersprüchlich. Der angestrebte Kompromiss zwischen dynamischem Finanzkapitalismus, strauchelndem Sozialstaat und schwächelnder Demokratie kam nicht zustande, weil die Marktgläubigen ihn gar nicht wollten. Die großen sozialdemokratischen Versprechen von Freiheit, Gerechtigkeit und Solidarität wurden unter diesen Bedingungen gleichsam täglich dementiert.

Heute geht es um »Wandel durch Sicherheit«. Die Bereitschaft der Menschen, Veränderungen zu unterstützen und ihnen eine Richtung zu geben, hängt davon ab, dass ihnen nicht falsche Sicherheit vorgegaukelt wird, während die Verantwortung beim Einzelnen abgeladen wird. Nicht der ermöglichende Sozialstaat, auch nicht der fürsorgende Sozialstaat, sondern der vorsorgende und gewährleistende Sozialstaat ist die Aufgabe. Progressive Governance braucht Progressive Government.

Die sozialdemokratische Bewegung war stets mehr als eine Bewegung moralischer Empörung und ziellosen Protests. Die SPD war auch nie nur eine Programmpartei. Sie war dann politisch erfolgreich, wenn sie ihr Programm mit gestalterischem Mut vortrug, wenn sie auch Bewegungspartei war, die Themen setzte und für sie mobilisierte.

Unsere Gesellschaft steht national und global vor vielen Richtungsfragen, die Richtungsantworten erfordern. Eine Linke ist nur dann wieder attraktiv, wenn ihr genau dies gelingt: die richtigen Fragen zu stellen und schlüssige Antworten zu geben. Folgende wesentliche Richtungsfragen stehen in den nächsten Jahren auf der Tagesordnung:

Richtungsfrage 1: Markt und Staat

Wie viel Markt wollen wir? Wie viel Staat brauchen wir? Welcher Ordnungsrahmen ist erforderlich?

Banken dürfen nicht wieder in die Position kommen, durch ihre aktuelle systemische Relevanz die Staatengemeinschaft erpressen zu können nach der Devise »Gewinne privatisieren und Verluste sozialisieren«. Im Gegenteil: Finanzinstitute müssen wieder stärker in die Pflicht genommen werden, ihrer eigentlichen Aufgabe, einer ausreichenden Kreditversorgung der Wirtschaft, nachzukommen und nicht den globalen Casino-Kapitalismus zu beschleunigen. Banken sollten wegen ihrer strategischen Bedeutung und ihres Potenzials der ökonomischen Massenvernichtung streng reguliert werden.

Zentral ist das Grundprinzip, welches auch für alle anderen in der Wirtschaft gilt: Verantwortung für das eigene Handeln zu übernehmen. Das bedeutet, Banken müssen auch pleite gehen können, wenn sie sich verzocken, und die persönliche Managerhaftung muss deutlich verschärft werden. Es ist notwendig, dass Banken genügend Risikokapital in den jeweiligen nationalen Märkten vorhalten sowie in Boomphasen ansammeln müssen.

Eine staatliche Begrenzung des Bonuspools und ein zeitliches Betätigungsverbot für Top-Manager im Finanzdienstleistungssektor im Falle staatlicher Unterstützung sind weitere effektive Instrumente. Weitere zentrale Maßnahmen einer progressiven Regulierung sind eine globale Finanzmarkttransaktionssteuer, deren Erlöse beispielsweise für die Unterstützung internationaler Klimaschutzpolitik oder für das Austrocknen internationaler Steueroasen verwendet werden könnten.

Richtungsfrage 2: Reichtums- und Einkommensverteilung

Eine klassische Frage wird wieder aktuell: Seit Mitte der 1990er Jahre ist ein Ausdünnen der ökonomischen Mitte in Deutschland zu beobachten. Daraus ergeben sich Fragen: Wie hoch ist ein gerechter Anteil an der Wertschöpfung in Form von Löhnen? Und wie sieht insgesamt eine sozial gerechte und auch ökonomisch gebotene Einkommensverteilung aus?

Im internationalen Vergleich ist das Aufkommen vermögensbezogener Steuern im Verhältnis zum jeweiligen Bruttoinlandsprodukt in Deutschland mit 0,9 Prozent geradezu lächerlich gering. Es liegt weit unter demjenigen Großbritanniens, Frankreichs oder der USA und erreicht nicht einmal die Hälfte des

EU-15-Durchschnitts. Selbst das Deutsche Institut für Wirtschaftsforschung (DIW) empfiehlt deshalb wenigstens eine Angleichung an das EU-Niveau vor ihrer Osterweiterung (zwei Prozent), was dem Staat rund 25 Milliarden Euro jährlich einbringen würde.

Was sich wie Statistik anhört, ist nichts anderes als eine Wertefrage – mit starken ökonomischen Implikationen: Die Spekulationswelle auf den Finanzmärkten hat ihre Ursache auch in der hohen Liquidität von Teilen der Gesellschaft, die nach immer wahnwitzigeren Anlagemöglichkeiten gesucht haben.

Die Antwort einer politischen Linken muss eindeutig und sie darf nicht ideologisch sein. Neue Solidarität in Zeiten der Krise bedeutet, dass stärkere Einkommensgruppen mehr an finanzieller Verantwortung für das Gemeinwohl übernehmen müssen als weniger starke. Denn Verteilungsfragen sind keine Ideologie-, sondern Gerechtigkeits- und Ökonomiefragen.

Richtungsfrage 3: Solidarität und Eigenverantwortung

Der Sozialstaat ist das Kernprojekt der sozialdemokratischen Linken. Es war der Versuch, jenseits »des Sozialismus« Solidarität in der Gesellschaft zu begründen, Menschen in prekärer Situation zu helfen. Er ist keine Zutat, er ist nicht weniger als die materielle Einlösung des Freiheitsversprechens, das einer demokratischen Gesellschaft zugrunde liegt. Der Sozialstaat ist eine tragende Säule der Demokratie, er ist ein Bürgerrecht. Freiheit realisiert sich erst dort, wo die ökonomischen Voraussetzungen selbstbestimmten Handelns gewährleistet werden. Jede Form der Halbierung von Freiheit, ob als Verweigerung von Rechtsstaatlichkeit oder Sozialstaatlichkeit, ist eine Abkehr vom Grundrecht der Freiheit. Ein Sozialstaat verwirklicht Demokratie, wenn er dafür sorgt, dass Menschen gegen die großen Lebensrisiken der Arbeitslosigkeit, der Krankheit, der Erwerbsunfähigkeit und des Alters geschützt sind, und er die Würde und Anerkennung jedes Einzelnen sichert.

Mit den Arbeitsmarktgesetzen, die auf den Weg gebracht wurden, hat es einen fundamentalen Paradigmenwechsel der politischen Linken, auch zum Teil der Gewerkschaften, beim Thema Arbeitslosigkeit gegeben. Seit den 1970er Jahren, dem Beginn der Massenarbeitslosigkeit, haben Gewerkschaften und Sozialdemokratie die Frage thematisiert: Wo gibt es systemisches Versagen, ökonomisches Versagen, das korrigiert werden muss, um die Arbeitslosigkeit wirksamer zu bekämpfen? Durch die »Hartz-Gesetze« ist etwas anderes geschehen: Sie haben zu einer Individualisierung des Problems geführt. Nun werden einseitig Motivationsprobleme und ein Qualifikationsproblem als zentrale Ursachen von Arbeitslosigkeit unterstellt. Konsequenz daraus war, den ökonomischen Druck auf den Einzelnen zu erhöhen.

Selbstverständlich ist Eigenverantwortung im Sozialstaat erforderlich. Aber Eigenverantwortung kann eben nicht bedeuten, Risiken zu individualisieren und die öffentliche Daseinsvorsorge zu privatisieren. Notwendig ist darüber hinaus eine Erneuerung unseres Gesellschaftsvertrages, der das Versprechen »Leistung gegen Sicherheit und Aufstieg« wieder ins Zentrum rückt. Eine Antwort darauf besteht in einem flächendeckenden, gesetzlich geregelten Mindestlohn, wie es ihn in vielen europäischen und nichteuropäischen Ländern gibt, sogar in den USA.

Richtungsfrage 4: Chancen und Zugänge

Bildung ist heute mehr denn je Schlüssel für nahezu alles: den Fortschritt der Gesellschaft, Wachstums- und Innovationschancen, Emanzipations- und Entwicklungschancen des Einzelnen. Sie ist Hauptproduktivkraft der Wissensökonomie. Die Leistungsfähigkeit des Bildungssystems stellt die Weichen für die Zukunft des Landes und die Grundlagen unseres Sozialstaates. Bildung ist die Zukunftspolitik und die Gerechtigkeitspolitik des 21. Jahrhunderts.

Deutschland gehört aber seit den 1990er Jahren zu denjenigen Ländern, die im internationalen Vergleich am wenigsten in Bildung investieren. Nicht einmal fünf Prozent unseres Bruttoinlandsprodukts gehen in Bildung; die skandinavischen Länder investieren dort etwa acht Prozent ihrer Wirtschaftsleistung. Im Durchschnitt der OECD-Länder werden sogar 13,4 Prozent der öffentlichen Ausgaben für Bildung eingesetzt. Wollte Deutschland diesen Wert erreichen, wären Mehrinvestitionen in der Größenordnung von 15 bis 20 Milliarden Euro pro Jahr erforderlich! Diese Aufgabe wird ökonomisch und sozial zu einer Schlüsselfrage der nächsten Jahre. Gleichzeitig sind Strukturreformen erforderlich. Alle internationalen Vergleiche zeigen, dass ein integratives Schulsystem, das Kinder und Jugendliche gemeinsam fördert, statt sie voneinander zu separieren, erfolgreicher sein kann als die frühzeitige Aufteilung in weiterführende Schulen. *Last but not least* muss ein Recht auf Weiterbildung etabliert werden, denn Weiterbildung ist ein öffentliches Gut, auf das es einen Rechtsanspruch jedes Einzelnen geben sollte. Nur durch ein solches Maßnahmenbündel lässt sich der Zugangs- und Teilhabeanspruch in einer modernen Gesellschaft realisieren und die Chance auf Aufstieg.

Heute haben mindestens jeder Sechste in Deutschland und jedes vierte Kind einen Migrationshintergrund, jede fünfte Ehe ist binational. In manchen Großstädten liegt der Anteil der Jugendlichen mit Migrationshintergrund bei über 40 Prozent. Dies spiegelt sich jedoch nicht ansatzweise in den öffentlichen Institutionen und Eliten wider.

Andere Länder in Europa wie Großbritannien, aber auch klassische Einwanderungsländer haben durch gezielte Förderung und Anerkennung die Potenziale dieser Bevölkerungsgruppen stärker aktiviert und positive Vorbilder geschaffen. Sie haben gute Erfahrungen damit gemacht. Der wirtschaftliche Wachstumsimpuls von Einwanderung ist selbst ohne demographischen Wandel schon jetzt wissenschaftlich unbestritten. Auch die Parteien und gerade die Sozialdemokratie als natürlicher Partner müssen sich stärker öffnen und diese »Neubürger« langfristig an sich binden. Eine progressive Sozialdemokratie muss für neue soziale Bewegungen und Gruppen wieder Seismograph und Sammelbecken werden. Als Volkspartei kann sie diese Menschen integrieren und politisieren, die sich sonst bestenfalls in Splittergruppen oder NGOs wiederfinden. Eine »Politik der Anerkennung« (Jürgen Habermas) ist der beste Weg, um einem Zerfall des Gemeinwesens in Subkulturen entgegenzuwirken.

Richtungsfrage 5: Zivilisationspolitik und neuer Multilateralismus

Wir brauchen eine Politik, die dem veränderten Zusammenspiel von Umwelt und Wirtschaft Rechnung trägt, eine Politik, die aus ökonomischen Gründen die ökologischen Fragen aufgreift und ernst macht mit dem Gedanken der Nachhaltigkeit. Ökologische Industriepolitik setzt darauf, wirtschaftliches Wachstum vom Ressourcenverbrauch abzukoppeln. Märkte allein werden das nicht können. Und wir benötigen einen Ordnungsrahmen, um die ökologische Dimension beherrschbar zu machen.

Wenn wir den Klimawandel stoppen wollen, brauchen wir eine Reduktion der CO_2-Emissionen in Deutschland und den Industriegesellschaften in der Größenordnung von 80 bis 95 Prozent bis zum Jahre 2050. Das setzt eine dritte industrielle Revolution voraus, die die Energie- und Ressourceneffizienz ins Zentrum ihres Wirtschaftens setzt.

Die Industrieländer müssen als erste ihre Emissionen drastisch reduzieren und vor allem zeigen, dass ökonomisches Wachstum, soziale Entwicklung und nachhaltiges Wirtschaften zusammen gehen. Nur dann werden auch die Entwicklungsländer bereit sein, ihre CO_2-Emissionen abzusenken. Sie erwarten von den entwickelten Ländern zu Recht, dass wir sie bei der Anpassung an den bereits stattfindenden Klimawandel und beim Einstieg in eine CO_2-reduzierte Produktionsweise unterstützen. Dies erfordert eine Politik der neuen Solidarität zwischen Industrie- und Entwicklungsländern und eine Politik eines erneuerten Multilateralismus.

Richtungsfrage 6: Links oder rechts

Auf die Frage, was unterscheidet links von rechts, gibt Norberto Bobbio eine eindeutige Antwort: Es ist das Merkmal des Egalitarismus. Um das Ideal der Freiheit anzustreben, kämpft die Linke für mehr Gleichheit.[2] Das Ideal der Egalität schlug sich zuerst in der Forderung nach einem gleichen Wahlrecht nieder. Arbeiter sollten die gleiche Stimme haben wie Unternehmer, Frauen wie Männer, Schwarze wie Weiße.

Eine Linke ist dann stark, wenn sie in der Lage ist, Richtungsfragen zu thematisieren. Sie muss wieder ein Labor sein für das Verständnis der Gesellschaft und »ein Ort des politischen Raums«[3]. Dabei muss sie konkret sein und sich nicht verlieren in geschichtsphilosophischen Betrachtungen und Debatten. Sie braucht ein Reformprojekt, das gestaltet und Zukunftsoptionen sichert. Sie braucht auch einen utopischen Überschuss. Der Satz »Wer Visionen hat, gehört ins Krankenhaus« ist kein linker Satz, er ist zutiefst konservativ. Die Linke darf, wie Ernst Bloch es einmal formuliert hat, das »noch nicht« nicht aufgeben. Eine Linke, die dies tut, hat sich aufgegeben.

Im Fünfparteiensystem: neue Regeln, altes Bewusstsein?

Viele Wähler haben eine klare Auffassung, welche Parteien zusammengehören und wo Lagergrenzen verlaufen. Wähler orientieren sich an und in Lagern. Grenzüberschreitungen werden bestraft, der Legitimationsdruck wächst. Und Wähler drohen mit Sanktionen bei Verstoß. So lebte der Bundestagswahlkampf 2009 mehr von den Auseinandersetzungen der drei Parteien im vermeintlich bürgerlichen Lager als von einer Konkurrenz zwischen Union und SPD.

2 Vgl. Norberto Bobbio: Rechts und Links. Gründe und Bedeutungen einer politischen Unterscheidung, Berlin ⁴2006, S. 76 ff.

3 Ebd., S. 71.

Das Ganze wird zusätzlich erschwert durch die bisherige »asymmetrische Lagerstruktur«. Ein vollständiges Lager, das selbsternannte »bürgerliche«, steht einem unvollständigen, »irgendwie linken« Lager, mit Rot-Grün als Kern und einem ungeklärten Verhältnis zur Linkspartei, gegenüber. Die bürgerlichen Parteien profitieren von den Vorteilen des Lagers: Stimmensplitting, lagerinterne Wechselwähler, reale Machtperspektive. Neue Regeln sind unvermeidbar zur Koordination, zur Politik- und Machtfähigkeit neuer, unvermeidbar neuer Machtkonstellationen.

Folgende Regeln zeichnen sich ab:[4]

1. Regel: Unverbindlichkeit der *Koalitionsaussage* vor der Wahl

Es ist legitim, dass die Verbindlichkeit einer Koalitionsaussage vor der Wahl abnimmt. Parteien haben einen Wunsch frei, aber danach sollten sie lieber schweigen. Sonst laufen sie in die Falle des Wählerbetrugs oder in die einer Selbstblockade, weil man andere Parteien nicht zugleich umwerben und angreifen kann.

2. Regel: Gestiegener Strategie-, Beratungs- und Verhandlungsbedarf der Parteien vor und bei der *Koalitionsbildung*

Das gilt gerade für Lager überschreitende Koalitionen mit ihrem besonderen Legitimationsbedarf, für Große Koalitionen ebenso wie für verschiedene Dreiervarianten. Weil *vor* der Wahl im Fünfparteiensystem das Entscheidende offen bleiben muss (wer mit wem), kann erst *nach* der Wahl realistisch diskutiert werden. Fast zu allen Koalitionsvarianten gibt es in allen Parteien unterschiedliche Präferenzen und Konflikte. Das darf man weder durch Opportunismus noch per Dekret entscheiden. Diese nachträglichen Parteidebatten sind, neben der Führungsauswahl, vielleicht das Wichtigste, was Parteien heute zu leisten haben. Denn Parteien rufen Koalitionen nicht nur ins Leben, sie müssen sie auch dann tragen, wenn antagonistische Verbindungen zustande kommen.

4 Vgl. Joachim Raschke: Spielt jetzt mit den Schmuddelkindern, in: Süddeutsche Zeitung, 16. September 2009, S. 2.

3. Regel: Notwendig werden neue *Koalitionsformen*

Koalitionen, die nicht mehr auf möglichst großen Schnittmengen beruhen, sondern komplementär unterschiedliche programmatische Elemente zusammenführen und mit ihnen unterschiedliche politische Interessen, werden notwendig. Die Gesamtidentifikation wird dabei geringer als bei den früheren, homogeneren Koalitionen. Lagerübergreifenden Koalitionen ist wegen des größeren Konflikts- auch ein höheres Streitpotenzial zuzubilligen. Selbst Minderheitsregierungen werden zu den Optionen und Reaktionen gehören. Das alte Denken zeigt sich empört. Aber auch hier gilt: Wer zu spät kommt, den bestraft das Leben. Die Zeit der Lager-Ideologen geht zu Ende, für die es nur ein legitimes Lager gibt. Aber auch Kampagnen-Medien, die ihre Definitionsmacht und ihren Zeitvorsprung auf Kosten deliberativer Parteien ausspielen wollen, werden sich neu einstellen müssen. Traditionalisten, die das ganze Getue im Fünfparteiensystem nicht verstehen (wollen), werden immer weniger strategie-, politik- und machtfähig.

Es mag sein, dass wir auf dem Weg sind zu zwei verfestigten Lagern. Allerdings müsste das Mitte-Links-Spektrum eine nachholende Lagerbildung betreiben, um die Wettbewerbsvorteile, die das »bürgerliche« Lager heute hat, auszugleichen. Dann würden Koalitionsentscheidungen auch wieder einfach werden, sie könnten vor der Wahl getroffen werden, ja, sie müssten noch nicht einmal getroffen werden: Jedes Lager wäre per se eine Koalition aus drei Parteien. Es ist fraglich, ob ein solcher Antagonismus die gesellschaftlichen Problemlagen angemessen abbildet und ob eine solche Lagerpolitik partei- und regierungspolitisch überhaupt funktionieren kann. Eines ist sicher: Für eine Anpassung ist Zeit notwendig.

Rationales Handeln der Akteure ist dabei eine entscheidende Voraussetzung. Aber das Rationalitätsdefizit in kritischen Fragen ist bekannt. Alle müssen dazu lernen: Wähler, Parteien, Medien. Die Zeit läuft. Eines ist sicher: Wahlen und Wahlergebnisse werden neue Realitäten und neue Funktionslogiken erzwingen.

Andreas Pinkwart

Vom Kanzlermacher zum Regierungspartner auf Augenhöhe

Was die neue Stärke der kleinen Parteien für das Parteiensystem bedeutet

Vorbemerkung

Für Parteien bildet die Wählermobilisierung im Rahmen von modernen Wahlkämpfen die zentrale Herausforderung. Denn nicht schlagartig, sondern vielmehr in einem schleichenden Prozess haben sich die gesellschaftlichen Milieus aufgelöst, die noch vor einigen Jahren einen wesentlichen Beitrag zur Parteiidentifikation der Wähler beigetragen haben.

Diese Entwicklung erhöht den Druck auf Parteien, einen stark volatilen und heterogenen Wählermarkt zielgenau mobilisieren zu können. Möglichst viele Bürger müssen bis unmittelbar vor dem Wahltermin erreicht werden, um sie über Positionen, Inhalte und Kandidaten zu informieren. Die vergangenen Wahlen haben gezeigt, dass die Volatilität des Wählermarktes weiter ansteigt und sich damit die Zahl der Wechselwähler und Spätentscheider, die sich erst kurz vor dem Urnengang entscheiden, stark erhöht.[1]

Dieser Beitrag beschäftigt sich anhand der Bundestagswahl 2009 mit der Frage, wie sich das Verhältnis zwischen den klassischen Volksparteien und den vormals kleinen Parteien im Parteiensystem der Bundesrepublik Deutschland verändert hat.

Die Ausgangssituation zur Bundestagswahl 2009

Das Parteiensystem in der Bundesrepublik Deutschland befindet sich seit geraumer Zeit in einem signifikanten Veränderungsprozess. Drei zentrale Entwicklungen kennzeichnen diesen Prozess: ein kontinuierlicher Stimmenverlust

1 Vgl. Frank Brettschneider/Oskar Niedermayer/Barbara Pfetsch/Bernhard Weßels (Hg.): Die Bundestagswahl 2005. Analysen des Wahlkampfes und der Wahlergebnisse, Wiesbaden 2007.

der Volksparteien CDU/CSU und SPD bei Bundestagswahlen, das Entstehen neuer Parteien und der Bedeutungszuwachs bestehender kleiner Parteien. Hinzu kommt eine steigende Politik- und Politikerverdrossenheit in der Bevölkerung, die sich bei Wahlen über die Zunahme des Nichtwähleranteils ausdrückt. Bei der Bundestagswahl 2009 lag die Wahlbeteiligung knapp unter 71 Prozent der Wahlberechtigten und damit auf einem historischen Tiefstand in der Geschichte der Bundesrepublik Deutschland. Noch Mitte der 1980er Jahre lag die Wahlbeteiligung auf Bundesebene bei rund 90 Prozent, in den 1970er Jahren sogar noch darüber.

Wahlsoziologisch standen die beiden Volksparteien Union und SPD 2009 vor ähnlichen Problemstellungen im Hinblick auf die Wählermobilisierung, denn der Rückgriff auf ehemalige treue Stammwählermilieus war beiden Parteien durch eine zunehmende Volatilität des Stimmenmarktes erschwert. Während der Anteil der katholischen Unions-Wähler in den vorangegangenen Wahlen kontinuierlich zurückging, schwand für die SPD die Zustimmung durch die gewerkschaftlich organisierten Arbeiter. Allein durch die Mobilisierung der verbliebenen treuen Stammwähler wären die Parteien weder koalitions- noch regierungsfähig.[2]

Durch die Konstellation der Großen Koalition war die Ausgangssituation der Volksparteien für den Wahlkampf 2009 zusätzlich erschwert worden. Denn nach vier Jahren Zusammenarbeit im Kabinett standen sich Angela Merkel und Frank-Walter Steinmeier nun als konkurrierende Spitzenkandidaten gegenüber. Dementsprechend arm an öffentlicher Auseinandersetzung und inhaltlicher Positionierung verlief der folgende Wahlkampf. Umso intensiver wurden in der Folge jedoch politische Farbenspiele öffentlich diskutiert. Wer *kann* mit wem? Wer *will* mit wem? Und darf man mit den LINKEN koalieren? Ein derart intensives politisches und mediales Orakeln über spätere Koalitionsmöglichkeiten hatte es in keinem Wahlkampf zuvor gegeben. Auch wenn klare Lagerstrukturen die Sehnsucht der Wähler nach Unterscheidbarkeit bedienen, ist die Koalitionslotterie 2009 bunter, schneller und mobiler geworden.[3] Dazu beigetragen hat, dass sich Union und SPD im Vorfeld lediglich darauf festlegten, die Große Koalition beenden zu wollen. Damit ließen sie sich Wege und Hintertüren zu neuen und alternativen Regierungskonstellationen offen, lösten aber gleichzeitig eine intensive Mediendiskussion aus, die viele Bürger darüber verunsicherte, welche

2 Vgl. Frank Decker/Viola Neu: Handbuch der deutschen Parteien, Wiesbaden 2007.

3 Vgl. Karl-Rudolf Korte: Neue Qualität des Parteienwettbewerbs im »Superwahljahr«, in: Aus Politik und Zeitgeschichte, 38/2009, S. 3–8.

Koalition mit ihrer Stimme letztlich an die Macht kommen würde. Die Rolle der LINKEN in einer möglichen Koalition blieb dabei bis zum Wahltag unklar.

Der Wähler als unbekanntes Wesen

Die Bundestagswahl 2009 zeigt zudem, dass der Wähler für die Volksparteien zunehmend zu einem unbekannten Wesen geworden ist: Die klassischen Trennungslinien zwischen Kirche und Staat, Stadt und Land oder Kapital und Arbeitern verschwimmen weiter oder lösen sich ganz auf. Die gesellschaftlich sichtbare Trennung in Klassen oder Schichten ist zu Beginn des 21. Jahrhunderts nicht mehr zeitgemäß und haltbar, so dass die klassischen Konflikte als Unterscheidungsmerkmal für Parteien zunehmend in den Hintergrund geraten und Werte in das Zentrum der politischen und gesellschaftlichen Auseinandersetzung rücken. Zwei Bereiche lassen sich dabei herausstellen: der Sozialstaatskonflikt zwischen Marktfreiheit und sozialer Gerechtigkeit und der Konflikt zwischen libertären und autoritären Wertesystemen.[4] Umso wichtiger wird es für Parteien, die bestehende Werteebene der Bevölkerung in diesen Konfliktfragen abzufragen und ihre Strategien daran auszurichten. Diese Neuausrichtung scheint den Volksparteien momentan nicht recht zu gelingen.

Hinzu kommt, dass die skizzierten soziostrukturellen Veränderungen den Prozess der Erosion fester Parteibindungen weiter vorantreiben. Den Wählern fehlt eine klar zugeschnittene politische Heimat, die ihrer Meinung nach in der Lage ist, die Probleme neuer gesellschaftlicher Zuschnitte zu beantworten. Diese Entwicklung drückt sich auch in dem Rückgang der Parteimitglieder der Volksparteien aus. 1990 hatte die SPD 919.129 Mitglieder, 2005 waren es nur noch 567.925. Die CDU fiel von 784.756 Mitliedern 1990 auf 561.070 im Jahr 2005.[5]

Auch die Mobilisierung der Wähler fällt den Volksparteien zunehmend schwerer: Bei der Bundestagswahl 2009 erreichte die SPD 23 Prozent der Stimmen, was einem Verlust von mehr als 11,2 Prozentpunkten zur Wahl 2005 entspricht. Auch die Union verlor bei der Bundestagswahl 2009 im Vergleich zur vorange-

4 Vgl. Oskar Niedermayer: Das fluide Fünfparteiensystem nach der Bundestagswahl 2005, in: Oskar Niedermayer (Hg.): Die Parteien nach der Bundestagswahl 2005, Wiesbaden 2008, S. 9–35.

5 Ingesamt waren 2004 lediglich 2,5 Prozent der Bundesbürger Mitglied einer politischen Partei, 1990 waren es noch 3,8 Prozent (vgl. Manfred G. Schmidt: Das politische System der Bundesrepublik Deutschland, München 2007, S. 99).

gangenen Abstimmung Wähler, wenn auch in weitaus geringerem Maße als die Sozialdemokraten. Während SPD und Union zusammen bei der Bundestagswahl 1976 noch mehr als 91 Prozent der Wähler auf sich vereinigen konnten, waren es bei der Bundestagswahl 2005 nur noch 69,4 Prozent. 2009 sank der gemeinsame Stimmanteil sogar noch einmal weiter ab, auf nur noch 56,8 Prozent. Es kann daraus abgeleitet werden, dass der Heterogenität der Wählerinteressen nun auf Systemebene eine Differenzierung des deutschen Parteiensystems folgt – zum Schaden der klassischen Volksparteien. Gleichzeitig wächst damit die Bedeutung der kleinen Parteien, die bei der Bundestagswahl allesamt Stimmengewinne verzeichnen konnten.

Der Kuchen wird neu aufgeteilt

Die Frankfurter Allgemeine Zeitung titelte kurz nach der Wahl: »Adieu, Volksparteiendemokratie!« Die Zeitung schrieb hierzu, dass »die Lagerlogik mittlerweile ebenso ein Anachronismus ist wie bald womöglich das Volksparteikonzept«[6]. Der zunehmende Bindungs- und Repräsentationsverlust der Volksparteien im Wahljahr 2009 wurde karikiert durch die Entstehung von Spaß-Parteien wie der Titanic-Partei oder der Horst-Schlämmer-Partei, die jedoch nicht zur Wahl antraten. Andere Parteien, wie beispielsweise die Piraten-Partei, scheiterten zwar deutlich an der Fünf-Prozent-Hürde, bewiesen jedoch, dass sich das politische System der Bundesrepublik in einem dynamischen Wandlungsprozess befindet und dabei durchaus auch neue ernstzunehmende Parteien hervorbringen kann.[7] Das Beispiel der GRÜNEN zeigt, wie eine dauerhaft erfolgreiche und bundespolitisch relevante Parteineugründung verlaufen kann. Die Etablierung und zwischenzeitliche Regierungsbeteiligung dürfte, neben dem sie begünstigenden politischen

6 Majid Sattar: Adieu, Volksparteiendemokratie! in: Frankfurter Allgemeine Zeitung, 28. September 2009, S. 5.

7 Es muss jedoch relativierend hinzugefügt werden, dass »single issue«-Parteien, also Vereinigungen, die über nur ein einziges wesentliches – zumeist populistisch instrumentalisierbares – Thema verfügen, zwar auf Kommunal- und Landesebene Erfolge verzeichnen, ihre Chancen, eine Rolle im Bundestag zu spielen, jedoch gering sind. Als Beispiele für diese kurzfristigen Erscheinungen auf der politischen Bühne sind die STATT-Partei und die Schill-Partei in Hamburg zu nennen.

Umfeld, auch auf die Tatsache zurückzuführen sein, dass es gelungen ist, mit weiteren Themen als »nur« dem Umweltschutz identifiziert zu werden.[8]

Das Ergebnis der Bundestagswahl 2009 zeigt eines sehr klar: Die Große Koalition wurde von den Bürgern abgewählt – Gewinner sind die kleineren, bisherigen Oppositionsparteien. Am 27. September 2009 wurde außerdem deutlich, dass sich die Unberechenbarkeit der Wähler weiter fortsetzt. Die Menschen überlegen länger, ehe sie eine Wahlentscheidung treffen, wobei die Wählerwanderungsanalyse der Bundestagswahl 2009 gezeigt hat, dass Wählerwanderungen vielschichtig sind.

Die FDP hat ihre Chance aus dem Mobilisierungsdefizit der Volksparteien genutzt. Bis in die 1990er Jahre entschied die Partnerwahl der FDP, mit Ausnahme der Großen Koalition 1966, über die Regierungskonstellation. Diese Kanzlermacherfunktion als symbolisches Zünglein an der Waage hat sich einerseits durch die inhaltliche Öffnung der Partei sowie andererseits durch die zusätzlichen Parteien im Bundestag grundlegend gewandelt. Entgegen der häufigen Darstellung als reine Klientelpartei und Sachwalter von Wirtschaft und Arbeitgeberinteressen ist es den Liberalen aus der Opposition heraus gelungen, eine breite Wählerklientel zu erreichen: Bei den Angestellten konnte die FDP einen Wähleranteil von 16 Prozent erreichen (plus sechs Prozentpunkte im Vergleich zur vorhergehenden Wahl) und bei den Arbeitslosen sogar einen Wähleranteil von elf Prozent (plus drei Prozentpunkte; alle Zahlen aus der Wahlanalyse des Liberalen Instituts der Friedrich-Naumann-Stiftung). Die besondere Herausforderung liegt dabei darin, den Spagat zwischen Ansprache neuer Wählergruppen und der Konzentration auf inhaltliche Schwerpunktbereiche erfolgreich umzusetzen, ohne die Alleinstellungsmerkmale zu verwischen. Besonders im Kompetenzbereich der Wirtschafts- und Steuerpolitik konnte die FDP zur Bundestagswahl 2009 beim Wähler punkten. Mit 14,6 Prozent und einem Stimmenplus von 4,7 Prozentpunkten ist die FDP zur drittstärksten Kraft im neu gewählten Bundestag geworden.

8 Der Linkspartei kommt eine Sonderrolle zu, da sie aus einer bestehenden ehemaligen Staats- und Kaderpartei – der SED/PDS – hervorging. Aber auch hier zeigt sich sehr deutlich, wie schwierig die bundesweite Etablierung einer Partei ist. Die lange Zeit erfolglos versuchte Expansion in die alten Bundesländer ist erst durch die Enttäuschung von ehemaligen Stammwählern und Funktionären der SPD sowie den Vertrauensverlust im klassischen sozialdemokratischen Vorfeld, vor allem bei den Gewerkschaften, möglich geworden.

Krise der Volksparteien gleich Krise der Demokratie?

Nach der Beobachtung der Bundestagswahl 2009 stellt sich die Frage, wohin sich das politische System der Bundesrepublik Deutschland entwickeln wird. Auch wenn wir uns als Bürger erst einmal an ein Parlament mit fünf darin vertretenen Parteien gewöhnen müssen, bedeuten die Differenzierung innerhalb des Parteiensystems und die Schwäche der Volksparteien nicht automatisch eine Krise der Demokratie in unserem Land. Einige Thesen, die in aktuellen Debatten immer wieder angeführt werden, mögen interessengeleitet plausibel sein, objektiv richtig sind sie jedoch deshalb noch lange nicht:

1. Eine Schwächung sogenannter »Volksparteien« ist negativ oder gar gefährlich.
2. Nur die Existenz von Volksparteien ermöglicht die Bildung stabiler Koalitionsregierungen aus zwei Parteien.
3. Die Gewichtsverschiebung weg von den Volksparteien geht auf »Leihstimmen« zurück, die diese an andere Parteien abtreten.
4. Bürgerinnen und Bürger interessieren sich immer weniger für Politik, denn es gibt immer weniger Stammwähler.

Zu 1. Diese Behauptung ist zwar in der gegenwärtigen politischen Diskussion sehr populär, dient jedoch vor allem der politischen Selbstvergewisserung der bisherigen Volksparteien und hält einer vertieften Betrachtung nur schwer stand. So ist eine Schrumpfung der Volksparteien nicht grundsätzlich negativ zu betrachten und vor dem Hintergrund der bereits beschriebenen gesellschaftlichen Wandlungsprozesse als geradezu folgerichtig anzusehen. Darüber hinaus zeigt die Erfahrung aus einigen Bundesländern, dass, wenn eine Partei mehrere Jahrzehnte mit absoluter Mehrheit regiert, das im System Demokratie angelegte Wechselspiel zwischen Oppositions- und Regierungsrolle ausgehebelt wird. Eine Änderung dieser Situation kann Verkrustungen aufbrechen und mehr politischen Wettbewerb im Sinne des Gemeinwohls fördern.

Zu 2. Die zunehmende Diversifizierung der Parteienlandschaft und die Entwicklung von mittelgroßen Parteien verhindern keineswegs die Bildung von stabilen Zweier-Koalitionen, wie das jüngste Ergebnis der Bundestagswahl gezeigt hat. Jedoch wandelt sich die Gewichtung innerhalb einer solchen Koalition. Dass dies einer ehemals größeren Partei weniger angenehm ist, ist verständlich, muss aber als deren Perspektive nicht verallgemeinert werden. Ähnliches gilt für die Entstehung neuer Parteien, sofern sie im demokratischen Spektrum zu verorten sind.

Zu 3. Die immer wieder postulierten »Leihstimmen« sind eine Chimäre. Keine Partei oder andere Institution ist berechtigt, einen Besitzanspruch auf die Stimme irgendeines Wählers zu erheben. Allein Wählerin und Wähler entscheiden nach ihrer persönlichen Willensbildung darüber, wie sie ihre Stimmen einsetzen. Vielmehr zeigt gerade ein taktisch angelegtes Stimmensplitting zwischen Erst- und Zweitstimme die politische Mündigkeit der Bürger und den Willen, ihre Wahl nach rationalen Gesichtspunkten wohlüberlegt vorzunehmen. Das seit Jahren zu beobachtende Phänomen, dass die endgültige Wahlentscheidung immer näher an den Wahltag rückt oder sogar auf den Wahltag fällt, bedeutet dabei nicht zwangsläufig, dass die Betreffenden sich bis zur Wahlentscheidung keine Gedanken über das politische Angebot gemacht haben. Es kann in vielen Fällen sogar das genaue Gegenteil bedeuten. Die zunehmende Anzahl von Wechselwählern deutet ebenso darauf hin, dass die Menschen sich mehr Gedanken machen und politisch flexibler sind.

Zu 4. Von einer generellen Politikverdrossenheit zu sprechen ist falsch. Das Interesse der Bürger und auch der Medien an politischen Themen ist hoch, jedoch kommt es einerseits zu einem Output-Konflikt (die hohen Erwartungen der Bürger werden nicht von dem Ergebnis der Regierungsarbeit befriedigt), andererseits hat sich eine Politikerverdrossenheit entwickelt, die auch damit begründet werden kann, dass die Medien gern politische Skandale und persönliche Fehltritte politischer Akteure in den Vordergrund der Berichterstattung stellen. Dies prägt das Bild der Bürger über die Spitzenpolitiker nachhaltig. Die hohe Zustimmung der Bürger zur Demokratie wird von dieser Entwicklung jedoch nicht beeinflusst.

Fazit: Vom Kanzlermacher zum Regierungspartner

Die aufgezeigten Entwicklungen im Zuge der Bundestagswahl 2009 zeigen, dass sich das Parteiensystem in einem tiefgreifenden Wandlungsprozess befindet. Politik wird dadurch bunter, Koalitionsmöglichkeiten werden vielfältiger. Die Zeit der Alleinregierungen und absoluten Mehrheiten ist nicht erst seit der Landtagswahl 2008 in Bayern vorbei.[9] Die ehemals kleinen Parteien werden vom Kanzlermacher zum Regierungspartner auf Augenhöhe. Die Öffnung eines ehemals verengten Blickwinkels hin zur Ansprache breiter Wählerschichten gelingt, ohne

9 Die einzig verbliebene Alleinregierung bildet derzeit die SPD in Rheinland-Pfalz.

dabei das eigene Profil oder gar den Markenkern zu gefährden. Moderne Parteien können und dürfen sich Wandlungsprozessen nicht verschließen. Politik muss mit den Bürgern Schritt halten, nicht umgekehrt. Dies als Herausforderung und Chance zu begreifen, ist sinnvoller, als über unberechenbar gewordenes Wählerverhalten zu lamentieren.

Wirklich bedenklich ist dagegen die steigende Zahl der Nicht-Wähler. Die vielen Kampagnen zur Wählermobilisierung konnten den Negativtrend der sinkenden Wahlbeteiligung nicht stoppen. Besonders bei den eher bildungsfernen Schichten ist die Wahlbeteiligung gering. Um die im Grundgesetz festgelegte Aufgabe der Parteien, bei der politischen Willensbildung des Volkes mitzuwirken (Artikel 21 GG), auch in Zukunft erfüllen zu können, müssen möglichst viele Bürgerinnen und Bürger am Willensbildungsprozess beteiligt werden. Wenn ihre Willensäußerung zunehmend ausbleibt, sind die Parteien aufgefordert, ihre Politik verständlicher, transparenter und motivierender zu formulieren und zu transportieren. Die Politik ist in dieser Frage über Parteigrenzen hinweg gefordert, alle Bevölkerungsgruppen und Bildungsschichten anzusprechen. Anstatt Politikverdrossenheit zu manifestieren, müssen innovative Dialogmöglichkeiten zwischen Politik und Bürgern geschaffen werden. Dieser Austausch ist für ein gegenseitiges Verständnis und Interesse unabdingbar.

Was für das politische System gilt, gilt in Wechselwirkung auch für das ökonomische System. Deutschland kann es sich nicht mehr leisten, auf ganze Kohorten von potentiellen Talenten zu verzichten, weil beispielsweise die Integration von Zuwanderern unterschiedlicher Provenienz, aber auch die Re-Integration von Langzeitarbeitslosen aus Unwillen aller daran Beteiligten oder Mangel an pragmatischen Ansätzen immer wieder scheitert. Zukünftig darf es keine »lost generations« mehr geben. Große Teile der zweiten und dritten Generation von Kindern aus Familien mit Migrationshintergrund wurden verloren, obwohl Deutschland auf diesen Talent-Pool gar nicht verzichten kann. Ähnliches galt vielfach für Aus- und Übersiedler.

Schlüssel zum gesellschaftlichen, politischen und ökonomischen Erfolg Deutschlands im 21. Jahrhundert ist größtmögliche Bildung für alle, unabhängig von sozialem Status und Herkunft. Faire Bildungschancen bilden den Kitt der deutschen Gesellschaft. Faire Bildungschancen für alle Talente in unserem Land sind nur durch eine lückenlose Bildungskette und Bildungspartnerschaft von den Kommunen über die Länder bis hin zur Bundesebene zu gewährleisten. Faire Bildungschancen bedeuten nicht die Produktion von gleichen Ergebnissen am Ende der Bildungskette. Sie bedeuten vielmehr gleiche Chancen für jedes junge

Talent, das in Deutschland an irgendeinem Punkt der Bildungskette an den Start geht, unabhängig vom Einkommen.

Wenn die traditionellen *Cleavages* zwischen den Parteien vollständig abgebaut sein werden, wird es für das Überleben der heutigen Parteien notwendig sein, sich auf den neuen gesellschaftlichen Konfliktlinien zu positionieren. Erfolgt diese Neuausrichtung und Modernisierung nicht, wird sich der Umstrukturierungsprozess des Parteiensystems weiter fortsetzen – mit ungewissem Ausgang, nicht nur für die Volksparteien.

Jürgen Rüttgers

Nach einer historischen Wahl: Die Union ist die einzige Volkspartei

Die Geschichte der Bundesrepublik Deutschland ist eine Geschichte der Volksparteien: Zwischen 1953 und 1994 lagen CDU und CSU bei Bundestagswahlen immer über 40 Prozent, die SPD niemals unter 30 Prozent. Die Volksparteien haben damit zu einer beispiellosen Stabilität der politischen Verhältnisse in Deutschland beigetragen. Die Bonner Republik war deutlich anders als die Weimarer Republik. Nach dem Ende der Nazi-Barbarei konnte sich so die Demokratie in Deutschland durchsetzen und festigen. Dass wir heute auf 60 Jahre Frieden, Freiheit und eine liberale Gesellschaftsordnung zurückschauen können, ist wesentlich den Volksparteien zu verdanken. Bonn war nicht Weimar. Berlin ist nicht Weimar. Aber es darf auch nicht dazu kommen, dass Berlin Weimar wird.

Die Bundestagwahl 2009 war eine historische Wahl. Denn die SPD hat mit 23 Prozent das historisch schlechteste Ergebnis seit dem Zweiten Weltkrieg erzielt. Das gilt auch für Nordrhein-Westfalen, wo die CDU erstmals seit 26 Jahren bei Bundestagswahlen wieder vor der SPD lag. Allein im Ruhrgebiet, der »Herzkammer« der Sozialdemokratie, hat sie 13,5 Prozent der Wählerstimmen verloren. Heute kann niemand mehr vom Stammland der SPD reden. Die Ursache ist klar: Die SPD hat ihre alte Stammwählerschaft nicht mehr erreicht, die Arbeiter und Facharbeiter: 2002 haben noch über 43 Prozent der Arbeiter die SPD gewählt, 2009 nur noch 24 Prozent – ein Rückgang um fast 20 Prozent! Noch dramatischer ist der Einbruch bei den gewerkschaftlich organisierten Arbeitern – hier hat die SPD gegenüber 2005 fast 15 Prozent verloren. Diese Arbeiter waren von Anfang an immer die entscheidende Stütze der SPD gewesen. Die SPD hat in gewissem Sinne die Avantgarde der Arbeiterklasse verloren. Auch das ist eine historische Zäsur. Die SPD, die einmal die mitgliederstärkste Partei Deutschlands war, ist endgültig keine Volkspartei mehr. Die einzige verbliebene Volkspartei ist die Union. Die Mehrheit der Arbeiter und Facharbeiter hat bei der Bundestagswahl 2009 CDU und CSU gewählt. All diejenigen, die immer behauptet haben, es gebe in Deutschland keine bürgerlichen Mehrheiten mehr, sind widerlegt worden. Das sind die Botschaften dieser Wahl.

Nicht wenige Beobachter prophezeien allerdings auch der Union, dass sie diesen Status als einzige Volkspartei in Zukunft nicht halten kann. Die Skeptiker wenden ein, dass dieser Anspruch in einem Fünfparteiensystem ohnehin keine Zukunft habe. In anderen Ländern – wie zum Beispiel den Niederlanden – gebe es überhaupt keine Volksparteien mehr, und das sei nicht unbedingt zum Schaden der Demokratie. Und sie führen weitere Gründe an, warum das Modell der Volkspartei keine Zukunft habe: den Zerfall der Gesellschaft in viele einzelne Milieus, das »Ende der Ideologien« jenseits von »Rechts« und »Links«, die personelle Krise der Parteien, die Rolle der neuen Medien, die Folgen der Großen Koalition oder einen zunehmenden Populismus am politischen Rand. Auch wird auf den für jeden Demokraten alarmierenden Anstieg der Nichtwähler hingewiesen, der sich durch einen neuen Rekord bei der Bundestagswahl zu bestätigen scheint: Mehr als drei Millionen Menschen, die 2005 noch für die Union, die SPD oder eine andere Partei gestimmt haben, sind dieses Mal nicht zur Wahl gegangen. Damit ist die Partei der Nichtwähler auf fast 28 Prozent der Stimmberechtigten angewachsen. Eine verstärkte Tendenz zur Skandalisierung von Politik zerstört das Vertrauen in die Politik. Um das immer knappere Gut der öffentlichen Aufmerksamkeit auf sich zu ziehen, zerstören die Parteien ihr eigenes Fundament. Die Politiker sind aber nicht schlechter als früher. Eher ist die Welt mit ihren Problemen unübersichtlicher und komplexer geworden. Mancher mag da mit populistischen Rezepten nach Scheinlösungen suchen oder sich nach »starken Männern« sehnen. Aber damit sind die akuten Probleme nicht zu lösen. Tatsache ist: All die genannten Gründe für die Krise des Modells Volkspartei und den Aufstieg von »Klientelparteien« mögen richtig sein. Aber sind sie auch entscheidend?

Es gibt einen guten Grund, die Frage mit Nein zu beantworten. Er hat mit der schwindenden Einheit der Gesellschaft zu tun. Seit Jahren erleben wir eine wachsende Spaltung in unserer Gesellschaft. Ein Teil der wirtschaftlichen Eliten hat sich vom Rest der Gesellschaft abgekoppelt. Auch darin hat die größte Wirtschaftskrise seit dem Krieg ihre Ursache. Aber nicht nur die Eliten, sondern auch viele Menschen in den unteren Einkommensgruppen und viele Menschen, die Hartz IV bekommen, haben sich – wenn auch oft erzwungen – vom Kern der Gesellschaft entfernt. Die Furcht vor sozialem Abstieg wächst, vor allem im Mittelstand. Die Leistungsträger fürchten, dass ihre Kinder keine Chance zu sozialem Aufstieg haben. Und die Menschen müssen heute ein Veränderungstempo aushalten, das noch nie so stark war. Die Arbeitswelten haben sich in den letzten zehn Jahren radikaler verändert als jemals zuvor. Jeder muss hochmobil sein. Jeder muss sich ständig weiterbilden. Jeder muss sich immer mehr vermarkten, im Betrieb oder auf dem Arbeitsmarkt. Darüber sind viele alte Sicherheiten verloren gegangen. Eine grundlegende Verunsicherung hat viele Menschen ergriffen. Darauf müssen Volksparteien eine Antwort finden. Nur Protest- und Klientelparteien müssen das nicht. Die SPD hat jedenfalls solche Antworten in den elf Jahren ihrer Regierungszeit in Berlin, aber auch in den Ländern nicht gefunden. Deshalb ist sie keine Volkspartei mehr. Aber auch die CDU als letzte verbliebene Volkspartei muss sich der veränderten Lage stellen. Es ist nicht zwangsläufig, dass sie Volkspartei der Mitte bleibt, wenn die linke ehemalige Volkspartei SPD auf Dauer eine von drei linken Parteien bleibt. Die Bundestagswahl 2009 hat gezeigt, dass die CDU weder von der Schwäche der SPD noch von der Popularität der Kanzlerin profitiert hat. Der Wahlsieg ist ein relativer.

Das Scheitern der SPD zeigt, was eine Volkspartei in Zukunft leisten muss, wenn sie diesem Schicksal entgehen will. Die *erste* Lehre heißt: Eine Volkspartei darf ihren Markenkern nicht aufgeben. Mit ihrer Identität verliert sie die Bindekräfte sowohl nach innen als auch nach außen. Darin liegt die eigentliche Ursache des Debakels der SPD. Sie hat sich zu sehr von ihrer Basis entfernt. Die Hartz-Gesetze waren der Auslöser. Sie haben elementare Regeln der Gerechtigkeit verletzt. Damit hat die SPD die Milieus preisgegeben, die sie früher gewählt haben. Sie hat ihr großes Thema verloren, Schutzmacht der kleinen Leute zu sein. Aber auch die wirtschaftlichen Leistungsträger sehen bei ihr keine ausreichende Kompetenz mehr, um die globalen Probleme zu lösen: Nur 21 Prozent trauten ihr vor der Wahl Wirtschaftskompetenz zu, bei der Union waren es mehr als doppelt so viele, nämlich 47 Prozent. Gerade hier rächt sich der Linksruck der SPD nach der Wahl in Hessen. Damit verliert sie sowohl die traditionellen Johannes-Rau-Wähler als auch die Helmut-Schmidt-Wähler. Das sind die Wähler, die die CDU für sich gewinnen kann – und zum Teil auch schon gewonnen hat, denn 870.000 Wählerinnen und Wähler sind bei der Bundestagswahl 2009 gegenüber der letzten Wahl von der SPD zur Union gewechselt, mehr noch als zu den Grünen!

Der Erfolg der Union gerade bei früheren SPD-Wählern liegt vor allem darin, dass sie wirtschaftliche Vernunft und soziale Gerechtigkeit zu verbinden sucht. Wirtschafts- und Sozialpolitik müssen eine Einheit bilden, um für alle wählbar zu sein. Auch hier hat die SPD viele Fehler gemacht. Sie hat die Wirtschafts- gegen die Sozialpolitik ausgespielt und damit auch den Zerfall der SPD in einzelne Flügel forciert. Die Stärke der Union hat dagegen immer darin bestanden, weder auf die Allmacht des Marktes noch auf die Allmacht des Staates zu setzen. Freiheit und Sicherheit gehören zusammen. Es gibt keine Freiheit ohne

Sicherheit und keine Sicherheit ohne Freiheit. Die Väter der Sozialen Marktwirtschaft wussten, wie elementar dieser Zusammenhang ist. Ihre große Leistung war, Wirtschaft und Soziales nicht mehr als Gegensatz zu sehen, sondern als Einheit. Diese grundlegende Haltung hat die CDU immer sowohl von der reinen Marktgläubigkeit der Neoliberalen als auch von der Staatsgläubigkeit der linken Parteien unterschieden. Das war und ist ihr Erfolgsrezept. Das war und ist ihr Markenkern. Deshalb ist sie die Partei der Mitte. Wer diesen Ausgleich aufgibt, gefährdet nicht nur seine Mehrheitsfähigkeit, sondern auch seine Identität. Die Einheit von Wirtschafts- und Sozialpolitik erfordert auch, sich nicht in einen Wirtschafts- und einen Sozialflügel spalten zu lassen. Das war immer die Stärke der Union: keine Partei zu sein, sondern eine Union aus Liberalen, Konservativen und Christlich-Sozialen. Wirtschafts- und Mittelstandsvereinigung und Sozialausschüsse gehören zusammen. Junge Union, Frauen Union und Senioren Union sind nur zusammen stark. Wer diese Einheit gefährdet, gefährdet den Erfolg der Union als Volkspartei. Das bedeutet auch: Alle gesellschaftlichen Gruppen müssen sich in der CDU wiederfinden. Das geht nur, wenn die Wirtschafts- und Sozialpolitik keine Gegensätze sind.

Die *zweite* Lehre für die Volkspartei der Zukunft lautet: Eine Volkspartei ist eine Partei, die alle Schichten des Volkes vertritt. Sie ist für das Allgemeinwohl da. Sie muss darauf zielen, alle Menschen mitzunehmen und niemanden zurückzulassen. Dafür ist es von entscheidender Bedeutung, den solidarischen Sozialstaat zu erhalten. Für die Väter der Sozialen Marktwirtschaft war klar: Der Markt schafft keine Werte, keine Gerechtigkeit, keine Solidarität. Ordnungspolitik heißt deshalb nicht nur Deregulierung, Privatisierung und Steuersenkung, sondern auch die Einhaltung der Regeln des solidarischen Sozialstaats: Staatliche Hilfe ist immer Hilfe zur Selbsthilfe. Keine Leistung ohne Gegenleistung desjenigen, der etwas leisten kann. Jeder bekommt eine Chance. Keiner bleibt zurück. Aber vor allem: Leistung muss sich lohnen. Das ist der Kernsatz für das Programm einer Volkspartei. Deshalb muss jemand, der ein Leben lang gearbeitet hat, im Fall der Arbeitslosigkeit länger Arbeitslosengeld bekommen als jemand, der kaum gearbeitet hat. Aber »Leistung« darf für eine Volkspartei nicht nur materielle Leistung sein. Auch Lebensleistung muss honoriert werden, zum Beispiel die Leistung der Mutter, die ihre Kinder großzieht, oder die Leistung derjenigen, die sich in Ehrenämtern für das Gemeinwohl einsetzen, oder die Leistung derjenigen, die ein Leben lang hart arbeiten, auch wenn sie dabei nicht viel verdienen. Gerade deswegen haben diese Menschen es nicht verdient, am Ende ihres Arbeitslebens eine Rente unter dem Niveau von Hartz IV zu bekommen. Für sie brauchen wir eine Mindestrente, die darüber liegt. Und deshalb müssen wir die private Altersvorsorge stärken. Wer für sein Alter vorgesorgt hat, darf im Fall der Arbeitslosigkeit nicht wieder das meiste verlieren, sonst droht Altersarmut. Es ist ein wichtiger Schritt, dass das Schonvermögen bei Hartz-IV-Empfängern durch CDU und FDP – auf Initiative aus Nordrhein-Westfalen – jetzt deutlich erhöht worden ist. Nur mit einer Politik, die den Ordnungsprinzipien der Marktwirtschaft und des solidarischen Sozialstaats folgt, hat eine Volkspartei Zukunft.

Die *dritte* Lehre aus dem Debakel der SPD ist: Werte sind wichtig. Wer seine Glaubwürdigkeit aus machttaktischem Kalkül aufgibt, verspielt seine Chancen. Glaubwürdigkeit ist das höchste Gut für jede Partei. Der »Sündenfall von Hessen« hat die SPD nachhaltig geschwächt. Die 23 Prozent in Hessen nach der versuchten Liaison der SPD mit der Linkspartei wirken im Nachhinein wie ein Menetekel für die Bundestagswahl. Die Linke ist eben keine Partei wie alle anderen. Und sie wird es solange nicht, wie sie sich nicht von den Verbrechen der SED-Diktatur distanziert. Sie stellt die »Systemfrage«, kämpft für die Verstaatlichung der Energiekonzerne, propagiert einen unverantwortlichen und unfinanzierbaren Wünsch-dir-was-Katalog für »Reichtum für alle«; will den Austritt aus der NATO und lehnt die Soziale Marktwirtschaft grundsätzlich ab – ganz zu schweigen von völlig absurden Forderungen wie der Abschaffung des Religionsunterrichts und eines »Rechts auf Rausch« oder der Aufforderung zu sozialen Unruhen durch den Landesverband in Nordrhein-Westfalen. Wer ein solches Programm beschließt, steht nicht auf dem Boden des Grundgesetzes und ist nicht politikfähig. Ein solches Programm verhindert Investitionen und vernichtet Arbeitsplätze. Deshalb ist die Linke auch nicht die Partei der kleinen Leute. Sie steht nicht für die Einheit, sondern für die Spaltung der Gesellschaft. Deshalb wird der SPD auch ein weiterer Linksruck nichts nützen. Und solange sie ihr Verhältnis zur Linken nicht klärt, wird sie weiter Stimmen verlieren.

Die *vierte* Lehre für die Volkspartei der Zukunft heißt: Sie muss die Herausforderungen der Zeit erkennen und den Mut haben, sie politisch zu beantworten. Die wichtigste Herausforderung ist heute – neben den globalen Dimensionen des Klimawandels, der Wissensgesellschaft und einer neuen sicheren Weltordnung – die Einheit der Gesellschaft. In Zeiten eines dramatischen Wandels und immer neuer Verunsicherungen brauchen die Menschen neue Sicherheit. Wer das nicht wahrnimmt, bleibt Klientelpartei. Die Grünen sind dafür symptomatisch. Auch ihnen muss die Bundestagswahl trotz ihrer Zugewinne wie ein Menetekel an der Wand erscheinen: Sie sind inzwischen die kleinste im Bundestag vertretene Partei, noch hinter der Linken – für eine Partei, die sich bis heute als politische Avantgarde versteht, ist das nicht gerade ein Erfolgsmerkmal. Die Grünen müssen offener und flexibler werden für neue Wege und neue Koalitionen, sonst droht auch ihnen, auf Dauer eine reine Klientelpartei zu bleiben und damit die »Gefangenschaft« im Generationen-Turm. Sie denken in großen Kategorien, in den Kategorien des Weltklimas und der globalen Gerechtigkeit – oder aber an die vielen kleinen Minderheiten, deren Rechte besser geschützt werden müssten. Aber sie beschäftigen sich kaum mit den sehr konkreten Problemen der Mehrzahl der Menschen, die unter immer mehr Konkurrenzdruck über die Runden kommen muss. Ihnen sind die kleinen Leute inzwischen noch ferner als der SPD. Der Blick für eine Politik, die die Einheit der Gesellschaft garantiert, ist ihnen abhanden gekommen. Sie müssen ihn wiedergewinnen. Dann eröffnen sich neue Koalitionsmöglichkeiten. Jürgen Trittin und Renate Künast haben die Grünen in die politische Bedeutungslosigkeit geführt. Die neue »Jamaika-Koalition« im Saarland zeigt aber, dass die Grünen nicht länger ausschließlich im »linken Lager« verortet sind, denn sie findet bei den Anhängern der Grünen eine deutliche Unterstützung. 64 Prozent der Grünen-Anhänger finden diese Koalition sogar als Option auch für andere Bundesländer gut. Und 15 Prozent können sich vorstellen, beim nächsten Mal die Union zu wählen. Nicht nur für eine Generation wählbar zu sein ist das Merkmal einer Volkspartei.

Keine Partei kann sich der Verantwortung entziehen, überzeugendere Antworten auf die Frage zu finden, wie die Einheit der Gesellschaft in Zukunft bewahrt wird. Die Menschen erwarten von der Politik, dafür zu sorgen, dass die sozialen Unterschiede nicht zu unüberwindbaren Hürden werden. Gerade die CDU muss sich hier bewähren. Sie muss die Gesellschaft zusammenhalten. Sie muss den Menschen neue Sicherheit im Wandel geben. Sie muss soziale Aufstiegschancen für alle schaffen. Sie darf niemanden zurücklassen. Wohlstand für alle, nicht Reichtum für wenige – das ist das Versprechen Ludwig Erhards. Mehr denn je muss eine Volkspartei heute für neue Sicherheit sorgen. Sie darf nicht akzeptieren, dass die Kluft zwischen Arm und Reich, zwischen Arbeitenden und Arbeitslosen, zwischen Ausgebildeten und nicht Ausgebildeten, zwischen Ost und West, zwischen Einheimischen und Zuwanderern immer weiter auseinander geht. Sie muss dafür sorgen, dass soziale Unterschiede nicht zu unüberwindbaren Hürden werden. Sie muss dafür kämpfen, dass jeder die Chance zu sozialem Aufstieg bekommt. Sie muss alles dafür tun, dass jedes Kind die Chance hat, seine Talente und Fähigkeiten zu entfalten. Für ein menschliches Leben sind Gesundheit und Bildungschancen elementar – dass *alle* daran teilhaben können, ist Aufgabe einer Volkspartei.

Die *fünfte* Lehre für eine Volkspartei der Zukunft heißt: Sie muss nicht nur ein klares, unverkennbares Programm haben, sondern glaubwürdig in Personen und Programm sein. Sie muss auch anders werden. Seit der Hochzeit der Volksparteien in den 1970er Jahren hat sich die Parteiarbeit sehr verändert. Damals wurde in den Parteien viel diskutiert. Parteitage waren Orte der Debatte und Entscheidung. Die Parteien waren offen für Ideen und Personen. Es ging um Inhalte und um Richtungen. Der gegenwärtige Trend, kontroversen Grundsatzdebatten auszuweichen, weil Diskussion Streit heißt, muss beendet werden. Die Angst vor öffentlichen Diskussionen, die zum Rückzug in kleine Zirkel führt, muss überwunden werden, ebenso wie die Entscheidungsfindung von oben nach unten. Grundsatzfragen brauchen Zeit zu wachsen und zu reifen. Diese Zeit muss möglich sein, weil sonst auch keine Zustimmung wachsen kann. Die Agenda 2010 ist ein warnendes Beispiel. Auch die Kommunalpolitik muss wieder aus den Rathäusern zu den Menschen finden. Die Entpolitisierung und Entdemokratisierung von zentralen Fragen örtlicher Politik durch die Verlegung von Entscheidungen in nichtöffentliche Aufsichtsratssitzungen kommunaler Unternehmen ist falsch. Politik darf nicht zu Inszenierung, Parteien dürfen nicht zu Werbeagenturen werden. Nur wer von sich überzeugt ist, kann auch andere überzeugen. Nur wer weiß, was die Menschen bewegt, kann sie auch bewegen.

Die *sechste* Lehre für Volksparteien hat mit der Art zu tun, mit der Parteien auftreten. Wer Volkspartei sein will, braucht Mehrheiten nicht nur bei seinen Stammwählern. Eine Partei, die mehrheitsfähig sein will, muss nicht nur ökonomisch Mehrheiten gewinnen, sondern auch soziale und kulturelle Mehrheiten in der Gesellschaft erringen. Das ist heute schwieriger als früher. Die Spannbreite der Interessen und Lebenswelten, die gebündelt werden müssen, ist sehr groß geworden. Ideologien, die gesellschaftliche Gräben überwinden, fehlen, was auch ein großer Fortschritt ist. Das Desinteresse an Politik ist aber nicht nur beklagenswert, sondern auch ein Zeichen, dass viele mit der politischen Situation in Deutschland wenn schon nicht zufrieden, so doch auch nicht so unzufrieden sind, dass sie protestieren.

Das Wichtigste ist aber, dass sowohl die Parteien als auch das Parteiensystem nicht mehr das Lebensgefühl vieler Menschen ansprechen. Das hat viel damit zu tun, wie Politiker im Medienzeitalter auftreten. Das tun sie häufig sehr exaltiert. Sie reden nur noch in Superlativen: Alles ist nur krisenhaft, katastrophal und unerträglich. Und jede Gelegenheit der Selbstdarstellung wird genutzt, sei es durch Übertreibung oder Durchstecherei. Hinzu kommen Wechselbäder von Alarmismus oder aber Gesundbeterei. Das Ganze findet vor dem Hintergrund organisierter Unverantwortlichkeit statt. Jeder redet bei allem mit, aber selten ist jemand verantwortlich. Wenn dann noch aus jedem Fehler ein Skandal wird, ist die Grundlage gelegt für eine Erosion unseres Parteiensystems.

Die vielleicht wichtigste Botschaft der Wahl für eine Volkspartei ist: Sie muss den Menschen zuhören, allen Menschen. Sie muss die Probleme der Menschen zu ihren Problemen machen, denn ohne Empathie gibt es keine Sympathie. Und sie muss Antworten auf ihre drängenden Fragen geben. Sie muss den Menschen glaubwürdig sagen: Wir lassen euch mit euren Sorgen nicht allein. Ihr könnt euch auf uns verlassen. Was auch geschieht, ihr könnt auf Solidarität bauen. Und sie muss dann auch danach handeln. Deshalb ist es so wichtig, dass die Union keine materialistische, sondern eine wertegebundene Politik macht. Wertegebunden heißt, nicht mit einem technokratischen Politikverständnis zu handeln, das mit Sachzwängen argumentiert und damit Menschen zu Objekten technokratischer Verwaltung macht. Entscheidend ist, dass Reformen nicht um der Logik der Systeme, sondern um der Bedürfnisse der Menschen willen gemacht werden. Das heißt nicht, den Menschen keine Veränderungen zuzumuten. Neue Sicherheit verlangt den Menschen Eigeninitiative, Eigenvorsorge und Selbstverantwortung ab. Sie bietet dafür aber eine Lebensperspektive an, die frei von Willkür und Existenzangst ist. Die Politik einer neuen Sicherheit muss die Gewissheit vermitteln, dass am Ende der Reformen das Leben wieder sicherer ist, nicht unsicherer und schwieriger. Sonst werden sich die Menschen verweigern. Mehr Eigenverantwortung muss deshalb einhergehen mit mehr Verlässlichkeit und Sicherheit. Das ist die Aufgabe der CDU. Das ist ihre Chance, aber auch ihre große Verantwortung und Verpflichtung: Nicht um ihrer selbst willen, sondern im Interesse des Allgemeinwohls. Es ist noch nicht zu spät.

Die Autoren

Prof. Dr. Ulrich von Alemann, Jahrgang 1944, seit 2009 Prorektor der Heinrich-Heine-Universität Düsseldorf, seit 1998 Universitätsprofessor für Politikwissenschaft derselben Universität; 1978–1998 Professor für Politikwissenschaft an den Hochschulen in Neuss, Duisburg und Hagen. Zuletzt erschienene Publikationen u. a.: »Staatsrecht für die Politik« (mit Florian von Alemann, 2007), »Jugend und Politik« (mit Martin Morlok und Thelse Godewerth, 2006), »Landespolitik im europäischen Haus« (mit Claudia Münch, 2005).

Dr. Warnfried Dettling, Jahrgang 1943, Ministerialdirektor a. D.; 1973–1983 Leiter der Planungsgruppe und (seit 1981) der Hauptabteilung Politik in der Bundesgeschäftsstelle der CDU; lebt als freier Autor und Politikberater in Berlin; zahlreiche Veröffentlichungen vor allem zur Entwicklung der Parteien, der Demokratie und des Wohlfahrtsstaates.

Dr. Klaus von Dohnanyi, Jahrgang 1928, Ausbildung in Deutschland und den USA; frühe Tätigkeiten in der Wirtschaft, später auch Aufbau Ost. Staatssekretär Bundesministerium Wirtschaft und Auswärtiges Amt; Bundesminister Bildung und Wissenschaft; Erster Bürgermeister in Hamburg. Zuletzt erschienene Publikationen u. a.: »Das Deutsche Wagnis. Über die wirtschaftlichen und sozialen Folgen der Einheit« (1990), »Im Joch des Profits? Eine deutsche Antwort auf die Globalisierung« (1999), »Kurskorrektur im Aufbau Ost« (2004).

Sven Gösmann, Jahrgang 1966, seit 2005 Chefredakteur der »Rheinischen Post«, der zweitgrößten deutschen regionalen Tageszeitung. Nach einem Studium der Politikwissenschaft und Volkswirtschaft in Berlin und New York politischer Reporter und Redakteur für verschiedene Zeitungen, darunter die »Welt am Sonntag«, die »Berliner Morgenpost« und die »Bild«-Zeitung. Zuletzt erschienenes Buch: »Unsere Ministerpräsidenten in Nordrhein-Westfalen« (Hg., 2008).

Prof. Manfred Güllner, Jahrgang 1941, 2004 Berufung zum Honorarprofessor an der Freien Universität Berlin; seit 1984 geschäftsführender Gesellschafter der forsa GmbH; 1978–1983 Direktor des Statistischen Amtes der Stadt Köln (einschließlich Einwohnermeldeamt und Wahlamt); 1970–1978 Mitglied der Institutsleitung bei infas (ab 1972 Prokurist); 1967–1970 wissenschaftlicher Assistent bei Prof. Dr. René König an der Universität zu Köln.

Prof. Dr. Rolf G. Heinze, Jahrgang 1951, seit 1988 Lehrstuhlinhaber für Allgemeine Soziologie, Arbeit und Wirtschaft an der Ruhr-Universität Bochum. Zuletzt erschienene Publikationen u. a.: »Rückkehr des Staates? Politische Handlungsmöglichkeiten in unsicheren Zeiten« (2009), »Neue Steuerung von Hochschulen« (Hg. mit Jörg Bogumil, 2009), »Strategische Wirtschaftsförderung und die Gestaltung von High-Tech Clustern« (Hg. mit Josef Schmid und Rasmus C. Beck, 2009), »Sozialpolitik: Ökonomisierung und Entgrenzung« (Hg. mit Adalbert Evers, 2008).

Bodo Hombach, Jahrgang 1952, seit 2002 Geschäftsführer der WAZ Mediengruppe; 1999–2001 Sonderkoordinator des Stabilitätspakts für Südosteuropa; 1998–1999 Bundesminister für besondere Aufgaben und Chef des Bundeskanzleramtes; 1990–1998 Mitglied des Landtags Nordrhein-Westfalen, 1998 Minister für Wirtschaft und Mittelstand, Technologie und Verkehr des Landes Nordrhein-Westfalen.

Prof. Dr. Hubert Kleinert, Jahrgang 1954, Politikwissenschaftler; seit 2002 Professor für Politikwissenschaften und Verfassungsrecht an der Fachhochschule für Öffentliche Verwaltung des Landes Hessen in Wiesbaden; 1983–1990 MdB Die Grünen; 1987–1989 parlamentarischer Geschäftsführer, später hessischer Landesvorsitzender. Zuletzt erschienene Publikation u. a.: »Parteiendemokratie in der Krise«, in: Fabian Schalt u. a. (Hg.): »Neuanfang statt Niedergang – Die Zukunft der Mitgliederparteien« (2009).

Univ.-Prof. Dr. rer. pol. habil. Dr. phil. Karl-Rudolf Korte, Jahrgang 1958, seit 2006 Direktor der NRW School of Governance; seit 2002 Professor für Politikwissenschaft an der Universität Duisburg-Essen; seit 2000 Leitung der Forschungsgruppe Regieren. Zuletzt erschienene Publikationen: »Politik und Regieren in Deutschland« (2009), »Wahlen in NRW« (2009), »Wahlen in Deutschland« (2009).

Prof. Dr. rer. pol. Jürgen Kretschmann, Jahrgang 1959, seit 2006 Präsident der Technischen Fachhochschule Georg Agricola zu Bochum; seit 2005 apl. Professor an der RWTH Aachen, Fakultät für Georessourcen und Materialtechnik; 2001–

2006 Mitglied der Geschäftsführung der RAG Bildung GmbH; Vorstandsmitglied der Landesrektorenkonferenz der Fachhochschulen des Landes Nordrhein-Westfalen, Forschungsschwerpunkt: Rohstoffwirtschaft.

Priv.-Doz. Dr. Volker Kronenberg, Jahrgang 1971, seit 2003 Akademischer Direktor am Institut für Politische Wissenschaft und Soziologie der Universität Bonn. Zuletzt erschienene Publikationen u. a. »Jürgen Rüttgers. Eine politische Biographie« (2009), »Volksparteien: Erfolgsmodell für die Zukunft? Konzepte, Konkurrenzen, Konstellationen« (2009), »Patriotismus in Deutschland. Perspektiven für eine weltoffene Nation« ²(2006).

Prof. Dr. Norbert Lammert, Jahrgang 1948, seit 2005 Präsident des Deutschen Bundestages, seit 2008 Ehrenvorsitzender der CDU Ruhr; 1989–1998 Parlamentarischer Staatssekretär, zunächst im Bundesministerium für Bildung und Wissenschaft (1989–1994), dann im Bundeswirtschaftsministerium (1994–1997) und im Bundesministerium für Verkehr (1997–1998). Zuletzt erschienene Publikationen u. a.: »Flagge zeigen. Vielfalt braucht Orientierung« (2008), »Zwischenrufe. Politische Reden über Geschichte und Kultur, Demokratie und Religion« (2008).

Prof. Dr. Claus Leggewie, Jahrgang 1950, Professor für Politikwissenschaft; seit 2007 Direktor des Kulturwissenschaftlichen Instituts (KWI) in Essen, Initiator des dortigen Forschungsschwerpunktes KlimaKultur; Mitglied des Wissenschaftlichen Beirats der Bundesregierung Globale Umweltveränderungen (WBGU). Zuletzt erschienene Publikationen u. a.: »Moscheen in Deutschland« (2009), »Das Ende der Welt, wie wir sie kannten. Klima, Zukunft und die Chancen der Demokratie« (mit Harald Welzer, 2009).

Prof. Dr. Thomas Leif, Jahrgang 1959, Chefreporter Fernsehen beim SWR Fernsehen in Mainz; Vorsitzender von netzwerk recherche (nr). Zuletzt erschienene Publikation u. a.: »angepasst & ausgebrannt. Die Parteien in der Nachwuchsfalle« (2009).

Matthias Machnig, Jahrgang 1960, 2005-2009 Staatssekretär im Bundesministerium für Umwelt, Naturschutz und Reaktorsicherheit; zuvor u. a. Leiter der Wahlkampfzentrale »Kampa« (1998 und 2002), Bundesgeschäftsführer der SPD und Staatssekretär im Bundesministerium für Verkehr, Bau und Wohnungswesen. Zuletzt erschienene Publikationen u. a.: »Wohin steuert Deutschland? Bundestagswahl 2009. Ein Blick hinter die Kulissen« (Hg. mit Joachim Raschke, 2009), »Made in Germany '21« (Hg. mit Frank-Walter Steinmeier, 2004).

Thomas Perry, Jahrgang 1957, Partner der Q | Agentur für Forschung GmbH; forscht seit 20 Jahren über Lebenswelten und soziokulturellen Wandel und berät Kunden aus Politik, Institutionen und Unternehmen.

Prof. Dr. Andreas Pinkwart, Jahrgang 1960, seit 2005 Minister für Innovation, Wissenschaft, Forschung und Technologie des Landes Nordrhein-Westfalen sowie stellvertretender Ministerpräsident; seit 2002 Landesvorsitzender der nordrhein-westfälischen FDP; seit 2003 stellvertretender FDP-Bundesvorsitzender; 2002–2005 MdB, dort zuletzt Haushaltspolitischer Sprecher der FDP-Fraktion.

Dr. Karsten Rudolph, Jahrgang 1962, Mitglied des nordrhein-westfälischen Landtags und Privatdozent für Neuere und Neueste Geschichte an der Ruhr-Universität Bochum. Zuletzt erschienene Publikationen u. a.: »Wandel hat eine Heimat. Nordrhein-Westfalen in Geschichte und Gegenwart« (Hg. mit Stefan Goch, 2009), »Vom Rechtsstaat zum Präventionsstaat« (Hg. mit Stefan Huster, 2008).

Dr. Jürgen Rüttgers, Jahrgang 1951, seit 2005 Ministerpräsident des Landes Nordrhein-Westfalen; seit 2000 Stellvertretender Bundesvorsitzender der CDU Deutschlands; 1994–1998 Bundesminister für Bildung, Wissenschaft, Forschung und Technologie. Zuletzt erschienene Publikationen u. a.: »Wer zahlt die Zeche? Wege aus der Krise« (Hg., 2009), »Die Marktwirtschaft muss sozial bleiben« (2007), »Worum es heute geht« (2005).

Jörg Schönenborn, Jahrgang 1964, seit 2002 Fernseh-Chefredakteur des Westdeutschen Rundfunks (WDR); seit 1999 Wahlmoderator und verantwortlich für die Wahl- und Umfrageberichterstattung der ARD; seit 2008 Moderator des Presseclubs.

Klaus-Peter Schöppner, Jahrgang 1949, seit 1990 Geschäftsführer von TNS Emnid; Studium der Psychologie, BWL, Publizistik; mehrfacher Lehrbeauftragter; Autor für Nachrichtenmagazine, Fachzeitschriften, Tageszeitungen, Fachbücher; als ständiger Autor von CARTA Grimmepreisträger 2009; seit 1995 wöchentliche TV-Präsentationen als Moderator bei n-tv und seit 2005 bei n24;

Berater von Bundesregierung, Bundespräsidialamt und vieler Landesregierungen und -parteien.

Franz Sommerfeld, Jahrgang 1949, seit 2009 Vorstand der Mediengruppe M. DuMont Schauberg; 1990 Mitbegründer des »Freitag«; 1991 Reporter und dann stellvertretender Chefredakteur der »Berliner Zeitung«; 1999 Chefredakteur der »Mitteldeutschen Zeitung« und 2000 des »Kölner Stadt-Anzeigers«. Zuletzt erschienene Publikationen u. a.: »Der Moscheestreit« (2008).

Gabor Steingart, Jahrgang 1962, Buchautor und Amerika-Korrespondent des SPIEGEL in Washington; arbeitet seit 1990 für das Nachrichtenmagazin, davon sechs Jahre als Leiter der Wirtschaftsredaktion und sechs Jahre als Leiter des Hauptstadtbüros. Sein Globalisierungsbuch »Weltkrieg um Wohlstand« erschien in 20 Staaten, darunter den USA und China. Der auf seinem Buch »Deutschland – Abstieg eines Superstars« basierende ZDF-Dokumentarfilm »Der Fall Deutschland« erhielt den Deutschen Fernsehpreis 2005.

Dr. Franz Walter, Jahrgang 1956, seit 2000 Professor für Politikwissenschaft an der Universität Göttingen. Zuletzt erschienene Publikationen u. a.: »Charismatiker und Effizienzen« (2009), »Im Herbst der Volksparteien« (2009), »Die SPD« (2009), »Patt oder Gezeitenwechsel?« (2009).